Freiheit und Leben kann man uns nehmen, die Ehre nicht

Klaus Schönhoven

# Freiheit und Leben kann man uns nehmen, die Ehre nicht

Das Schicksal der 1933 gewählten SPD-Reichstagsabgeordneten

Bibliografische Information der Deutschen Nationalbibliothek

Die Deutsche Nationalbibliothek verzeichnet
diese Publikation in der Deutschen Nationalbibliografie;
detaillierte bibliografische Daten sind im Internet
unter *http://dnb.dnb.de* abrufbar.

ISBN 978-3-8012-0501-0


Verlag J. H. W. Dietz Nachf. GmbH
Dreizehnmorgenweg 24, 53175 Bonn

Umschlaggestaltung: Ralf Schnarrenberger, Hamburg

*Abgebildete Personen vordere Umschlagseite* (v. l. n. r.): Otto Wels, Julius Leber, Louise Schröder, Kurt Schumacher, Kurt Löwenstein, Marie Juchacz, Hans Böckler, Rudolf Hilferding, Philipp Scheidemann.
*Abgebildete Personen hintere Umschlagseite* (v. l. n. r.): Mathilde Wurm, Fritz Tarnow, Heinrich Georg Ritzel, Paul Löbe, Karl Raloff, Otto Landsberg, Rudolf Wissell, Carl Severing, Clara Bohm-Schuch.
*Bildrechte:* AdsD der FES

Satz: Kempken DTP-Service | Satztechnik · Druckvorstufe · Mediengestaltung, Marburg

Druck und Verarbeitung: CPI books, Leck


Printed in Germany 2017

Besuchen Sie uns im Internet: *www.dietz-verlag.de*

# Inhalt

Anhang

## Einleitung

# Forschungsstand und Fragestellung

Der 23. März 1933 ist in der deutschen Demokratiegeschichte als ein Wendepunkt zur Diktatur fest verankert. Denn an diesem Tag stimmten 444 von 538 anwesenden Abgeordneten des Deutschen Reichstags dem Ermächtigungsgesetz zu. Nur die 94 Mitglieder der sozialdemokratischen Reichstagsfraktion, die noch an dieser Sitzung teilnehmen konnten, lehnten dieses Gesetz geschlossen ab. Mit ihrem Ja zu diesem Gesetz »ermächtigten« mehr als vier Fünftel der Reichstagsabgeordneten die erst seit sieben Wochen amtierende, von Adolf Hitler geführte Reichsregierung dazu, selbst Gesetze zu beschließen und ohne Mitwirkung des Reichspräsidenten zu vollziehen. Diese Vollmacht schloss auch verfassungsändernde Gesetze ein. Damit war die Garantie der Grundrechte bedeutungslos geworden.

Mit der Verabschiedung dieser unter dem völlig in die Irre führenden Titel »Gesetz zur Behebung der Not von Volk und Reich« in das Parlament eingebrachten Regierungsvorlage erteilten mehr als vier Fünftel der Reichstagsabgeordneten dem Hitler-Kabinett eine Generalvollmacht, die ihre eigene Entmachtung sanktionierte und zugleich den Weg für die Errichtung der nationalsozialistischen Führerdiktatur freimachte. Sie beurkundeten mit ihrem Votum für das Ermächtigungsgesetz das Ende der Weimarer Republik, deren verfassungsrechtliches Fundament das demokratische Prinzip der Gewaltenteilung und der Gewaltenkontrolle gewesen war. Es folgte die Schreckensherrschaft des NS-Regimes, die zwölf Jahre lang in Deutschland andauern sollte. Während dieser Zeit verursachten die nationalsozialistischen Machthaber die Katastrophe des Zweiten

Weltkrieges und organisierten den systematischen Massenmord an sechs Millionen Juden.

Die historische Forschung hat in den letzten Jahrzehnten ausgiebig über die Gründe diskutiert, weshalb die Parteien des Konservativismus, des Liberalismus und des politischen Katholizismus am 23. März 1933 vor dem grenzenlosen Machtanspruch des Nationalsozialismus kapitulierten und sich dem absoluten Herrschaftsanspruch Hitlers beugten, warum sie sich im Reichstag von den Repräsentanten der NSDAP überzeugen, täuschen und erpressen ließen und mit ihrem Ja zum Ermächtigungsgesetz auch ihr eigenes Ende besiegelten. Unstrittig ist trotz aller Nuancen bei der Interpretation der Ereignisse und Entscheidungen, dass der 23. März 1933 als der dunkelste Tag in die deutsche Demokratiegeschichte eingegangen ist: An ihm hatten die bürgerlichen Parteien ihre politische Selbstentmachtung geschlossen befürwortet und damit der Liquidierung des Parlamentarismus durch den Nationalsozialismus einen pseudolegalen Anstrich verschafft.

Die Zahl der Abgeordneten, die am 23. März 1933 noch persönlich gegen das Ermächtigungsgesetz stimmen konnten, war vom NS-Regime in den Wochen davor bereits systematisch reduziert worden. Ein Sechstel der bei der Reichstagswahl am 5. März 1933 gewählten Parlamentarier wurde nämlich mit illegalen Methoden gezielt daran gehindert, an der Abstimmung über das Ermächtigungsgesetz teilzunehmen. Dazu zählten die 81 kommunistischen Reichstagsabgeordneten, gegen die das NS-Regime bereits vor der Wahl eine reichsweite Verhaftungswelle entfacht hatte. Diese wurde mit der falschen Anschuldigung begründet, Kommunisten seien die Urheber des Reichstagsbrandes vom 28. Februar 1933 gewesen. Am 8. März 1933 entzog das Nazi-Regime deshalb den Abgeordneten der KPD widerrechtlich ihre Reichstagsmandate und beraubte sie endgültig ihrer parlamentarischen Immunität.

Von den 120 Mitgliedern der sozialdemokratischen Reichstagsfraktion fehlten am 23. März 1933 bei der Abstimmung über das Ermächtigungsgesetz 26 Abgeordnete. Im Protokoll über die namentliche Abstimmung wurde ihre Nichtanwesenheit entweder durch den

Vermerk »krank« oder durch einen »Strich« gekennzeichnet. Dieser »Strich« sollte signalisieren, dass sie unentschuldigt dieser Sitzung ferngeblieben seien. Über die wahren Gründe der Abwesenheit von 26 sozialdemokratischen Reichstagsmitgliedern unterrichtete das amtliche Abstimmungsprotokoll jedoch nicht. Zu ihnen zählten Abgeordnete, die in den Wochen zuvor von nationalsozialistischen Aktivisten verhaftet, misshandelt oder verschleppt worden waren; einige Parlamentarier der SPD hielten sich im Untergrund versteckt auf oder hatten wegen ihrer besonderen persönlichen Gefährdung als prominente Spitzenpolitiker der Sozialdemokratie Deutschland bereits verlassen.[1]

Der 23. März 1933 ist aber nicht nur als ein düsterer Schicksalstag in die deutsche Demokratiegeschichte eingegangen, sondern auch als ein Tag der unbeugsamen Überzeugungstreue und der demokratischen Standfestigkeit. Dies dokumentierten die 94 Reichstagsabgeordneten der SPD, die an diesem Tag noch an der Sitzung des Reichstages teilnehmen konnten und geschlossen das Ermächtigungsgesetz ablehnten. Sie ließen sich weder von der Drohkulisse der vor der Abstimmung auf den Straßen aufmarschierten Verbände von SA und SS verängstigen noch während der Sitzung von den Hasstiraden Hitlers einschüchtern, sondern folgten dem Votum ihres Fraktionsvorsitzenden Otto Wels. Er hatte das Nein seiner Fraktion zu diesem Anschlag auf die Demokratie in der Reichstagssitzung am 23. März 1933 in einer in die Geschichte eingegangenen Rede begründet. Sie war, wie sein Fraktionskollege Wilhelm Hoegner rückblickend urteilte, »nach Form und Inhalt ein Meisterwerk, ein letzter Gruß an das verblichene Zeitalter der Menschlichkeit und des Menschenrechts«.[2]

---

1 Vgl. dazu die folgenden Kapitel. Die einzelnen Etappen der nationalsozialistischen »Machtergreifung« im Frühjahr 1933 sind in der einschlägigen Forschungsliteratur breit dargestellt und umfassend analysiert worden. Vgl. aus der Perspektive der Arbeiterbewegung Schneider, Unterm Hakenkreuz, S. 34 ff.; Winkler, Weg, S. 857 ff.

2 So Wilhelm Hoegner in seinem persönlichen Rückblick auf den Untergang der Weimarer Republik und der SPD: Flucht vor Hitler, S. 133. Die Rede von Wels wurde mittlerweile vielfach veröffentlicht. In ihrer Originalfassung ist sie abgedr. in:

Die historische Forschung hat diese Rede von Wels als ein eindrucksvolles Manifest der sozialdemokratischen Selbstbehauptung charakterisiert, das politisch und programmatisch weiterwirken wollte und sollte. Sein rückhaltloses Bekenntnis zur Rechtstaatlichkeit, zur Gleichberechtigung und zur Sozialstaatlichkeit, zu den Grundsätzen der Menschlichkeit und der Gerechtigkeit, der Freiheit und des Sozialismus, die er als ewige und unzerstörbare Ideen in seiner Rede herausstellte, verstand Wels nämlich nicht als die politische Selbstpreisgabe der Sozialdemokratie oder als das Testament einer Partei, die den Untergang der Weimarer Republik nun nicht mehr verhindern konnte und deshalb resignierte. An der Entschlossenheit der SPD, auch weiterhin an ihren programmatischen Prinzipien festzuhalten, ließ Wels keinen Zweifel aufkommen. Er betonte, seine Partei sei vom Sozialistengesetz im Kaiserreich nicht vernichtet worden. Und deshalb werde sie auch aus den ihr nun drohenden Verfolgungen »neue Kraft schöpfen«. Sein geschichtspolitischer Bezug auf die zwölf Verbotsjahre während der Bismarck-Ära sollte sich zwar in der Folgezeit als eine eindeutige Unterschätzung des grenzenlosen Radikalismus des Nationalsozialismus erweisen. Aber mit seiner Erinnerung an das Sozialistengesetz und an dessen Scheitern wollte Wels für den Widerstandswillen seiner Parteigenossen ein kämpferisches und selbstbewusstes Signal setzen. Deshalb beschwor er am Ende seiner Rede die Standhaftigkeit, den Bekennermut, die Treue und die ungebrochene Zuversicht seiner Fraktionskollegen und der Mitglieder der SPD, die »eine hellere Zukunft« verbürgen würden.

In seiner Rede prangerte Wels auch die Ausschreitungen und Gewalttaten an, die das politische Leben in Deutschland schon während der ersten Wochen seit der Machtauslieferung an den

---

Daniela Münkel/Frank-Walter Steinmeier (Hg.), Das Ermächtigungsgesetz 1933. Eine Dokumentation, Berlin 2013, S. 105-110; dort auch die folgenden Zitate. Vgl. zum Verlauf der Sitzung am 23. März 1933 und den Beratungen der SPD-Fraktion vor der Sitzung die ausführlichen Erinnerungen der Reichstagsabgeordneten Siegfried Aufhäuser und Josef Felder in der Beilage zum Sozialdemokratischen Pressedienst vom 19. März 1963.

Nationalsozialismus geprägt hatten. Er verwies auf die Qualen, die verhaftete, verschleppte und misshandelte Sozialdemokraten seit dem 30. Januar 1933 hatten erdulden müssen, und er klagte die neue Regierung an, »besiegte Gegner zu behandeln, als seien sie vogelfrei«. Daran schloss Wels die Prophezeiung an: »Freiheit und Leben kann man uns nehmen, die Ehre nicht«.

Diese Prophezeiung von Wels, die sich tief in das historische Gedächtnis der Sozialdemokratie eingeprägt hat, sollte sich in den zwölf Jahren der NS-Diktatur bewahrheiten. Deshalb wurde sie auch zum Titel dieser Studie gewählt, in deren Mittelpunkt die Lebenswege dieser am 5. März 1933 in den Reichstag gewählten 120 SPD-Abgeordneten in den Jahren zwischen 1933 und 1945 stehen. Mit deren Rekonstruktion soll aus individueller und aus kollektiver Perspektive beleuchtet werden, welche Verfolgungsschicksale diese sozialdemokratischen Abgeordneten während der zwölfjährigen NS-Diktatur persönlich oder auch gemeinsam mit anderen vom Nationalsozialismus Verfemten und Verfolgten erdulden und erleiden mussten.

Um die unterschiedlichen individuellen Erlebnisse und kollektiven Erfahrungen der Mitglieder der letzten sozialdemokratischen Reichstagsfraktion im Laufe der einzelnen Phasen der NS-Herrschaft in ihrer Vielschichtigkeit und Vielfalt prägnanter erschließen zu können, werden quantitative und qualitative Forschungsmethoden miteinander verknüpft. Der Blick richtet sich also auf typische Charakteristika des gemeinsamen Schicksals der sozialdemokratischen Fraktionsmitglieder in der Regimezeit des Nationalsozialismus. Zugleich werden aber auch persönliche Aspekte in den Einzelschicksalen dieser Abgeordneten beleuchtet. Aus dieser doppelten Perspektive soll verdeutlicht werden, dass die Leidenswege der 120 SPD-Abgeordneten zwischen 1933 und 1945 oft miteinander verklammert waren und gleichzeitig auch viele individuelle Facetten aufwiesen.

Die Bandbreite der Befunde reicht von der gezielten Demütigung über die politische Diskriminierung und strafrechtliche Kriminalisierung aller am 5. März 1933 in den Reichstag gewählten Sozialdemokratinnen und Sozialdemokraten bis hin zu den brutalen

Misshandlungen, die viele von ihnen in den Gefängnissen oder Konzentrationslagern des NS-Regimes erdulden mussten. Jeden Abgeordneten und jede Abgeordnete überwachte die Gestapo permanent in seinem oder ihrem Alltag. Zwei Drittel der 120 Abgeordneten wurden in den zwölf Herrschaftsjahren des Nationalsozialismus mindestens einmal verhaftet; ein Drittel von ihnen verstarb zwischen 1933 und 1945. Überprüft man die Todesursachen dieser 41 SPD-Abgeordneten aus der Reichstagsfraktion von 1933, dann kommt man zu einer erschütternden Bilanz: Nur neun Abgeordnete starben zumeist aus Altersgründen. 23 Abgeordnete überlebten diese zwölf Jahre nicht, weil sie gezielt ermordet wurden, in der Haft bzw. an den Folgen der dort erlittenen Qualen verstarben oder im Frühjahr 1945 auf den »Todesmärschen« noch kurz vor der Befreiung der Konzentrationslager ums Leben kamen. Toni Pfülf, Mathilde Wurm und Andreas Reißner begingen Selbstmord. Breitscheid wurde zum Opfer eines alliierten Bombenangriffs auf das KZ Buchenwald; dieses Schicksal widerfuhr auch Carlo Mierendorff, nachdem er schwer selbstmordgefährdet aus der Haft entlassen worden war. Im Exil verstarben vier Abgeordnete.[3]

Zur Verfolgungsgeschichte der am 5. März 1933 in den Reichstag gewählten Sozialdemokraten gehören auch die vielfältigen Bedrohungen, die ein Drittel von ihnen zur Emigration zwang. Sie verließen Deutschland nicht freiwillig, sondern mussten zumeist schon 1933 aus ihrem Heimatland fliehen, weil ihnen nationalsozialistische Fanatiker in ihren Wahlkreisen und Wohnorten gezielt nachstellten und sie selbst jederzeit eine Festnahme befürchten mussten oder weil sie aus der Haft bzw. nach ihrer Entlassung aus den Konzentrationslagern entkommen konnten. Keiner von ihnen war seines Lebens unter der Herrschaft des Nationalsozialismus mehr sicher. Auf ihren Fluchtwegen durch die europäischen Nachbarländer wurden sie auch dort immer wieder mit der grenzenlosen Rachsucht des NS-Regimes konfrontiert. Vor ihr vermochten sich

3 Vgl. dazu die biografischen Angaben zu den Einzelschicksalen der genannten Abgeordneten in den folgenden Kapiteln.

nicht alle von ihnen nach der Besetzung dieser Länder durch die Armeen des Hitler-Reiches während des Zweiten Weltkrieges zu retten. Nur diejenigen, denen es gelang, in Großbritannien oder in den USA als Emigranten aufgenommen zu werden, konnten dieser gezielten Menschenjagd auf dem europäischen Festland entgehen.[4]

In dieser Studie kann die Auswertung der überlieferten persönlichen Dokumente und archivalischen Quellen, von Lebenserinnerungen und Gedenkartikeln oder von biografisch akzentuierten Forschungsbefunden der Zeitgeschichtsschreibung jedoch nur exemplarisch erfolgen. Der Erkenntnisgewinn aus einer umfassenden Rekonstruktion von jedem Einzelschicksal dieser 120 SPD-Abgeordneten während der zwölfjährigen NS-Zeit wäre zudem begrenzt, wenn sich diese Rekonstruktion ausschließlich auf die Nachzeichnung ihrer individuellen Lebensläufe in diesen Jahren konzentrieren würde. Persönliche Daten wurden aber immer wieder herangezogen und ausgewertet, um aus einer vergleichenden Perspektive kollektivbiografische und individualbiografische Faktoren zueinander in Beziehung zu setzen und zu gewichten. Die Verklammerung dieser beiden Forschungsperspektiven spiegelt sich in den Themenschwerpunkten der einzelnen Kapitel jeweils wider. Sie handeln von Verhaftung und Ausgrenzung, vom Alltag der Verfolgten und ihrem Eigensinn im Unrechtsstaat, von ihrer Entmenschlichung und Ermordung in den Gefängnissen und Konzentrationslagern der NS-Diktatur, von ihrer Flucht durch die europäischen Nachbarstaaten der NS-Diktatur, von ihrer Hoffnung auf Rettung in der Emigration. Diese Schlüsselbegriffe kennzeichnen die unterschiedlichen Leidenswege und Verfolgungsschicksale fast aller im März 1933 gewählten 120 Mitglieder der sozialdemokratischen Reichstagsfraktion.[5]

Dieser Versuch einer Verknüpfung von quantitativen und qualitativen Befunden, um kollektive wie individuelle Verhaltensweisen

4 Vgl. dazu ausführlich Kap. VI.

5 Nur für zwei Abgeordnete ließen sich keine konkreten Verfolgungshinweise auffinden.

und Handlungsmuster zu beschreiben und zu analysieren, war nur möglich, weil die sozialhistorische Parteien- und Parlamentarismusforschung in den letzten Jahrzehnten eine hervorragende Datenbasis für viele Einzelaspekte dieser Studie bereitgestellt hat. Zu nennen sind hier zunächst die umfangreichen Pionierstudien, die seit der Mitte der 1980er-Jahre unter der Federführung von Wilhelm Heinz Schröder erarbeitet wurden. Den wissenschaftlichen Ertrag dieser am Gesis-Institut für Sozialwissenschaften in Köln verwirklichten Forschungsprojekte kann man mittlerweile für jeden einzelnen Abgeordneten über auch im Internet zugängliche biografische Datenbanken gezielt erschließen. Ohne diesen unverzichtbaren Fundus von Informationen für die historisch-biografische Grundlagenforschung hätte dieses Forschungsvorhaben nicht realisiert werden können.[6]

Die in Köln erstellten Datensammlungen konzentrieren sich auf objektivierbare und intersubjektiv vergleichbare Merkmale in den Lebensläufen der aufgenommenen Parlamentarier. Ganz bewusst bleibt eine ausführlichere Analyse der individuellen politischen Positionen oder ideologischen Optionen dieser Abgeordnetenkollektive ausgeklammert, um eine Vermischung von Fakten und Werturteilen zu vermeiden. Alle für die politischen Lebenswege der Abgeordneten gesammelten Daten zielen auf die typischen Merkmale ihrer parlamentarischen Karrieren, also auf ihre soziale und regionale Herkunft, ihre Alters- und Berufsstruktur, ihre Parteizugehörigkeit und ihre Mandatsdauer in den Parlamenten. Wie wichtig derartige Informationen sind, wenn man das gemeinsame Rollenverständnis der 1933 gewählten sozialdemokratischen Reichstagsabgeordneten als verfolgte Solidargemeinschaft während der NS-Zeit analysieren will, wird im Folgenden noch näher zu beleuchten sein. Die Befunde dieser Analysen stützen sich deshalb auch auf das unter der Kürzel BIOSOP von Wilhelm Heinz Schröder am Lehrstuhl für

6 Die Handbücher der verschiedenen in Köln abgeschlossenen Forschungsprojekte sind unter den Kürzeln BIOSOP, BIOKAND, BIORAB online zugänglich gemacht worden.

Neuere Geschichte an der TU Berlin begonnene und am Zentrum für Historische Sozialforschung an der Universität Köln abgeschlossene biografische Handbuch, das die »typischen« Lebensläufe aller sozialdemokratischen Parlamentarier für den Zeitraum von 1867 bis 1933 in einer standardisierten »Normalbiografie« erfasst und zu einem Klassiker der kollektivbiografischen Parteien- und Parlamentarismusforschung geworden ist.[7]

Das zweite für diese Studie ebenfalls unverzichtbare Grundlagenwerk stellt ein unter der Federführung von Martin Schumacher erarbeitetes biografisches Handbuch dar, das auf die Verfolgungsschicksale aller Reichstagsabgeordneten der Weimarer Republik in den zwölf Jahren der NS-Diktatur zentriert ist. Es entstand als ein vom Deutschen Bundestag angeregtes und durch die Kommission für Geschichte des Parlamentarismus und der politischen Parteien gefördertes und betreutes Forschungsprojekt. Mit ihm wollte der Bundestag den während der NS-Zeit verfolgten und ermordeten Parlamentariern »ein angemessenes und würdiges Andenken« widmen, das es erlaubt, »mit der Erinnerung an die Opfer auch eine Erinnerung an Namen, Personen und individuelle Lebensschicksale zu bewahren.«[8]

Dieses Ziel hat dieses monumentale Handbuch verwirklicht. Es erfasst nämlich die Parlaments- und Lebensdaten von insgesamt 1.795 Parlamentariern, die zwischen 1919 und 1933 in das deutsche Nationalparlament gewählt worden waren, also zunächst in die Verfassunggebende Nationalversammlung, die 1918/19 in Weimar zusammentrat, sowie dann in den Deutschen Reichstag, der von 1920 bis zum Reichstagsbrand am 27. Februar 1933 seinen Sitz im

7 In diesem Handbuch sind die Lebensdaten von 2.424 Abgeordneten erfasst. Zu Schröders methodischer und inhaltlicher Vorgehensweise vgl. seine Einleitung zu diesem Handbuch (S. 15-85), in der er seine Forschungsstrategie erläutert und sein persönliches Fazit nach seiner über 40-jährigen Beschäftigung mit biografischen Massendaten zieht: Wilhelm Heinz Schröder, Forscherleben im Rückblick. Kollektivbiographie als individual-biographische Konstante, in: Historical Social Research, Supplement 2011, S. 11-73.

8 So Rita Süssmuth, die Präsidentin des Deutschen Bundestages, in ihrem Vorwort zu dem Handbuch Schumacher, MdR, S. 5*.

1894 fertiggestellten Wallot-Bau in Berlin hatte und anschließend in der nur wenige hundert Meter entfernten Kroll-Oper in der Nähe des Brandenburger Tores tagte. Sie war der letzte parlamentarische Schauplatz der Weimarer Republik. Hier wurde am 23. März 1933 auch das Ermächtigungsgesetz verabschiedet. Anschließend diente dieses ehemalige Operngebäude bis 1942 als pseudoparlamentarische Bühne für die Hetzreden von Adolf Hitler.

Im biografischen Handbuch, das Martin Schumacher herausgegeben hat, wird auch für alle am 5. März 1933 gewählten Abgeordneten der Weimarer Republik in standardisierten Kurzbiografien dokumentiert[9], mit welchen Mitteln und Methoden die nationalsozialistischen Machthaber diese Parlamentarier bis zum Sommer dieses Jahres politisch entmachteten und beruflich kaltstellten, wie stark die ehemaligen Reichstagsabgeordneten in der Folgezeit von den beispiellosen Säuberungsprozessen des NS-Regimes erfasst wurden und welche Verfolgungsschicksale sie während der zwölfjährigen NS-Herrschaft zu erdulden hatten. Im Visier der Nationalsozialisten standen, wie dieses Handbuch in vielen einzelnen Aspekten belegt, vor allem die Abgeordneten der beiden Arbeiterparteien. Die verschiedenen Formen ihrer politischen Entmachtung sowie die Stufen ihrer polizeistaatlichen Überwachung, diktatorischen Unterdrückung und zynischen Entmenschlichung bis hin zur ihrer gezielten Liquidation in Gefängnissen und Konzentrationslagern wurden hier von Martin Schumacher und seinen Mitarbeitern mithilfe von archivalischen und autobiografischen Quellen dokumentiert. Unter diesen besitzen die SD-Verzeichnisse, die das NS-Regime zur systematischen Überwachung und Denunziation von Kommunisten, Sozialdemokraten sowie »führender Männer der Systemzeit« angelegt hatte, ein besonderes Gewicht. Ergänzt wird dieser Quellenfundus durch Gestapo- und Gerichtsakten aus der NS-Zeit, aber auch durch Zeugenaussagen, die nach 1945 in Wiedergutmachungsverfahren gemacht worden sind. Die Autoren

9 Bis auf wenige Ausnahmen wurden in diesem Handbuch die Biografien der NSDAP-Abgeordneten ausgeklammert.

dieser breit angelegten biografischen Dokumentation haben außerdem die bis zum Beginn der 1990er-Jahre vorliegenden Befunde der Forschungsliteratur berücksichtigt.

Als einen ersten Anstoß für diese personenbezogene Fragestellung kann man das von Walter Hammer verfasste Gedenkbuch »Hohes Haus in Henkers Hand« charakterisieren.[10] Er legte damit – auch in der Erinnerung an eigene Erfahrungen – in der frühen Bundesrepublik den Grundstein für die Erforschung der Verfolgungsschicksale von Parlamentariern der Weimarer Republik während der NS-Zeit. Ihn hatten die Nationalsozialisten nämlich 1933 als Pazifisten in »Schutzhaft« genommen. Nach seiner Emigration nach Dänemark wurde Hammer dort von den deutschen Besatzern 1940 erneut verhaftet. Anschließend war er bis 1945 KZ- und Gefängnishäftling. Auch wenn die von ihm 1955 erstmals publizierten 557 Kurzbiografien von verfolgten Reichstags- und Landtagsabgeordneten der Weimarer Republik durch die späteren Forschungen präzisiert, ergänzt und erweitert wurden, war und ist die Bedeutung seines Gedenkbuches unumstritten. Die von Hammer selbst als »Geschichtsschreibung der ersten Stunde« charakterisierten Befunde basierten nämlich oft noch auf persönlichen Kontakten zu Verfolgten oder zu deren Angehörigen und haben sich auch deshalb für alle nachfolgenden Untersuchungen als eine unentbehrliche Quelle erwiesen.[11]

Dies gilt auch für das Gedenkbuch der deutschen Sozialdemokratie im 20. Jahrhundert, das auf Initiative ihres Vorsitzenden Hans-Jochen Vogel vom SPD-Parteitag 1995 beschlossen wurde. Seine erste Auflage erschien im Jahr 2000. Die Erarbeitung dieses Gedenkbuches war »mit vielfältigen Schwierigkeiten« verbunden, weil »von den vielen Tausenden von verfolgten Sozialdemokraten« nicht alle aufgenommen werden konnten. Berücksichtigt wurden

10 Walter Hammer, Hohes Haus in Henkers Hand. Rückschau auf die Hitlerzeit, auf Leidensweg und Opfergang Deutscher Parlamentarier. 2. durchgearb. u. erw. Aufl., Frankfurt a. M. 1956; Hammer widmete dieses 1955 abgeschlossene Werk dem ehemaligen sozialdemokratischen Reichstagspräsidenten Paul Löbe zu dessen 80. Geburtstag am 14. Dezember 1955.

11 So Schumacher, MdR, in seiner Einleitung, S. 24*.

aber diejenigen Sozialdemokraten, »die durch Verfolgung ihr Leben verloren, ermordet wurden oder an den Folgen von Verfolgungsmaßnahmen starben, oder mehr als ein halbes Jahr in Konzentrationslagern, Zuchthäusern und Gefängnissen eingesperrt waren«.[12] Zu diesem Personenkreis zählten auch viele Abgeordnete, die für die SPD dem Reichstag in der Weimarer Republik angehört hatten.

Dennoch bleibt die Auswahl der Verfolgten auch in der 2013 erschienenen erweiterten Auflage des Gedenkbuches begrenzt, vor allem deshalb, weil man erneut auf die Aufnahme von Emigranten verzichtet hat, zu denen beispielsweise ein Drittel der 120 SPD-Reichstagsabgeordneten von 1933 gehörte. Ihre Ausklammerung aus diesem sozialdemokratischen Gedenkbuch ist nicht nachvollziehbar. Oft hatten auch sie nach ihrer Emigration ein hartes Schicksal im Exil erlitten. Einige von ihnen wurden vom NS-Regime während des Zweiten Weltkrieges ermordet oder kamen auf tragische Weise ums Leben, weil sie als Repräsentanten des »Anderen Deutschland« in ihren Zufluchtsländern den Widerstand ihrer Partei gegen den Nationalsozialismus auf vielfältige Weise unterstützt hatten. Wenn man zudem bedenkt, welche Schlüsselrolle zurückgekehrte Emigranten beim Wiederaufbau der Demokratie in Deutschland nach 1945 spielten, lässt sich die Erinnerung an die Reichstagsabgeordneten, die zu dieser Gruppe gehörten, in der folgenden Studie nicht ausklammern, auch wenn deren Fokus nicht auf die politische und programmatische Geschichte der sozialdemokratischen Emigration zentriert ist, die sich 1933 unter dem Namen SOPADE formierte.

Wichtige biografische Hinweise zum Personenkreis der sozialdemokratischen Reichstagsmitglieder findet man auch in dem vom Historischen Forschungszentrum der Friedrich-Ebert-Stiftung betreuten Internetportal zur Geschichte der deutschen Arbeiterbewegung[13], in dem archivalische Quellen und Materialien zu Wi-

12 Der Freiheit verpflichtet. Gedenkbuch der deutschen Sozialdemokratie im 20. Jahrhundert. Hg. v. Vorstand der Sozialdemokratischen Partei Deutschlands. Mit einem Vorwort von Sigmar Gabriel. Mit einem Geleitwort von Hans-Jochen Vogel. 2. Aufl., Berlin 2013.

13 Unter der Signatur: http://www.fes.de/hfz/arbeiterbewegung.

derstand und Exil erschlossen wurden. Hierzu gehört ebenfalls ein Inventar zu den Nachlässen der deutschen Arbeiterbewegung, das zu allen aufgeführten Personen Kurzbiografien enthält, unter denen sich auch zahlreiche Reichstagsabgeordnete der SPD befinden.[14]

Die unterschiedlichen Formen und die verschiedenen Zeitpunkte der politischen Verfolgung in Deutschland sowie die Bedingungen des Lebens im Exil hat Martin Schumacher in der Einleitung zu dem von ihm herausgegebenen Handbuch für alle ehemaligen Reichstagsabgeordneten der Weimarer Republik in zwölf Tabellen statistisch gewichtet und analysiert. Für 774 der in Kurzbiografien erfassten Reichstagsabgeordneten der Weimarer Republik konnte er die Überwachungs- und Unterdrückungspraxis des NS-Regimes in ihren individuellen Abstufungen differenzierter belegen.[15] Hierzu zählen auch Hinweise zu den sozialen und beruflichen Auswirkungen der Verfolgungen auf die Familien der einzelnen Abgeordneten, denn diese mussten die Folgen des Berufsverbotes oder des Berufsverlustes der Parlamentarier mittragen, die zu Beginn der NS-Zeit buchstäblich oft brotlos geworden waren. Und ihre Familien waren von deren Bespitzelung und deren Denunziation ebenso betroffen wie von den Hausdurchsuchungen, die immer auch auf die Angehörigen der Abgeordneten zielten.

Obwohl das individuelle Leid, das die verfolgten Abgeordneten und ihre Familien während der NS-Zeit konkret zu erdulden hatten, sich in den quantifizierbaren prozentualen Größenordnungen nicht wirklich widerspiegelt, vermitteln die von Martin Schumacher in der Einleitung seines Handbuches aufgeführten statistischen Angaben jedoch ein bedrückendes Bild vom Ausmaß der Verfolgungsmaßnahmen[16]: Mehr als drei Fünftel der zwischen 1919 und 1933 gewählten und nicht der NSDAP angehörenden Reichstags-

14 Vgl. Hans-Holger Paul (Ed.) et al., Inventar zu den Nachlässen der deutschen Arbeiterbewegung, Berlin 2012.

15 Für 471 Parlamentsmitglieder ließ sich keine Verfolgung dokumentieren.

16 Die folgenden Zahlenangaben, die für alle während der Weimarer Republik gewählten Reichstagsabgeordneten erhoben wurden, stammen aus diesen Befunden von Schumacher, MdR, S. 16* ff.

abgeordneten waren während der zwölfjährigen Regimezeit des Nationalsozialismus in unterschiedlicher Weise von Verfolgungen betroffen, wobei die Abrechnung des NS-Regimes mit seinen politischen Gegnern besonders gnadenlos und brutal ausfiel, wenn es sich um Abgeordnete der KPD oder der SPD handelte.

Aus ihren Reihen kamen über 70 Prozent der während der NS-Zeit verhafteten 425 Reichstagsabgeordneten der Weimarer Republik, wobei der Anteil der Sozialdemokraten unter ihnen mit 40 Prozent etwas höher war als der Anteil der Kommunisten, der 32 Prozent betrug. In beiden Fällen wurden für die Abgeordneten deutlich längere Haftzeiten verhängt als für die Parlamentarier aller anderen Parteien, deren Gesamtanteil an den Verhafteten sich insgesamt auf knapp 28 Prozent belief. Unter den mehr als ein Jahr lang inhaftierten ehemaligen Reichstagsabgeordneten sind 83 kommunistische und 49 sozialdemokratische Parlamentarier statistisch erfasst. Sie waren oft zwischen drei und sechs Jahren in Haft. Für 20 Kommunisten und 13 Sozialdemokraten betrug die Haftdauer bis zu neun Jahre; 17 Kommunisten und 2 Sozialdemokraten waren sogar zwölf Jahre lang inhaftiert. Die aus den anderen Parteien verhafteten Parlamentarier mussten meistens nur einige Wochen in der Haft verbringen. Die Mehrzahl von ihnen kam aus den Reihen des Politischen Katholizismus, während Abgeordnete aus den liberalen oder konservativen Parteien immer eine kleine Minderheit unter den Verhafteten stellten.

Ebenso eindeutig lässt sich die vor allem auf Kommunisten und Sozialdemokraten zielende Verfolgungspraxis des NS-Regimes nachweisen, wenn man die von Schumacher gesammelten Angaben für die KZ-Haft zusammenfasst: Für insgesamt 178 Reichstagsabgeordnete der Weimarer Republik, die entweder der KPD oder der SPD angehörten, ist KZ-Haft dokumentiert. Die KPD war in dieser Häftlingsgruppe mit 95, die SPD mit 83 Abgeordneten vertreten. Hinzu kamen 26 KZ-Häftlinge aus den anderen zwischen 1919 und 1933 im Reichstag vertretenen Parteien, von denen 17 der Zentrumspartei oder der Bayerischen Volkspartei angehört hatten. Auch die Zahl der Strafverfahren, die gegen Reichstagsabgeordnete der Kommunisten oder der Sozialdemokraten verhängt wurden, war deutlich höher als für die Parlamentarier anderer Parteien. Die Unbestimmtheit der Haftdauer, die Varianten der gnadenlosen Abrechnung des NS-Regimes mit seinen politischen Gegnern, deren gezielte persönliche Demütigung in den Gefängnissen oder Konzentrationslagern und deren willkürliche Misshandlung durch Wachmannschaften lässt sich jedoch immer nur aus einer individuellen Perspektive angemessen beleuchten.

Die These, dass vor allem die Abgeordneten der beiden Arbeiterparteien nach dem Machtantritt der Nationalsozialisten »geächtet und vogelfrei« waren[17], wird auch durch folgenden Befund eindeutig untermauert: Mehr als vier Fünftel der Reichstagsabgeordneten der Weimarer Republik, die ab 1933 emigrierten, um ihr Leben zu retten, kamen aus der SPD oder der KPD. Sie flohen meistens in die europäischen Nachbarstaaten Deutschlands, wobei die Kommunisten oft in der UdSSR, die Sozialdemokraten in der Tschechoslowakei oder in den an Deutschland angrenzenden west- und nordeuropäischen Ländern eine erste Zuflucht suchten.

Unter den Reichstagsabgeordneten der Weimarer Republik, die emigrierten, war der Anteil der Kommunisten mit 47 Prozent höher als der Anteil der Sozialdemokraten, die 38,7 Prozent aller emigrierten Parlamentarier stellten. Aus allen anderen Parteien kamen noch 14,3 Prozent hinzu. Dieser Befund spiegelt sich auch in der Zahl der dokumentierten Ausbürgerungen von Emigranten wider: Neun von zehn der nach ihrer Flucht in das Exil aus dem Deutschen Reich ausgebürgerten Abgeordneten gehörten entweder der KPD oder der SPD an. Ihre Familienmitglieder teilten in der Regel deren Emigrationsschicksal. Sie wurden ebenfalls ausgebürgert und mussten gemeinsam mit den verfolgten Parlamentariern das unsichere Leben als Staaten- und Heimatlose bewältigen. In der Emigration verstarb mehr als ein Viertel der aus Deutschland vertriebenen Abgeordneten, wobei auch in ihrem Fall die Betrach-

17 So Hoegner, Flucht vor Hitler, S. 96 ff.

tung der Einzelschicksale oft den Blick für besonders tragische Todesursachen öffnet.[18]

Seit 1992 erinnert ein Mahnmal vor dem Reichstag in Berlin an diejenigen Reichstagsabgeordneten der Weimarer Republik, die zwischen 1933 und 1945 gewaltsam zu Tode kamen. Auf diesem Mahnmal sind die Namen von 96 Abgeordneten (6 Frauen und 90 Männer) mit Angaben zu ihren Lebensdaten, ihrer Parteizugehörigkeit und zum Ort ihres Todes verzeichnet. Von ihnen gehörten 85 Abgeordnete den Parteien der Arbeiterbewegung an, wobei der Blutzoll, den die KPD und die SPD entrichten mussten, etwa gleich hoch war.[19] In jedem einzelnen Fall lassen sich – soweit dies überhaupt möglich ist – die besonderen individuellen Umstände nachzeichnen, die zum Tod führten. Die meisten Parlamentarier der beiden Arbeiterparteien kamen in Konzentrationslagern ums Leben, wo man sie bei ihrer Einlieferung durch einen »roten Winkel« als politische Häftlinge stigmatisiert hatte und deshalb anschließend besonders brutal behandelte. Hier starben sie an den unmenschlichen Folgen der Zwangsarbeit als KZ-Häftlinge oder wurden von Wachmannschaften gezielt ermordet. Einige Abgeordnete wurden zum Tode verurteilt und hingerichtet oder überlebten die Haft in

18 Dies gilt für die zwölf in der stalinistischen Sowjetunion bei »Säuberungsmaßnahmen« umgekommenen Abgeordneten der KPD ebenso wie für SPD-Parlamentarier, die nach der Besetzung Frankreichs, der Niederlande oder Dänemarks durch deutsche Truppen zu Beginn des Zweiten Weltkriegs ums Leben kamen. Vgl. dazu Kap. VI.

19 Auf dem Mahnmal sind die Namen von 43 Kommunisten, 41 Sozialdemokraten und einem USPD-Reichstagsabgeordneten verzeichnet. Bei einigen Personen, die als »ermordet« definiert wurden, ist diese Einstufung nicht gesichert, weil es sich auch um Selbstmorde gehandelt haben kann. Auf dem Mahnmal fehlt der Name des SPD-Abgeordneten Jakob Weimer, der nach dem Attentat auf Hitler vom 20. Juli 1944 verhaftet wurde und im November 1944 an den Folgen der Folter durch die Gestapo in einem Stuttgarter Krankenhaus verstarb. Zu den grundsätzlichen Problemen, die bei der Konzeption dieser Erinnerungsstätte zu lösen waren, vgl. Wilhelm Heinz Schröder und Rüdiger Hachtmann, Die Reichstagsabgeordneten der Weimarer Republik als Opfer des Nationalsozialismus. Vorläufige Bestandsaufnahme und biographische Dokumentation, in: Historical Social Research/Historische Sozialforschung, Bd. 10, 1985, S. 55-88; ferner die präziseren Zahlenangaben bei Schumacher, MdR, S. 42* ff.

Zuchthäusern oder Gefängnissen nicht. Auch auf den »Todesmärschen«, zu denen das NS-Regime die KZ-Häftlinge bei der Räumung der Lager im Frühjahr 1945 zwang, kamen noch Abgeordnete ums Leben. Manche todkranken Abgeordneten verstarben erst nach der Befreiung aus den Konzentrationslagern an den Nachwirkungen der erlittenen Haft. Vergleichbare Verfolgungsschicksale lassen sich auch für die elf ermordeten Abgeordneten aus bürgerlichen Parteien beschreiben, deren Namen ebenfalls auf dem Mahnmal vor dem Reichstag verzeichnet sind.

Wenn man das ganze Ausmaß der Verfolgung und Drangsalierung von Weimarer Reichstagsabgeordneten während der zwölfjährigen NS-Zeit charakterisieren will, dann stößt man zunächst auf die ungehemmte Rachsucht von Mitgliedern und Mitläufern der NSDAP. Diese konnten vor allem in der Anfangsphase der nationalsozialistischen Machteroberung alle rechtsstaatlichen Schutzzäune durchbrechen und ihre rechtsradikal motivierte Feindschaft gegen die lokalen und nationalen Repräsentanten der Weimarer Republik rücksichtslos entladen. Nicht bei Nacht und Nebel, sondern auf offener Straße und unter den Augen der Polizei entfaltete sich der braune Terror gegen legal gewählte Mandatsträger, Parlamentarier, Minister und Ministerpräsidenten. Sie wurden zum Freiwild des nationalsozialistischen Mobs, ohne dass sich den Tätern irgendeine staatliche Instanz wirksam entgegenstellte. Abgeordnete des Reichstags und der Länderparlamente, die der Willkür der neuen Machthaber wehrlos ausgeliefert waren, genossen nicht mehr den Schutz der Immunität, wenn man sie verfolgte oder verhaftete, um sie politisch endgültig mundtot zu machen.

Den Parteien der Arbeiterbewegung fehlten nach der Machtauslieferung an das Hitler-Kabinett Ende Januar 1933 die Möglichkeiten zu einer erfolgreichen Gegenwehr. Um einen Generalstreik zu entfesseln, hätten sie sich auf den breiten und geschlossenen Rückhalt ihrer Anhänger stützen müssen, von denen jedoch viele schon seit Jahren arbeitslos waren und auch deshalb enttäuscht oder entmutigt die politische Lähmung und organisatorische Handlungsunfähigkeit der gespaltenen Arbeiterbewegung hinnahmen. Eine gemeinsame massenhafte Widerstandsbewegung von KPD und SPD scheiterte in der Auflösungsphase der Weimarer Republik überdies an der unüberbrückbaren programmatischen Frontstellung zwischen dem sozialdemokratischen Reformismus und dem kommunistischen Radikalismus. Jede gewaltsame Gegenwehr war aus der legalistischen Perspektive der Sozialdemokratie auch nach der Machtauslieferung an die Nationalsozialisten aussichtslos, weshalb man – auch mit Blick auf die Machtmittel des NS-Regimes – selbst den »Boden der Gesetzlichkeit« in den folgenden Monaten nicht verlassen wollte. Und die Führung der KPD dachte nicht daran, eine ideologische Kehrtwendung zu vollziehen, um die seit der Parteigründung gesuchte Konfrontation mit der SPD zu beenden, deren »sozialfaschistischen« Charakter man nach wie vor betonte.[20]

Parallel zur von keiner juristischen oder politischen Vetoinstanz blockierten Etablierung des nationalsozialistischen Unrechtsstaates entfaltete sich dessen totalitärer Herrschaftswille in einem rasanten Tempo. Er respektierte keine verfassungs- oder menschenrechtlichen Grenzen. Eine Schlüsselrolle spielte bei dieser terroristischen Enthemmung der Sicherheitsdienst des Reichsführers SS, dessen Zentrale im Januar 1933 vom Parteihauptquartier in München nach Berlin verlegt wurde. Zu einer zentralen Aufgabe dieses »Sicherheitsdienstes« gehörte die Überwachung von politischen Gegnern. Seit Ende 1938 verfügte der SD-Dienst nach seiner Umwandlung zu einer staatlichen Institution über ein nachrichtendienstliches Monopol. In ihm arbeiteten 1944 mehr als 6.000 hauptamtliche Kräfte und über 30.000 V-Leute, in deren »Meldungen aus dem Reich« sich die Effizienz dieses flächendeckenden Überwachungs- und Spitzelsystems widerspiegelte. Von ihm wurden auch die ehemaligen Reichstagsabgeordneten systematisch beobachtet.[21] Reinhard

20 Vgl. dazu ausführlicher Klaus Schönhoven, Reformismus und Radikalismus. Gespaltene Arbeiterbewegung im Weimarer Sozialstaat, München 1989.

21 Vgl. dazu Heinz Boberach (Hg.), Meldungen aus dem Reich 1938–1945. Die geheimen Lageberichte des Sicherheitsdienstes der SS. 18 Bde., Herrsching 1984; Michael Wildt (Hg.), Nachrichtendienst, politische Elite und Mordeinheit. Der Sicherheitsdienst des Reichsführers SS, Hamburg 2003. In der Dokumentation Schumachers finden

Heydrich, dem der SD seit 1931 unterstellt war und der seit 1939 das Reichssicherheitshauptamt leitete, definierte die Funktion dieses Dienstes als Instrument zur umfassenden Kontrolle jeder Form von Opposition folgendermaßen:

> »Völliges Erfassen des Gegners in seinem geistigen Grundelement, totales Erkennen und kriminalistisches Ermitteln seiner organisatorischen Form sowie seiner personellen Besetzung, schließlich planvolles Vernichten, Lahmlegen, Ausschalten dieser Gegner mit exekutiver Gewalt«.[22]

Von Anfang an ließen die nationalsozialistischen Machthaber keinen Zweifel daran aufkommen, dass sie die politischen Repräsentanten der KPD und der SPD als ihre Hauptfeinde ansahen, als sie ihre ersten Folterstätten in Kellerverliesen oder alten Fabrikanlagen provisorisch einrichteten, bevor sie dann ab März 1933 in verschiedenen Regionen des Reiches Konzentrationslager als systematisch organisierte Zentren der grenzenlosen Rechtlosigkeit gründeten.[23] Dass zwischen der gezielten Ausschaltung der beiden Arbeiterparteien und dem Auf- und Ausbau des nationalsozialistischen Terrorsystems ein kausaler Zusammenhang bestand, ist unbestritten. Die lokalen und regionalen Gewaltexzesse von SA und SS richteten sich zunächst nämlich vor allem gegen Kommunisten und gegen Sozialdemokraten. Deren überall einsetzende Verfolgung und deren politische und gesellschaftliche Ausgrenzung wurden von der Bevölkerung vielerorts einfach hingenommen. Viele Menschen orientierten sich dabei an dem Vorsatz »Sehe ich das Böse, schaue ich nicht hin«. Mit diesem Wegsehen gaben sie dem nationalsozialistischen Mob freie Hand.

---

sich viele Zitate aus den Überwachungsberichten des SD, die dieser über ehemalige Reichstagsabgeordnete angefertigt hatte.

22 Zit. n. Schumacher, MdR, S. 28*.

23 Vgl. dazu Nikolaus Wachsmann/Sybille Steinbacher (Hg.), Die Linke im Visier. Zur Errichtung der Konzentrationslager 1933, Göttingen 2014; Wachsmann, Konzentrationslager, S. 33 ff.

Im Falle der Kommunisten konzentrierte sich der nationalsozialistische Terrorapparat mit aller Härte von Anfang an auf einen radikalen Konkurrenten, dessen stalinistische Programmatik ebenfalls auf die Zerstörung der Weimarer Republik ausgerichtet gewesen war. Die SPD wurde von den Nationalsozialisten hingegen als die Partei stigmatisiert, die sich nach dem militärischen Zusammenbruch des Kaiserreiches im Herbst 1918 an die Spitze der Republikgründer gestellt hatte und sich in der Folgezeit eindeutig für die Verwirklichung einer parlamentarischen Demokratie in Deutschland eingesetzt hatte. In den vierzehn Jahren der Weimarer Republik traten die Sozialdemokraten in allen politischen Auseinandersetzungen immer als streitbare Republikaner und als Anwälte des Rechts- und des Sozialstaates auf. Weil sich ihre Mandatsträger stets für die Selbstbehauptung der Demokratie gegen deren radikale Widersacher von rechts und links engagierten und seit den frühen 1920er-Jahren immer wieder vor der Gefahr des Nationalsozialismus warnten[24], gehörten die sozialdemokratischen Parlamentarier nach der Machtauslieferung an die Nationalsozialisten am 30. Januar 1933 zu dem Personenkreis, der von den neuen Herren am meisten gehasst und besonders intensiv verfolgt wurde. Dies dokumentieren exemplarisch die Biografien der 120 sozialdemokratischen Reichstagsabgeordneten, die am 5. März 1933 in den Reichstag gewählt wurden. Ihre Verfolgungsschicksale während der NS-Zeit stehen im Mittelpunkt dieser Studie.

---

24 Vgl. Klaus Schönhoven/Hans-Jochen Vogel (Hg.) Frühe Warnungen vor dem Nationalsozialismus. Ein historisches Lesebuch, München 1998; Wolfram Pyta, Gegen Hitler und für die Republik. Die Auseinandersetzung der deutschen Sozialdemokratie mit der NSDAP in der Weimarer Republik, Düsseldorf 1989.

KAPITEL I

# Die sozialdemokratische Reichstagsfraktion von 1933: Generationelle und politische Prägungen der Abgeordneten

Bei den am 5. März 1933 abgehaltenen Reichstagswahlen erhielt die SPD 7,1 Millionen Stimmen, die ihr 120 Mandate einbrachten. Mit einem Stimmenanteil von 18,3 Prozent war sie die zweitstärkste Partei hinter der NSDAP, auf die 43,9 Prozent der gültigen Stimmen entfallen waren und die 288 Abgeordnete in den neu gewählten Reichstag entsandte. Diese Positionierung auf dem zweiten Platz hinter den nationalsozialistischen Republikfeinden wurde von den Sozialdemokraten zwar als Selbstbehauptung interpretiert. Doch ihre zweckoptimistische Einschätzung konnte nicht darüber hinwegtäuschen, dass die SPD seit den Reichstagswahlen von 1928 kontinuierlich Wählerstimmen und Mandate eingebüßt hatte. In den darauf folgenden fünf Jahren bis 1933 summierten sich ihre Verluste nämlich auf fast zwei Millionen Stimmen und 33 Mandate. Nach den Juliwahlen von 1932 stellte die SPD erstmals seit 1919 nicht mehr die mitgliederstärkste Fraktion im Reichstag. Die NSDAP hatte sie im Sommer 1932 mit einem Vorsprung von fast 100 Mandaten deutlich überflügelt. Und bei den Märzwahlen von 1933 bauten die Nationalsozialisten diesen Vorsprung vor der SPD auf 168 Mandate aus.[25]

---

25 Vgl. Jürgen Falter/Thomas Lindenberger/Siegfried Schumann, Wahlen und Abstimmungen in der Weimarer Republik. Materialien zum Wahlverhalten, München 1986, S. 119 ff.

In den Jahren der Weimarer Republik hatte sich in der Fraktion der SPD nach und nach ein personeller Umbruch vollzogen, der zu Beginn der 1930er-Jahre deutlicher als zuvor sichtbar wurde. Er spiegelte sich in einer Reihe von Facetten wider, rückt man die Entwicklung zwischen 1919 und 1933 näher in das Blickfeld. Unter den im März 1933 in den Reichstag gewählten SPD-Abgeordneten befanden sich nur noch sechs Parlamentarier, die bereits im späten Kaiserreich erstmals in den Reichstag gewählt worden waren. Von ihnen hatten während der revolutionären Republikgründung von 1918/19 Philipp Scheidemann, Wilhelm Dittmann, Otto Landsberg, Carl Severing, Otto Wels und Rudolf Wissell eine prominente Rolle als Volksbeauftragte oder als sozialdemokratische Spitzenpolitiker gespielt. Zu dieser Gruppe der im März 1933 »Dienstältesten« in der Reichstagsfraktion der SPD kamen noch Richard Lipinski, der 1918/19 Vorsitzender des Rats der Volksbeauftragten in Sachsen gewesen war, sowie die beiden Spitzenfunktionäre der Freien Gewerkschaften Alwin Brandes und Hermann Krätzig hinzu. Aus der Sicht der Nationalsozialisten verkörperten sie alle geradezu idealtypisch den Typus des »Novemberverbrechers«. Deshalb richtete sich auf sie 1933 die Rachsucht der neuen Machthaber in besonderer Weise.

Von den im Februar 1919 erstmals in das Reichsparlament eingezogenen sozialdemokratischen Republikgründern waren vierzehn Jahre später, im März 1933, ebenfalls nur noch neun Abgeordnete vertreten, die bereits an der Beratung und Verabschiedung der Weimarer Verfassung mitgewirkt hatten. Zu ihnen zählten mit Klara Bohm-Schuch, Marie Juchacz, Toni Pfülf und Louise Schröder vier Frauen, die ihr erstes Reichstagsmandat der Einführung des Frauenwahlrechtes durch die Revolutionsregierung verdankten. Alle vier Parlamentarierinnen profilierten sich in den folgenden Jahren als Vorkämpferinnen der Frauenemanzipation, als engagierte Bildungspolitikerinnen, die für die Chancengleichheit von Mann und Frau eintraten, sowie als Sozialpolitikerinnen, die den Zielvorstellungen der Arbeiterwohlfahrt verpflichtet waren. Von der prinzipiell frauenfeindlichen NSDAP wurde ihnen ihre politische und gesellschaftliche Arbeit für die Frauenemanzipation natürlich nicht als Verdienst angerechnet, weil man davon in den männlich geprägten Führungsgruppen des Nationalsozialismus nichts wissen wollte. Nicht zufällig zählten diese vier Frauen 1933 zu den ersten Verfolgungsopfern des NS-Regimes, das ihr privates und politisches Leben gezielt zerstören wollte.[26]

Auch die fünf männlichen Abgeordneten Alfred Janschek, Paul Löbe, Wilhelm Sollmann, Johannes Stelling und Johann Vogel, die 1919 in der Verfassunggebenden Nationalversammlung ihr erstes Mandat für die SPD auf Reichsebene übernommen hatten, zogen in den folgenden Jahren bis 1933 als sozialdemokratische Reichstagsabgeordnete den besonderen Hass der NSDAP auf sich. Denn sie gehörten während der Weimarer Republik zu den bekanntesten politischen Repräsentanten ihrer Partei. In ihren verschiedenen Funktionen als Reichstagspräsident (Löbe), als Reichsinnenminister und Redakteur der Rheinischen Zeitung (Sollmann), als Ministerpräsident und stellvertretender Bundesvorsitzender des Reichsbanner Schwarz-Rot-Gold (Stelling), als Vorstandsmitglied des ADGB (Janschek) und als Mitvorsitzender der SPD (Vogel) waren sie seit den frühen 1920er-Jahren im Parlament und in der Öffentlichkeit immer wieder als entschiedene Gegner der NSDAP aufgetreten, was deren Funktionäre ihnen ab 1933 heimzahlen wollten.

Sowohl die vier weiblichen wie auch die fünf männlichen Abgeordneten, die 1919 als parlamentarische Neulinge in die Verfassunggebende Nationalversammlung einzogen sind und anschließend bis 1933 der SPD-Fraktion im Reichstag angehörten, stammten aus der zwischen 1870 und 1890 geborenen parlamentarischen Führungsschicht der Weimarer Sozialdemokratie. Fast drei Viertel der Mitglieder der im März 1933 gewählten Reichstagsabgeordneten der SPD waren in diesen als Bismarck-Zeitalter charakterisierten 20 Jahren zur Welt gekommen. Obwohl man die Generationsgenossenschaft dieser insgesamt 87 Abgeordneten nicht verabsolutieren

26 Vgl. dazu Christl Wickert, Unsere Erwählten. Sozialdemokratische Frauen im Deutschen Reichstag und im Preußischen Landtag 1919 bis 1933, Göttingen 1986, S. 232 ff. sowie ihre Verfolgungsbiografien in den folgenden Kapiteln.

kann und neben kollektivbiografischen auch individuelle Prägungen in die Analyse einbeziehen muss, ist jedoch nicht zu übersehen, dass sie als sozialdemokratische Parlamentarier eine Reihe von Gemeinsamkeiten aufwiesen, die für diese Geburtsjahrgänge der sozialdemokratischen Arbeiterbewegung typisch waren.

Diese in den zwei Jahrzehnten zwischen der Reichsgründung und dem Ende der Kanzlerschaft Bismarcks heranwachsenden, dann im Wilhelminischen Deutschland in der SPD aufgestiegenen und schließlich in der Weimarer Republik den Höhepunkt ihrer politischen Karriere erreichenden Sozialdemokraten wiesen nämlich miteinander vergleichbare gruppenspezifische Merkmale auf, die seit ihrer Jugendzeit ihre persönlichen Wertorientierungen geformt und gefestigt hatten.[27] Sie waren in das 1871 gegründete Kaiserreich hineingeboren worden, das in den Jahrzehnten nach dem Fall des Sozialistengesetzes dann auch zu ihrem ideellen Vaterland wurde. In der Bismarck-Ära wuchsen sie zumeist im proletarischen Milieu auf, in dem sie von der sozialdemokratischen Arbeiterbewegung politisch sozialisiert wurden. Als junge und aktive Parteimitglieder erlebten sie dann im späten Kaiserreich den Durchbruch der Sozialdemokratie zur Massenbewegung mit und engagierten sich für ihn nach 1890 auf den verschiedenen Organisationsebenen der Partei oder der Freien Gewerkschaften. Während des Ersten Weltkriegs wurde diese Generation vier Jahre lang zu Hause oder an der Front mit den widersprüchlichen Konfliktlagen dieser Urkatastrophe des 20. Jahrhunderts konfrontiert. In der Phase der Aufkündigung des innenpolitischen Burgfriedens, die sich in der Spaltung der Sozialdemokratie 1916/17 dramatisch widerspiegelte, mussten diese späteren Parlamentarier programmatisch und politisch entweder für die SPD oder die USPD optieren. Nach dem Untergang des Kaiserreichs er-

27 Zum Forschungsansatz, der altersspezifische Prägungen und Generationsabfolgen analysiert, vgl. die einzelnen Beiträge in: Klaus Schönhoven/Bernd Braun (Hg.), Generationen in der Arbeiterbewegung, München 2005. Die hier knapp skizzierte Generation hat Bernd Braun in seinem Beitrag zu diesem Sammelband als »Generation Ebert« porträtiert, weil zu ihr auch der erste Reichspräsident der Weimarer Republik, Friedrich Ebert, der 1871 geboren worden war, gehörte (S. 69-86).

öffneten sich ihnen in der Weimarer Republik neue berufliche und politische Wirkungsmöglichkeiten, die Sozialdemokraten bis dahin verschlossen geblieben waren. Nun erlebten sie auch den Höhepunkt ihrer Karriere als sozialdemokratische Spitzenpolitiker. Aus ihrer Generation kamen die sozialdemokratischen Reichskanzler und Reichsminister der Weimarer Republik sowie Ministerpräsidenten und Minister der SPD auf der Landesebene und die Inhaber von herausgehobenen Positionen in der politischen Verwaltung von Reich, Ländern und Kommunen.

Die meisten der bei der Reichstagswahl vom 5. März 1933 gewählten 120 SPD-Abgeordneten hatten ihre parlamentarische Laufbahn erst nach der Gründung der Weimarer Republik begonnen. Man kann sie deshalb als eine republikanische Pioniergeneration der SPD charakterisieren, die sich am politischen Pluralismus orientierte und das sozialdemokratische »Endziel«, den demokratischen Sozialismus, nicht mehr mit revolutionären Methoden, sondern mit Koalitionsbündnissen im Reichstag erkämpfen wollte. Sie wurden in den Jahren ab 1919 als bis dahin noch weniger bekannte Kandidaten für die Wahlen zur Nationalversammlung oder dann zum Reichstag nominiert, wo sie anschließend als parlamentarische Neulinge Schritt für Schritt in das politische Rampenlicht traten. Ihnen eröffnete sich sofort ein weites Feld von Partizipationsmöglichkeiten, das über den engeren Parteihorizont hinausreichte. Erstmals boten sich nun für Sozialdemokraten ihnen bis dahin verschlossene Aufstiegswege im öffentlichen Dienst an, vor allem auf den verschiedenen Ebenen der politischen Verwaltung im Reich, in den Ländern oder den Kommunen. Aus diesen Berufsfeldern zogen in den 1920er-Jahren nach und nach auch »politische Beamte« in die Reichstagsfraktion der SPD ein. Ihre Zahl stieg in der Weimarer Republik stark an, blickt man auf die verschiedenen staatlichen Funktionsebenen, auf denen Sozialdemokraten jetzt tätig werden konnten. Hatte im Kaiserreich die politische und gewerkschaftliche Arbeiterbewegung für viele Abgeordnete der SPD als ihr exklusiver Arbeitgeber fungiert, so gewann während der Weimarer Republik der öffentliche Dienst für sie als berufliche Startbasis vor der Mandatsübernahme an Bedeutung.

Zumeist ab 1930 rückten dann vermehrt jüngere, nach 1890 geborene Reichstagsabgeordnete in die in Fraktion der SPD ein.[28] Sie stellten 1933 mit 25 Abgeordneten ein Fünftel der 120 sozialdemokratischen Mandatsträger. In ihrer persönlichen und politischen Prägung spielte die Milieuverwurzelung in der Arbeiterbewegung oft eine ebenso große Rolle wie bei den noch im Bismarck-Reich geborenen Reichstagsabgeordneten. Auch sie waren zumeist im beruflichen Umfeld der SPD als lokale und regionale Parteisekretäre oder als Redakteure in der Parteipresse persönlich verankert. Hinzu kamen besoldete Positionen in den einzelnen Gewerkschaftsverbänden, in lokalen Gewerkschaftskartellen, als hauptamtliche Betriebsräte in größeren Unternehmen oder als Funktionäre in der Arbeiterwohlfahrt und im Allgemeinen freien Angestelltenbund. Einige Abgeordnete hatten ein juristisches, ein philologisches oder volkswirtschaftliches Studium absolviert. Hierzu zählten beispielsweise Ernst Reuter, der 1912 in die SPD eingetreten war, Friedrich Wilhelm Wagner, der sich 1917 der SPD anschloss, sowie Kurt Schumacher, der 1918 Sozialdemokrat wurde.[29] In ihren Biografien spielten die militärischen Erfahrungen, die sie im Ersten Weltkrieg gesammelt hatten, eine besondere Rolle. Auch wenn sie das Kriegserlebnis während der Weimarer Republik persönlich sehr unterschiedlich bewältigten, nachdem sie als Frontsoldaten alle Grauen des Massensterbens jahrelang miterlebt hatten oder bereits vor Kriegsende verwundet heimgekehrt waren, blieb für sie der Erste Weltkrieg im Nachkriegsalltag der im November 1918 revolutionär begründeten Demokratie stets präsent.

Aus dieser Schützengrabengeneration kamen die »streitbaren Republikaner«, die in der Endphase der Weimarer Republik einen aktivistischen Politikbegriff vertraten, sich nach dem Machtantritt der Nationalsozialisten gegen die Stillhaltetaktik der Parteiführung

28 Man hat sie als »Generation Schumacher« charakterisiert, weil für sie der 1895 geborene kämpferische Republikaner Kurt Schumacher stellvertretend stehen kann; so Meik Woyke in seinem Beitrag für den Sammelband Generationen in der Arbeiterbewegung (S. 87-105).

29 Zu ihren Biografien vgl. die folgenden Kapitel.

und des Parteiapparats auflehnten und für eine »wehrhafte Demokratie« starkmachten. Zwei ihrer Protagonisten waren Julius Leber und Carlo Mierendorff, die sich dann während der NS-Zeit im Widerstand engagierten und vor ihrem Tod lange Jahre inhaftiert waren. Zu dieser Generation der um die Jahrhundertwende geborenen und nach 1918 kämpferisch auftretenden SPD-Abgeordneten der Weimarer Republik gehörten auch Kurt Schumacher, Otto Grotewohl, Ernst Reuter oder Gustav Dahrendorf. Sie überlebten als Mitglieder des im März 1933 gewählten Reichstages die Verfolgungen der NS-Zeit und wirkten nach dem Zweiten Weltkrieg an führender Stelle am Wiederaufbau der SPD in West und Ost mit.

Obwohl sich für die im Wilhelminischen Deutschland geborenen Sozialdemokraten während der Weimarer Republik professionelle Chancen boten, die über die engeren Berufsfelder in der klassischen Arbeiterbewegung hinausreichten, war der vielstufige Karriereweg, der zu einem Reichstagsmandat führte, von ihnen nur dann erfolgreich zu bewältigen, wenn sein Ausgangspunkt auch in der politischen oder der gewerkschaftlichen Arbeiterbewegung verankert war. Diesen sprichwörtlichen »Stallgeruch« besaßen die meisten Sozialdemokraten, die während der Weimarer Republik in den Reichstag einrückten. Als sie sich entschlossen, Politik zu ihrem Beruf zu machen[30], starteten die im Wilhelminischen Deutschland herangewachsenen Abgeordneten ihre parlamentarische Laufbahn sehr oft von einer im Milieu der Arbeiterbewegung fest verankerten Position aus. Hier reichte das Spektrum von der Stelle eines besoldeten »Arbeiterbeamten« in Gewerkschaften, Genossenschaften oder Krankenkassen über den ebenfalls hauptamtlichen Status eines

30 Vgl. dazu und zu den folgenden Befunden Wilhelm Heinz Schröder/Wilhelm Weege/Martina Zech, Historische Parlamentarismus-, Eliten- und Biographieforschung, in: Historical Social Research, Supplement 2000, 11, S. 87-165. Hier werden am Anwendungsbeispiel der sozialdemokratischen Reichstagsabgeordneten für den Zeitraum von 1871 bis 1933 deren Berufs- und Karrierestationen aus einer kollektivbiografischen Perspektive analysiert. Nach den Berechnungen der Autoren lebten während der Weimarer Republik nahezu 90 Prozent der SPD-Abgeordneten kurz-, mittel- oder langfristig von der Politik als Beruf (S. 107).

Arbeitersekretärs, der im Kaiserreich im Mittelpunkt der alltäglichen Sozialpolitik vor Ort gestanden hatte, bis hin zu einer bezahlten Funktion im breit aufgefächerten regionalen Organisationsnetz der SPD, in dem die angestellten Parteisekretäre in den Bezirken sowie die Redakteure der lokalen und regionalen Parteizeitungen die besten professionellen und parteipolitischen Voraussetzungen für die Kandidatur um ein Reichstagsmandat mitbrachten. Ergänzt wurden diese Berufsgruppen durch einige Volksschullehrer und Juristen, unter denen Wilhelm Hoegner als Staatsanwalt und Richter in Bayern herausragte. Der Typus des wirtschaftlich unabhängigen Abgeordneten, der parallel zu seinem politischen Engagement noch einem selbstständigen Beruf nachgehen oder von seinem Vermögen leben konnte, war in der SPD nach 1918 so gut wie gar nicht vertreten. Prinzipiell galt dies aber nicht nur für die Abgeordneten der SPD, weil auch in keiner anderen Partei die politische Arbeit eines Reichstagsabgeordneten kaum als eine ehrenamtliche Nebentätigkeit bewältigt werden konnte.

Wie schon die sozialdemokratischen Reichstagsabgeordneten im Kaiserreich bemühten sich auch die SPD-Parlamentarier der Weimarer Republik darum, länger als nur eine Legislaturperiode ihr Reichstagsmandat zu behaupten und bei Neuwahlen auch zur Wiederwahl anzutreten. Dieser Wunsch war in den vierzehn Jahren zwischen 1919 und 1933 aber nicht immer und schon gar nicht überall leicht zu verwirklichen, blickt man auf die wechselhaften Erfolge der SPD bei den einzelnen Reichstagswahlen. Ihre Mandatszahl reduzierte sich von 165 Mandaten (1919) bei den beiden folgenden Reichstagswahlen auf nur noch 102 (Juni 1920) bzw. 100 Mandate (Mai 1924). Dieser Tiefpunkt wurde im Dezember 1924 mit einem Zugewinn von 31 Mandaten wieder überwunden, bevor die Partei dann im Mai 1928 mit 153 Mandaten nochmals an die Anfangserfolge von 1919 bei der Wahl zur Verfassunggebenden Nationalversammlung anzuknüpfen vermochte. Doch zwei Jahre später setzte mit der Reichstagswahl im September 1930 ein schrittweiser Schrumpfungsprozess der SPD-Fraktion ein, in dessen Verlauf sich ihre Mitgliederzahl von 143 (1930) auf 120 Abgeordnete bei der

Wahl am 5. März 1933 verkleinerte. Im gleichen Zeitraum sank die Zahl der SPD-Wähler von 8,577 Millionen auf 7,181 Millionen.[31]

Zu dieser durch die unterschiedlichen Wahlergebnisse bedingten Instabilität der SPD-Fraktion zwischen 1919 und 1933 kam noch hinzu, dass in der Weimarer Republik das personalisierte Mehrheitswahlrecht des Kaiserreiches durch das parteibezogene Verhältniswahlrecht ersetzt worden war. Bei ihm musste sich der Wähler für eine starre Parteiliste entscheiden und konnte seine persönlichen Präferenzen für einen bestimmten Kandidaten nicht mehr individuell gewichten. Und auch die einzelnen Parlamentarier vermochten von ihrem persönlichen Bekanntheitsgrad in ihrem näheren politischen Umfeld nicht mehr besonders zu profitieren. Sie mussten sich ab 1920 in den 35 Großwahlkreisen des Deutschen Reiches in den nachträglich von den Wählern nicht mehr veränderbaren Listenvorschlag ihrer Parteien einfügen und konnten letztlich nur darauf hoffen, dass eine hohe Stimmenzahl für ihre Partei ihnen auch auf einem weiter hinten liegenden Listenplatz ein Mandat einbringen würde, für das man 60.000 Wählerstimmen benötigte. Die sicheren Plätze an der Spitze der Listenvorschläge waren in allen Parteien in der Regel für die Parteiprominenz reserviert.

Die persönliche Mandatsdauer der am 5. März 1933 gewählten 120 sozialdemokratischen Reichstagsabgeordneten erreichte lediglich bei den neun bereits vor 1918 dem Reichstag angehörenden Parlamentariern die Zeitspanne von 20 Jahren. Alle anderen ab 1919 erstmals Gewählten konnten in der nur 14 Jahre lang bestehenden Weimarer Republik auch nur kürzere Abgeordnetenzeiten erreichen. Das in der Forschung immer wieder zitierte eherne Gesetz der Oligarchie, mit dem ein enger Zusammenhang zwischen den Machtmitteln und der Amtsdauer der Inhaber von Führungspositionen postuliert wird, lässt sich also auf diese Kohorte von sozial-

31 Vgl. dazu die Tabelle in: Eberhard Kolb/Dirk Schuman, Die Weimarer Republik. 8. überarb. u. erw. Aufl., München 2013, S. 344 f. Die NSDAP vergrößerte im gleichen Zeitraum ihren Mandatsanteil von 12 auf 288 Sitze und ihren Stimmanteil von 800.000 auf 17,2 Millionen Wähler.

demokratischen Abgeordneten nicht so pauschal anwenden. In der SPD-Fraktion der 1920er- und frühen 1930er-Jahre kam es bei jeder Wahl zu beachtlichen Personalveränderungen und nicht nur zu einer Bestätigung der bereits zuvor im Reichstag vertretenen Politiker. Und auch sie konnten wegen der schwankenden Wahlerfolge der Partei ihrer Wiederwahl über die Wahlkreisliste nicht sicher sein.

Für die Amtsdauer der 1933 gewählten 120 Reichstagsabgeordneten lassen sich folgende Angaben machen: Ein Viertel von ihnen war 1919 oder 1920 erstmals gewählt worden und kam damit bis 1933 auf eine Parlamentszugehörigkeit von dreizehn bis vierzehn Jahren. Rund 20 Prozent von ihnen zogen 1924 und weitere 10 Prozent 1928 erstmals in den Reichstag ein. Sie gehörten ihm also bis zum Ende der Weimarer Republik nicht einmal zehn Jahre und höchstens fünf Jahre lang an. Fast die Hälfte der am 5. März 1933 gewählten Reichstagsabgeordneten der Sozialdemokratie waren erst seit den Septemberwahlen von 1930 als Neumitglieder in die SPD-Fraktion gekommen. Sie waren also höchstens zweieinhalb Jahre Mitglieder des Reichstages gewesen, als dieser mit der Verabschiedung des Ermächtigungsgesetzes am 23. März 1933 sein eigenes Ende beschloss.

Für die sozialdemokratischen Reichstagsabgeordneten, die diese Selbstentmachtung des Reichstages einstimmig ablehnten, begann nun eine zwölfjährige Verfolgungszeit, in denen sie der Willkür der NS-Diktatur schutzlos ausgeliefert waren. Aber auch die ehemaligen SPD-Abgeordneten, die während der Weimarer Republik in nur einer oder während mehrerer Legislaturperioden dem Reichstag angehört hatten, in ihm aber 1933 nicht mehr vertreten waren, wurden bis 1945 in beispielloser Weise verfolgt. Für sie sind ebenfalls alle nur denkbaren Varianten der Demütigung und Drangsalierung, der andauernden Überwachung, der gezielten Verhaftung und Verurteilung, der gnadenlosen Abrechnung in Konzentrationslagern und der gezielten Ermordung statistisch dokumentiert worden.[32] Wie ihre Verfolgungsschicksale die ehemaligen sozialdemokratischen

32 Vgl. dazu die Tabellen bei Schumacher, MdR, S. 27* ff.

Reichstagsabgeordneten während der NS-Zeit bis in ihr Innerstes hinein erschütterten, auch wenn sie das zwölfjährige NS-Regime überlebten, wird im Folgenden am Beispiel der am 5. März 1933 gewählten 120 Mitglieder der SPD-Reichstagsfraktion ausführlicher zu beleuchten sein.

## Kapitel II

# Nein zum Ermächtigungsgesetz: Parlamentarische Standfestigkeit auf schwankendem Boden

An der Menschenjagd auf politische Repräsentanten der Weimarer Republik, die unmittelbar nach der Machtauslieferung an die NSDAP Ende Januar 1933 überall in Deutschland einsetzte, beteiligten sich viele Akteure, die namenlos waren und auch namenlos blieben. Diese oft von Rädelsführern der NSDAP, der SA oder der SS angeführten anonymen rechtsradikalen Tätergruppen durchbrachen in ihren Rachefeldzügen gegen republikanische Politiker alle verfassungsrechtlichen Schranken. Anfangs handelten sie bei der Befriedigung ihrer Vergeltungsbedürfnisse buchstäblich auf eigene Faust. Ab dem 22. Februar 1933 konnten sich die nun offiziell zur »Hilfspolizei« des Regimes ernannten NS-Aktivisten aber auch noch auf eine staatliche Verfolgungsvollmacht stützen. Sie handhabten diesen Freibrief zur Gewalt besonders rigoros, wenn es darum ging, prominente Repräsentanten der kommunistischen oder sozialdemokratischen Arbeiterbewegung mit extremer Brutalität zu attackieren und persönlich zur Rechenschaft zu ziehen.

Vom ersten Tag ihrer Herrschaft ließen weder Hitler, Himmler, Göring oder Goebbels noch alle anderen nun lokal oder regional in Amt und Würden einrückenden Nationalsozialisten keinen Zweifel daran aufkommen, dass auch sie von einer grenzenlosen Rachsucht angetrieben waren, wenn es um die gezielte Verfolgung von Kommunisten und Sozialdemokraten ging. Die von den neuen Herren hierfür ausdrücklich als legales Handeln gerechtfertigte Missachtung aller Rechtsnormen ermöglichte während des Reichstagswahlkampfes bis Anfang März 1933 die Freisetzung einer terroristischen Eigendynamik, die weder Reichspräsident Hindenburg noch andere Staatsorgane wie die Justiz und die Polizei eindämmen wollten oder konnten. Das Ausmaß des Staatsversagens angesichts dieser braunen Willkürherrschaft, die sich nun überall in Deutschland etablierte, war beispiellos. Die nationalsozialistische Machtergreifung übertraf in ihrer Radikalität und ihrem Tempo in jeder Hinsicht auch die faschistische Machteroberung in Italien, die in der Forschung oft als das Vorbild des Nationalsozialismus charakterisiert worden ist.

Zu den Opfern der nationalsozialistischen Verfolgungen gehörten sofort auch die sozialdemokratischen Reichstagsabgeordneten, deren besonders große Gefährdung sich mit zahlreichen Einzelbeispielen belegen lässt. Bis zum Wahltag am 5. März 1933 mussten die amtierenden SPD-Parlamentarier und die von der Partei nominierten Reichstagskandidaten überall in Deutschland einen riskanten und oft auch aussichtslosen Wahlkampf führen, der von gezielt angeordneten Versammlungs- und Presseverboten, persönlichen Angriffen auf sie und ihrer permanenten Bedrohung bei öffentlichen Auftritten überschattet war. Diese Einschüchterungskampagnen bildeten den Auftakt eines reichsweiten Vergeltungsfeldzuges der Nationalsozialisten gegen die von ihnen als »Novemberverbrecher« stigmatisierten sozialdemokratischen Republikgründer und Reichstagsmitglieder der Partei. Am Beispiel der 26 sozialdemokratischen Abgeordneten, die am 23. März 1933 bei der namentlichen Abstimmung über das Ermächtigungsgesetz im Reichstag nicht mehr anwesend waren, weil man sie vorher bereits festgenommen hatte oder weil sie nach gezielten Verfolgungen angesichts der ihnen unmittelbar drohenden Verhaftung in die Emigration geflohen waren bzw. sich in einem Versteck in Sicherheit gebracht hatten, lässt sich dieser nationalsozialistische Vergeltungsfeldzug exemplarisch dokumentieren.

Dass die Abwesenheit der 26 SPD-Abgeordneten in der Reichstagssitzung am 23. März 1933 im offiziellen Sitzungsprotokoll entweder durch den Vermerk »krank« oder durch einen »Strich« gekennzeichnet wurde, mit dem ihr »unentschuldigtes« Fehlen markiert werden sollte, ist in der einschlägigen Forschung bereits mehrfach erwähnt worden. Diese hat sich aber vor allem mit den nationalsozialistischen Manipulationen der Geschäftsordnung des Reichstages befasst, die auf eine pseudolegale Absicherung der Zweidrittelmehrheit für die Verabschiedung des verfassungsändernden Ermächtigungsgesetzes ausgerichtet waren.[33] Weniger Aufmerksamkeit wurde hingegen den persönlichen Motiven und politischen Zwangslagen gewidmet, die den 26 Sozialdemokraten die Teilnahme an dieser weichenstellenden Reichstagssitzung unmöglich machten. Bezieht man die kriminellen Machenschaften und verbrecherischen Aktionen der neuen Machthaber und ihrer Anhänger in die Analyse ein, dann wird mehr als deutlich, dass keiner dieser sozialdemokratischen Parlamentarier aus freien Stücken, aus Feigheit oder aus Angst der Abstimmung über das Ermächtigungsgesetz im Reichstag fernblieb.

Dies dokumentieren schon die gescheiterten Versuche von führenden SPD-Politikern, die nach dem Zusammentritt des Reichstags gefordert hatten, dass alle am 5. März 1933 gewählten und vor oder nach dem Wahltag verhafteten Abgeordneten der Sozialdemokratie freigelassen werden müssten, damit sie ihr Mandat wahrnehmen könnten. Einen ersten offiziellen Vorstoß in diese Richtung unternahm am 18. März 1933 der ehemalige sozialdemokratische Reichstagspräsident Paul Löbe. In einem Schreiben an Reichsinnenminister Frick verlangte er, dass sieben inhaftierten sozialdemokratischen Reichstagsabgeordneten – er nannte Hermann Fleißner, Georg Graupe, Bernhard Kuhnt, Ludwig Marum, Stefan Meier, Gerhart Seger und Fritz Soldmann – die Teilnahme an den Sitzungen des neu gewählten Reichstags ermöglicht werden müsse, damit sie ihre parlamentarischen Rechte und Pflichten als gewählte Abgeordnete auch tatsächlich ausüben könnten. Der Reichsinnenminister solle

33 Vgl. dazu die Zusammenfassung der Befunde bei Thamer, Verführung, S. 273 ff.; Winkler, Weg, S. 901 ff. Eine aus verfassungs- und staatsrechtlicher Sicht präzise Zusammenfassung ist die Analyse von Irene Strenge, Machtübernahme 1933 – Alles auf legalem Weg?, Berlin 2002.

daher auch bei den Landesbehörden die dort notwendigen Schritte für eine Freilassung der genannten Abgeordneten einleiten. Auf der Rückseite dieses Schreibens von Paul Löbe notierte Frick am 24. März 1933, also einen Tag nach der Verabschiedung des Ermächtigungsgesetzes, in einem handschriftlichen Vermerk, die Forderung von Löbe sei erledigt, weil der Reichstag einen entsprechenden Antrag der SPD-Fraktion am 23. März 1933 abgelehnt habe.[34]

Frick bezog sich hierbei auf einen in der Eröffnungssitzung des neu gewählten Reichstags am 21. März 1933 vom SPD-Parteivorsitzenden Vogel im Namen seiner Fraktion gestellten Antrag, in dem dieser die Haftentlassung der neun Abgeordneten Julius Finke, Hermann Fleißner, Bernhard Kuhnt, Ludwig Marum, Stefan Meier, Friedrich Puchta, Gerhart Seger, Fritz Soldmann und Friedrich Wilhelm Wagner gefordert hatte.[35] Die Namen von sechs dieser neun Abgeordneten hatte auch schon Löbe in seinem Schreiben an Frick aufgeführt. Dessen Liste ergänzte Vogel durch die Namen der drei ebenfalls verhafteten Abgeordneten Finke, Puchta und Wagner. Seinen Antrag überwies die Reichstagsmehrheit am 21. März 1933 an den Geschäftsordnungsausschuss des Parlaments.

Die offenkundige Strategie des NS-Regimes, mit den ihm zur Verfügung stehenden Verfolgungspraktiken zu regulieren, welche Abgeordneten man von der Teilnahme an Reichstagssitzungen ausschließen wollte und wer von ihnen überhaupt noch teilnehmen konnte, legalisierten die durch Erpressung und Selbstanpassung zu Mitläufern der NSDAP gewordenen Abgeordneten der konservativen, liberalen und katholischen Parteien zwei Tage später mit ihrer Zustimmung zur Entscheidung des Geschäftsordnungsausschusses, dessen Berichterstatter der NSDAP-Abgeordnete Stöhr war. Der Mandatsentzug für die 81 am 5. März 1933 gewählten kommunistischen Abgeordneten war für sie kein Thema.

34 Vgl. dazu Schneider, Unterm Hakenkreuz, S. 61.

35 Reichstagsprotokolle, Bd. 457, S. 15. In der Anlage Nr. 7 zu dieser Sitzung ist dieser Antrag abgedruckt. Er enthält die Namen von zehn Mitgliedern der SPD-Fraktion. Vogel hat bei seiner mündlichen Antragstellung den Namen von Lore Agnes nicht mehr genannt, die vor dieser Sitzung aus der Haft entlassen worden war.

Stöhr teilte in der Reichstagssitzung vom 23. März 1933 vor der Beratung des Ermächtigungsgesetzes dem Plenum in zynischer Offenheit mit, die Mehrheit des Geschäftsordnungsausschusses empfehle dem Reichstag, den von Vogel gestellten Antrag auf die Haftentlassung von sozialdemokratischen Abgeordneten abzulehnen. Diese Mehrheit der Ausschussmitglieder sei nämlich der Meinung gewesen, dass es unzweckmäßig sei, »die Herren des Schutzes zu berauben, der ihnen durch die Verhängung dieser Haft zuteil geworden ist«.[36] Gleichzeitig wies Stöhr darauf hin, man verfahre bei der Haftentlassung von Abgeordneten »durchaus individuell«. So sei die SPD-Abgeordnete Lore Agnes schon wieder aus der Haft entlassen worden.[37] Er verschwieg dabei allerdings, dass man Lore Agnes nach zweiwöchiger »Schutzhaft« nur deshalb am 17. März 1933 entlassen hatte, weil sie wegen einer lebensgefährlichen Erkrankung haftunfähig war und dringend ein Krankenhaus aufsuchen musste. Man hatte sie ohne Rücksicht auf eine offene Wunde nach einer Gallenblasenoperation inhaftiert.[38]

Anschließend erläuterte Stöhr, aus welchen Gründen der Geschäftsordnungsausschuss eine prinzipielle und folgenreiche Änderung beschlossen habe, mit der die Abwesenheit von Abgeordneten in Sitzungen des Reichstags neu geregelt werde. Dies solle durch eine in die Geschäftsordnung zusätzlich eingefügte Bestimmung erreicht werden, wonach als anwesend auch diejenigen Mitglieder des Reichstags gezählt werden könnten, die »ohne Urlaub« oder

36 Dieser Feststellung stimmte der Zentrumsabgeordnete Bell für seine Fraktion ausdrücklich zu, soweit sich ein Antrag auf Ausschluss von einer Reichstagssitzung auf die Verhängung einer Schutzhaft und nicht auf ein bereits eingeleitetes Strafverfahren beziehe. Vgl. Reichstagsprotokolle, Bd. 457, S. 25.

37 Vgl. Reichstagsprotokolle, Bd. 457, S. 24.

38 Während der NS-Zeit wurde Lore Agnes, die seit 1920 die USPD und die SPD im Reichstag vertreten hatte, noch mehrmals verhaftet, zuletzt bei der »Aktion Gewitter« im August 1944. Eine geplante Überstellung in das KZ Ravensbrück wurde anschließend wegen ihrer Herz- und Kreislaufschwäche nicht vollzogen. Während sie in Deutschland in Haft war, fiel ihr Sohn an der Ostfront. Vgl. Schumacher, MdR, S. 6 f.; Gedenkbuch, S. 22. Zur »Aktion Gewitter« vgl. Kap. V.

»infolge einer Erkrankung« fehlten.[39] Damit standen für eine nationalsozialistische Manipulation der Mitglieder des Reichstags Tür und Tor offen. Denn »ohne Urlaub« fehlten beispielsweise alle bereits seit dem 30. Januar 1933 verhafteten Abgeordneten sowie auch diejenigen, die nach diesem Datum in die Emigration geflohen waren, um ihr Leben zu retten. Sie und auch die »infolge einer Erkrankung« abwesenden Abgeordneten konnten nun virtuell »anwesend« sein, weil sie »unentschuldigt« fehlten. Stöhr begründete diese willkürliche Regelung der Anwesenheit in der Geschäftsordnung mit dem Argument, »unter den völlig veränderten Verhältnissen« sei nunmehr eine Nichtteilnahme an Reichstagssitzungen eine »Obstruktion« gegen Absichten der Reichsregierung, eine »grobe Pflichtverletzung«, gegen die man »schärfste Maßnahmen« ergreifen müsse. Deshalb werde man nunmehr »jede Obstruktionsmöglichkeit im Keime« ersticken.[40]

Diese Manipulation der Geschäftsordnung des Reichstags, mit der unentschuldigt oder erkrankt fehlende Abgeordnete bei Abstimmungen protokollarisch als anwesend gezählt werden konnten, wurde in der Parlamentssitzung am 23. März 1933 in der Kroll-Oper »mit einer überwältigenden Mehrheit« aus NSDAP und bürgerlichen Parteien angenommen.[41] Damit war sichergestellt, dass der Reichstag bei der Verabschiedung des Ermächtigungsgesetzes auf jeden Fall beschlussfähig war. Denn diese »überwältigende Mehrheit« der Reichstagsabgeordneten hatte mit ihrem Votum auch die verfassungsrechtliche Hürde beiseite geräumt, wonach bei einer Abstimmung über verfassungsändernde Gesetze zwei Drittel der gewählten Reichstagsmitglieder tatsächlich anwesend sein mussten, von denen dann zwei Drittel einer beantragten Verfassungsänderung zuzustimmen hatten, um diese rechtskräftig zu machen.

Mit ihrem Ja zu dieser Änderung der Geschäftsordnung legalisierten auch die Abgeordneten der bürgerlichen Parteien am 23. März

---

39 So der neue § 2a in der Geschäftsordnung. Vgl. dazu Anlage 5 der Reichstagssitzung vom 23. März 1933.

40 Vgl. Reichstagsprotokolle, Bd. 457, S. 24.

41 Vgl. Reichstagsprotokolle, Bd. 457, S. 25.

1933, dass die NS-Machthaber die Immunität von gewählten Parlamentariern prinzipiell nicht mehr respektieren mussten. Dies hatten diese seit dem 30. Januar 1933 bereits mehrfach demonstriert. So waren den am 5. März 1933 gewählten 81 gewählten KPD-Abgeordneten drei Tage nach der Wahl ihre Mandate rechtswidrig entzogen worden, weil man die Kommunisten beschuldigte, die Urheber des Reichstagsbrandes zu sein. Fortan gehörten diese 81 Abgeordneten nicht mehr zu den gewählten Reichstagsmitgliedern. Ihre Namen wurden annulliert und tauchten in keinem Mitgliederverzeichnis des neu gewählten Parlaments auf. Dieses faktische Parteiverbot untermauerte das NS-Regime auch noch dadurch, dass es die Abgeordneten der KPD sofort mit allen ihm nun zur Verfügung stehenden polizeistaatlichen Mitteln verfolgen ließ und sie damit in den Untergrund drängte oder in die Emigration zwang.

Aber auch die 120 sozialdemokratischen Abgeordneten, die am 5. März 1933 gewählt worden waren, standen bereits vor diesem Wahltag und in den Wochen nach ihm unter dem permanenten Verfolgungsdruck der neuen Machthaber. Dies dokumentierten die willkürlichen Verhaftungen von gewählten Sozialdemokraten, deren Namen Löbe und Vogel in den Parlamentssitzungen am 18. und 21. März aufgelistet hatten. Die Mitteilung von Reichstagspräsident Göring in der Sitzung am 23. März 1933, er habe den sozialdemokratischen Abgeordneten Ansorge, Arzt, Baade, Breitscheid, Hilferding, Kunert, Löwenstein, Lufft, Sender und Sollmann »auf die Dauer einer Woche« Urlaub erteilt[42], belegte seinen zynischen Umgang mit der Immunität von Reichstagsmitgliedern. Die von ihm genannten zehn Abgeordneten hatten nämlich – bis auf Breitscheid und Hilferding – bereits in der Eröffnungssitzung des Reichstages am 21. März aus unterschiedlichen Gründen gefehlt, wie im Folgenden noch darzustellen ist. Ihre Namen wurden im amtlichen Abstimmungsprotokoll[43] für die Parlamentssitzung vom 23. März 1933 unter der Rubrik »krank« aufgeführt, obwohl diese

42 Vgl. Reichstagsprotokolle, Bd. 457, S. 24.
43 Vgl. Reichstagsprotokolle, Bd. 457, S. 42 ff.

Bezeichnung mehr als irreführend war, wenn man die persönlichen Schicksale dieser Abgeordneten beleuchtet.

In den drei Listen von Löbe, Vogel und Göring sind die Namen von vier prominenten SPD-Abgeordneten, die in der Sitzung vom 23. März 1933 ebenfalls fehlten, nicht verzeichnet, weil sie vorher emigriert waren. Das waren die Gründungsmitglieder der Weimarer Republik Arthur Crispien, Wilhelm Dittmann, Otto Landsberg und Philipp Scheidemann, die als »Novemberverbrecher« nach dem 30. Januar 1933 besonders triftige Gründe hatten, Deutschland so schnell wie möglich zu verlassen. Mit ihrer Entscheidung für die Emigration war auch der faktische Verzicht auf ihr Reichstagsmandat verbunden, weil keiner von ihnen mit einem schnellen Ende der NS-Herrschaft rechnete. Zwei weitere in diesen Listen nicht genannte SPD-Abgeordnete waren in der Sitzung am 23. März 1933 auch nicht anwesend: Carlo Mierendorff und Ernst Roth.[44] An dieser Sitzung nahm hingegen der von Löbe in seiner Liste aufgeführte sozialdemokratische Abgeordnete Georg Graupe teil, der anschließend vier Wochen lang in »Schutzhaft« verbringen musste. Ebenfalls anwesend war am 23. März auch Fritz Baade, den Göring in seiner Liste der Beurlaubten aufgeführt hatte.[45]

An der namentlichen Abstimmung über das Ermächtigungsgesetz am 23. März 1933 nahmen insgesamt 538 der am 5. März 1933 gewählten Abgeordneten teil. Neben den illegal ausgeschlossenen 81 kommunistischen Abgeordneten waren noch 28 weitere Abgeordnete nicht anwesend. Von ihnen fehlte ein Zentrumsabgeordneter

44 Vgl. zu ihrem Verfolgungsschicksal die biografischen Ausführungen weiter unten.

45 Baade war auch in der Sitzung am 21. März 1933 anwesend gewesen. Er emigrierte im Dezember 1934 in die Türkei. Vgl. dazu Kap. VI. Rückblickend auf die Reichstagssitzung vom 23. März 1933 schrieb er 1962 in einem Brief: Die SPD-Abgeordneten hätten beim Betreten des Sitzungssaales den Eindruck bekommen, »dass alles für unsere Ermordung vorbereitet war. Hinter unseren Sitzen stand eine dichte Kette von SS-Leuten, die mit Pistolen bewaffnet war«. Zit. n. Irene Strenge, Machtübernahme 1933 – Alles auf legalem Weg?, Berlin 2002, S. 175. Vgl. dazu auch die Schilderungen von Hoegner, Flucht, S. 124 ff., der seine persönlichen Erinnerungen an die Verabschiedung des Ermächtigungsgesetzes unter der Kapitelüberschrift »Strick und Galgen« zusammenfasste.

unentschuldigt, ein Abgeordneter der Deutschen Volkspartei war erkrankt. Aus welchen Gründen aber 26 Abgeordnete der SPD an dieser Sitzung nicht teilnehmen konnten, kam am 23. März 1933 nicht mehr zur Sprache, obwohl diese Zahl ungewöhnlich groß war und obwohl zu den nicht anwesenden SPD-Parlamentariern auch sehr prominente politische Repräsentanten der Partei zählten, die sich als sozialdemokratische Spitzenpolitiker während der Weimarer Republik überall in Deutschland einen Namen gemacht hatten. Dass die Gründe für deren Nichtanwesenheit durchaus bekannt waren, dokumentierte der bereits zitierte Bericht des NSDAP-Abgeordneten Stöhr über die Beratungen des Geschäftsordnungsausschusses.

Alle 94 SPD-Abgeordneten, die an der Reichstagssitzung am 23. März 1933 teilnehmen konnten und bei der Abstimmung über das Ermächtigungsgesetz geschlossen mit »Nein« votierten, sind im amtlichen Abstimmungsprotokoll exakt verzeichnet. Korrekt aufgeführt werden auch die Namen der 26 sozialdemokratischen Abgeordneten, die in dieser Reichstagssitzung fehlten. Forscht man nach den Gründen, warum diese 26 SPD-Parlamentarier bei der Abstimmung über das Ermächtigungsgesetz am 23. März nicht anwesend waren, dann muss man sowohl den im Abstimmungsprotokoll hinter dem Namen von elf sozialdemokratischen Abgeordneten aufgeführten Vermerk »krank« wie auch die mit einem »Strich« gekennzeichnete Nichtanwesenheit von 15 weiteren Abgeordneten genauer unter die Lupe nehmen. Während der Vermerk »krank« willkürlich und zumeist wahrheitswidrig verwendet wurde, sollte die Kennzeichnung mit einem »Strich« das unentschuldigte Fehlen eines Abgeordneten dokumentieren. Dieser Vermerk hatte aber ebenso wenig mit der Realität zu tun wie der Vermerk »krank«.

Die elf Abgeordneten der SPD, deren Abwesenheit im Abstimmungsprotokoll mit dem Vermerk »krank« gekennzeichnet ist, waren Maria Ansorge, Arthur Arzt, Rudolf Breitscheid, Rudolf Hilferding, Marie Kunert, Kurt Löwenstein, Werner Lufft, Philipp Scheidemann, Toni Sender, Wilhelm Sollmann und Margarete Starrmann. Für alle Genannten lassen sich – bis auf Werner Lufft – die konkreten Gründe für ihr Fernbleiben genauer beschreiben.[46] Mit dem Protokollvermerk »krank« wurde jedoch jeder Hinweis auf ihr Verfolgungsschicksal in den Wochen seit dem 30. Januar 1933 systematisch ausgeklammert. Deshalb werden im Folgenden die individuellen Besonderheiten und typischen Gemeinsamkeiten, die sich hinter diesem Vermerk verbargen, soweit das möglich ist, für jeden dieser elf »Erkrankten« rekonstruiert.[47]

Marie Kunert, die als Schriftstellerin und Frauenpolitikerin bekannt geworden war und dem Reichstag seit 1928 als SPD-Abgeordnete für einen Potsdamer Wahlkreis angehört hatte, suchte nach dem Umsturz vom 30. Januar 1933 vor nationalsozialistischen Nachstellungen zunächst bei politischen Freunden in Berlin Zuflucht. Im März 1933 emigrierte sie in die Schweiz, wo sie sich in einem Kurhaus von den körperlichen und seelischen Strapazen erholte, die sie zuvor erlitten hatte. Anschließend lebte sie jahrelang von kleinen Zufallseinnahmen als Autorin und der finanziellen Hilfe ihrer Familie in Deutschland. Ab Herbst 1937 wurde sie dann vom Schweizerischen Arbeiterhilfswerk unterstützt, an dessen »Solidarität um Hilfe in wirtschaftlicher Bedrängnis« sie in einem Bittbrief appelliert hatte.[48] Sie kehrte nach dem Zweiten Weltkrieg, an dessen Ende sie 74 Jahre alt war, nicht mehr nach Deutschland zurück.

Kurt Löwenstein, der seit 1920 zunächst die USPD, dann die SPD ebenfalls in einem Potsdamer Wahlkreis im Reichstag vertreten und sich als Stadtrat in Berlin und als Vorsitzender der Reichsarbeitsgemeinschaft der »Kinderfreunde« einen Namen gemacht

46 Werner Lufft wurde im Sommer 1933 als Landrat in Königsberg entlassen und hielt sich anschließend anonym in Berlin auf.

47 Die im Text dieser Darstellung immer wieder eingefügten Lebensdaten und Hinweise auf das Schicksal der SPD-Abgeordneten während der NS-Zeit stützen sich auf die Befunde in den biografischen Handbüchern von Schröder und Schumacher sowie auf andere biografische Hilfsmittel und Lexika oder auch auf im Internet erschließbare Informationen. Ferner wurde biografische Spezialliteratur für einzelne Abgeordnete herangezogen, sofern daraus zusätzliche Aufschlüsse über ihr Verfolgungsschicksal gewonnen werden konnten.

48 Dieses handschriftliche Schreiben ist bei Schumacher, MdR, S. 273* f. abgedruckt.

hatte, wurde in der Nacht zum 27. Februar 1933 in seiner Wohnung von zwei SA-Männern überfallen, die auf ihn mehrmals in seinem Schlafzimmer schossen und sein Arbeitszimmer kurz und klein schlugen. Er überlebte diesen Angriff nur, weil er sich mit seiner Frau hinter Möbeln verbarrikadieren konnte. Einen der Attentäter nahm die Polizei fest, den anderen ließ sie laufen. Anschließend tauchte Löwenstein in Berlin unter und konnte vermutlich noch im Februar 1933 mit seiner Familie über Sachsen in die Tschechoslowakei fliehen. Er starb 1939 im Exil in London.

Toni Sender war wie Kurt Löwenstein ebenfalls jüdischer Herkunft und gehörte wie er dem Reichstag seit 1920 zunächst für die USPD, dann für die SPD als Abgeordnete des Wahlkreises Dresden-Bautzen an. In den letzten Jahren der Weimarer Republik war sie bei Versammlungen in ihrem Wahlkreis immer wieder infamen Angriffen und »Störmanövern« von Nationalsozialisten ausgesetzt gewesen, die bis zu Morddrohungen gegen die Jüdin und Sozialistin reichten. Dennoch engagierte Toni Sender sich unter Lebensgefahr auch noch im Reichstagswahlkampf im Februar 1933, in dem ein Dresdner Nazi-Blatt mit dem bezeichnenden Titel »Der Judenspiegel« ein Porträt von ihr in einer Art Steckbrief veröffentlichte, der mehr oder weniger unverhohlen andeutete, man solle sie beseitigen. Noch am 5. März, dem Tag der Reichstagswahl, entschloss sich Toni Sender zur Flucht vor dem NS-Terror aus Deutschland. Ein Freund half ihr, da sie kurz vor einem körperlichen und seelischen Zusammenbruch stand, bei ihrem Grenzübertritt in die Tschechoslowakei, den sie ohne Gepäck und nur mit dem, »was sie am Leibe trug« bewältigen musste.[49] Ihre weiteren Emigrationsstationen

49 So Anette Hild-Berg, Toni Sender. 1884–1964. Ein Leben im Namen der Freiheit und der sozialen Gerechtigkeit, Köln 1994, S. 161. Vgl. dazu Toni Sender, Autobiografie einer deutschen Rebellin. Hg. v. Gisela Brinker-Gabler, Frankfurt a. M. 1981, S. 264-282; Susanne Miller, Toni Sender (1888–1964). Vielseitige Erfahrungen und praktischer Realismus, in: Peter Lösche/Michael Scholing (Hg.), Vor dem Vergessen bewahren. Lebenswege Weimarer Sozialdemokraten, Berlin 1988, S. 318-331; Jürgen Steen, Toni Sender (1888–1964), in: Michael Fröhlich (Hg.), Die Weimarer Republik. Porträt einer Epoche in Biographien, Darmstadt 2002.

waren die Niederlande und die USA, von wo sie nicht mehr nach Deutschland zurückkehrte.

Philipp Scheidemann vertrat seit 1903 die SPD im Reichstag, in deren Fraktion er 30 Jahre lang eine Schlüsselrolle spielte, zunächst bis 1918 als Abgeordneter des Wahlkreises Düsseldorf, dann ab 1919 als Abgeordneter eines Wahlkreises in der Provinz Hessen-Nassau. Da er am 9. November 1918 vom Balkon des Berliner Schlosses die Republik ausgerufen und damit das Ende des Kaiserreiches besiegelt hatte, verkörperte er für Rechtsradikale und auch für Monarchisten seitdem die bei ihnen verhasste Demokratie in besonderer Weise. Ihre Wortführer nannten die Republikgründer deshalb nicht nur »Novemberverbrecher«, sondern auch »Scheidemänner«. Im Juni 1922 wurde Scheidemann zum Opfer eines Blausäureattentats, das er knapp überlebte.

Nach dem Reichstagsbrand im Februar 1933 floh er nach einem Zwischenaufenthalt in München Anfang März nach Salzburg und von dort weiter mit einer seiner Töchter nach Prag. Hier kam er mittellos an, weil man ihm in Deutschland die Pension als Oberbürgermeister von Kassel entzogen hatte. Ihm half mit einer großzügigen finanziellen Zuwendung der tschechoslowakische Präsident Masaryk. Eine der Töchter Scheidemanns wurde gemeinsam mit ihrem Mann im Mai 1933 nach Misshandlungen durch Nationalsozialisten in den Selbstmord getrieben. Seine jüngste Tochter, die während der Verfolgungen durch die Nationalsozialisten herzkrank geworden war, starb im Oktober 1935. Scheidemann selbst floh 1934, nachdem er sich vom Exilvorstand der SOPADE in Prag entfremdet hatte, über Polen nach Dänemark. Auch in Dänemark war der Blick der Gestapo bis zu seinem Tod ständig auf ihn gerichtet. Der Gründer der Weimarer Republik verstarb verbittert und verarmt als »einsamer Demokrat« ohne engere Bindung an seine alte Partei am 29. November 1939 in Kopenhagen, vier Monate vor der Besetzung Dänemarks durch die Wehrmacht.[50]

50 Vgl. Claus-Dieter Krohn, Der einsame Demokrat: Philipp Scheidemann, in seiner Einleitung zu: Philipp Scheidemann, Das historische Versagen der SPD. Schriften

Auf der Liste der »erkrankten« Abgeordneten stand auch Rudolf Breitscheid. Er verließ Berlin am 23. März 1933, dem Tag der Abstimmung über das Ermächtigungsgesetz. Breitscheid hatte dem Reichstag seit 1920 zunächst als Abgeordneter der USPD, dann der SPD für einen Potsdamer Wahlkreises angehört. Als Vorsitzender der sozialdemokratischen Reichstagsfraktion und als ihr außenpolitischer Sprecher stand er in den späten 1920er- und frühen 1930er-Jahren im Brennpunkt der Politik in der Weimarer Republik und gehörte zu den prominentesten Widersachern des Nationalsozialismus. Deshalb galt er als 1933 als einer der am meisten gefährdeten Politiker der SPD. An der Eröffnungssitzung des Reichstages am 21. März 1933 hatte er noch teilgenommen.

Am 23. März 1933 reiste Breitscheid gemeinsam mit Helmut von Gerlach, der als Pazifist, Politiker und Herausgeber der »Weltbühne« ebenfalls auf den Verfolgungslisten der Nationalsozialisten stand, nach München. Die Stadt spielte zu diesem Zeitpunkt als Zwischenetappe auf der Flucht ins Exil eine wichtige Rolle und wurde für beide zur ersten Station auf diesem Weg. Für die Parlamentssitzung am 23. März 1933 hatte sich Breitscheid in Absprache mit dem Fraktionsvorstand der SPD als krank entschuldigt. Am 31. März 1933 wurde er bei dem Versuch, die Grenze zur Schweiz zu überqueren, in Friedrichshafen festgehalten. Von dort konnte er jedoch einen Tag später in die Schweiz einreisen und sich hier zunächst in Sicherheit bringen. Auf sein weiteres Emigrationsschicksal, das im August 1944 mit dem Tod bei einem Bombenangriff auf das KZ Buchenwald endete, ist später noch einzugehen.[51]

---

aus dem Exil. Hg. v. Frank R. Reitzle, Lüneburg 2002, S. 11-26; Scheidemann schilderte in diesem 1935/36 verfassten Text, wie er »den Bestien entschlüpft« sei. Vgl. Christian Gellinek, Philipp Scheidemann. Gedächtnis und Erinnerung, Münster 2006; Helmut Schmersal, Philipp Scheidemann 1865–1939. Ein vergessener Sozialdemokrat, Frankfurt a. M. 1999; Franz Walter, Tod im Herbst 1939. Aufstieg und Scheitern der sozialdemokratischen Generation Scheidemann, in: Indes, Heft 3, 2014, S. 110-124; Walter Mühlhausen, Philipp Scheidemann 1865–1939. Arbeiterführer und Republikgründer, Wiesbaden 2016 (Blickpunkt Hessen, Nr. 22/2016).

51 Vgl. Rainer Behring, Rudolf Breitscheid (1874–1944). Liberaler Sozialreformer, verbalradikaler Sozialist, sozialdemokratischer Parlamentarier, in: Detlef Lehnert

Auch Rudolf Hilferding, der auf der Anwesenheitsliste ebenfalls als »erkrankt« verzeichnet war, gehörte zu den bekanntesten Politikern der Weimarer Republik. Als Jude und als Finanzexperte seiner Partei war er zudem einer der am meisten gefährdeten sozialdemokratischen Reichstagsabgeordneten. Er vertrat die SPD seit 1924 im Parlament, nachdem er zwischen 1917 und 1922 einer der führenden Köpfe der USPD gewesen war. Im Herbst 1923 und dann wieder 1928/29 amtierte Hilferding als Reichsfinanzminister. Bei jeder Neuwahl des Reichstages wurde er bis 1932 auf einem Platz auf dem Reichswahlvorschlag der SPD gewählt, ab 1932 war er ihr Kandidat für den Wahlkreis Düsseldorf.

Es bestand kein Zweifel daran, dass der führende Theoretiker der Sozialdemokratie und ehemalige Reichsfinanzminister auf einer prominenten Position in den Proskriptionslisten der Nationalsozialisten stand. Deshalb setzte die SPD ihn im Reichstagswahlkampf von 1933 auch nicht mehr als einen ihrer Hauptredner ein, nachdem SA-Männer einen Zug nach ihm durchsucht hatten, mit dem er zu einer Wahlrede nach Kleve hatte fahren sollen. Hilferding war in der Reichstagssitzung am 21. März 1933 noch anwesend, verzichtete aber auf Anraten der Fraktionsführung auf die Teilnahme an der Sitzung, in der zwei Tage später das Ermächtigungsgesetz verabschiedet wurde, und meldete sich als krank ab. Er floh am 24. März 1933 mithilfe des SPD-Abgeordneten Otto Eggerstedt zunächst nach Dänemark und dann von dort in die Schweiz. Einen Tag nach seiner Abreise aus Berlin stürmte die SA seine Wohnung. Ihn hatte auch der ehemalige Reichskanzler Heinrich Brüning zum Verlassen Deutschlands gedrängt. Brüning war, wie er in seinen Memoiren schrieb, »von nationalsozialistischer Seite« darüber informiert worden, »dass ein Teil der SPD-Führer nach Annahme des Ermächtigungsgesetzes verhaftet« würde. Diese Mitteilung habe

(Hg.), Vom Linksliberalismus zur Sozialdemokratie. Politische Lebenswege in historischen Richtungskämpfen, Köln 2015, S. 93-124; Peter Pistorius, Rudolf Breitscheid 1874–1944. Ein biographischer Beitrag zur deutschen Parteiengeschichte, Phil. Diss. Köln 1968; Gedenkbuch, S. 80 f.; zu seinem Exilschicksal s. auch Kap. VI.

er an Hilferding weitergegeben und ihn gebeten, vor allem Wels und Breitscheid darüber zu unterrichten, denn »sie drei müssten Deutschland sofort verlassen«.[52] Im Exil lebte Hilferding in ärmlichen Verhältnissen, zunächst fünf Jahre in Zürich, dann in Paris, bis ihn das Schicksal nach der Besetzung Frankreichs durch deutsche Truppen doch noch erreichte. Im September 1940 wurde er gemeinsam mit Breitscheid in Südfrankreich kurz vor der geplanten Ausreise von der französischen Polizei verhaftet und in Arles unter Hausarrest gestellt. Im Februar 1941 kam er in Paris im Gefängnis Le Santé zu Tode.[53]

Der dritte prominente SPD-Politiker, der wie Breitscheid und Hilferding im Anwesenheitsprotokoll der Sitzung von 23. März 1933 als »krank« aufgeführt wurde, war Wilhelm Sollmann. Ihn hatten in den Wochen davor Aktivisten der NSDAP so schwer misshandelt, dass er an diesem Sitzungstag um das nackte Überleben kämpfen musste. Sollmann hatte seit Januar 1919 im Reichstag den Wahlkreis Köln-Aachen vertreten, war 1923 einige Monate lang Reichsinnenminister im Kabinett Stresemann gewesen und blieb seitdem den Nationalsozialisten besonders verhasst. Da er als Chefredakteur der »Rheinischen Zeitung« in den Jahren der Weimarer Republik nie einen Zweifel an seiner kompromisslosen Gegnerschaft zum Nationalsozialismus aufkommen ließ, stand er nach dem 30. Januar 1933 sofort im Visier der neuen Machthaber und war ihren brutalen Willkürmaßnahmen schutzlos ausgeliefert. Man erteilte ihm im Februar 1933 Redeverbot bei einer Wahlkampfveranstaltung in Dortmund. Darauf folgte am 9. März 1933 ein Überfall von Angehörigen der SA und der SS auf ihn in seiner Wohnung in Köln, die diese Rabauken mit Beilen und Messern völlig demolierten. Sollmann warf man in ein offenes Auto und brachte ihn in einer Art Triumphzug zur Gauleitung der NSDAP in das »Braune

52 Vgl. Heinrich Brüning, Memoiren 1918–1934, Stuttgart 1970, S. 660.

53 Vgl. William Smaldone, Rudolf Hilferding: Tragödie eines deutschen Sozialdemokraten, Bonn 2000, S. 246 ff.; Gedenkbuch, S. 234 f.; s. auch die Hinweise zu seinem Tod im Februar 1941 in Kap. VI.

Haus« der Domstadt. Dort wurde er zwei Stunden lang bestialisch gefoltert. Anschließend trieb man den wehrlosen Abgeordneten auf die Straße, wo ihn weitere Misshandlungen erwarteten. Nach diesen Torturen wurde er in ein Gefängnislazarett eingeliefert. Aus ihm entließ man Sollmann am nächsten Tag auf eigenen Wunsch. Sofort floh er mithilfe seiner Brüder nach Luxemburg und begab sich in einer katholischen Klinik in die Obhut eines befreundeten Arztes. Sein Gesicht war von den ihm zugefügten Verletzungen so schwer gezeichnet, dass man ihn kaum wiedererkennen konnte. Ende März 1933 emigrierte Sollmann in das Saarland. Hier musste er sich wegen seiner zahlreichen Verletzungen erneut in einem Krankenhaus behandeln lassen. Nach dem Saarplebiszit emigrierte er im Februar 1935 nach Luxemburg und dann im Januar 1937 in die USA. Von dort kehrte er nach 1945 nicht mehr nach Deutschland zurück. [54]

Die beiden Parlamentarierinnen Maria Ansorge und Margarete Starrmann, hinter deren Namen im Anwesenheitsprotokoll der Reichstagssitzung vom 23. März 1933 auch der Vermerk »krank« eingetragen war, zählten zu den ersten Verfolgungsopfern des NS-Regimes. Maria Ansorge hatte zwischen 1920 und 1933 den Wahlkreis Breslau für die SPD im Reichstag vertreten. Als Leiterin der Arbeiterwohlfahrt in Waldenburg wurde sie 1933 sofort entlassen und lebte anschließend von der Fürsorgeunterstützung. Als linke Sozialistin musste sie seit der Machtauslieferung am 30. Januar 1933 immer wieder Nachstellungen der NSDAP ertragen. Hausdurchsuchungen durch die Gestapo waren bei ihr »an der Tagesordnung«, wie sie rückblickend feststellte. Hinzukamen in der NS-Zeit mehrmals Verhaftungen, die sie im März und im Herbst 1933 in »Schutzhaft«, dann 1935 in Untersuchungshaft und schließlich im Herbst 1944

54 Vgl. zu Sollmanns Lebensweg Simon Ebert, Wilhelm Sollmann. Sozialist, Demokrat, Weltbürger (1881–1951), Bonn 2014. Sein Verfolgungsschicksal im Frühjahr 1933 ist bei Schumacher, MdR, S. 484-485 ausführlich dokumentiert. Ein Arzt hatte ihm am 14. März attestiert, er »könne wegen seiner Verletzungen keine Eisenbahnfahrten unternehmen und keine Verhandlungen durchstehen«.

im Rahmen der »Aktion Gewitter« zwei Monate in KZ-Haft in Ravensbrück verbringen musste.[55]

Margarete Starrmann gehörte als Sozialpolitikern und Expertin für Probleme der Wohlfahrtspflege dem Reichstag von 1930 bis 1933 für den Wahlkreis Leipzig als SPD-Abgeordnete an. Sie musste bereits im März 1933 nach zahlreichen Angriffen und persönlichen Bedrohungen ihre Wohnung in Leipzig fluchtartig verlassen und lebte seitdem unter dem auf sie ausgeübten Verfolgungsdruck in permanenter Angst. An der Reichstagssitzung am 23. März 1933 nahm sie nicht teil und wurde im Abstimmungsprotokoll unter der Rubrik »krank« aufgeführt. Dies entsprach den Tatsachen. Nach der Erinnerung ihres Ehemanns war sie zu diesem Zeitpunkt psychisch erkrankt und irrte »in einem unbeschreiblich desolaten, elenden Zustand« in Zügen und Umsteigebahnhöfen herum, um aus Berlin, wohin sie vor der Reichstagssitzung am 22. März noch angereist war, wieder nach Hause zu kommen.[56]

Arthur Arzt, der ebenfalls zur Gruppe der als »krank« im Abstimmungsprotokoll vom 23. März 1933 verzeichneten SPD-Parlamentarier gehörte, vertrat die SPD zwischen 1928 und 1933 für den Wahlkreis Dresden-Bautzen im Reichstag. Als Bezirksschulrat und als führender Vertreter von Lehrerverbänden hatte er sich während seiner Parlamentszugehörigkeit einen Namen gemacht. Seit Anfang 1933 hielt er sich nach einer schweren Operation auf Anraten seiner Ärzte zu einer Kur in Davos auf, von der er nach der Machtauslieferung an die NSDAP nicht mehr nach Deutschland zurückkehrte. Daraufhin ließ das NS-Regime seine Ehefrau, seine beiden Kinder und seine Schwiegertochter in Geiselhaft nehmen.

---

55 Vgl. dazu die einzelnen Angaben bei Schumacher, Reichstagsabgeordnete, S. 26 f.; ferner: Gisela Notz, Marie Ansorge. »Um unsere sozialistischen Ideen zu verwirklichen, dafür sind wir nie zu alt«, in: Jahrbuch für Forschungen zur Geschichte der Arbeiterbewegung, Jg. 2002, H. 3, S. 129-138; Hammer, Hohes Haus, S. 29 f.; Gedenkbuch, S. 22. Zur »Aktion Gewitter« vgl. Kap. V.

56 Diese im Mai 1989 erteilte schriftliche Auskunft des Ehemanns der 1953 verstorbenen Abgeordneten geht davon aus, dass Frau Starrmann an der Sitzung am 23. März 1933 teilgenommen habe. Das war aber nicht der Fall. Vgl. zu seiner Aussage Schumacher, MdR, S. 494.

Nach zweimonatiger Haft wurden diese Familienangehörigen wieder entlassen, nachdem Arzt aus Davos gedroht hatte, den skandalösen Fall dem Völkerbund und der Weltpresse mitzuteilen. Seine Familie musste die gesamte Wohnungseinrichtung in Deutschland zurücklassen, als sie ihm ins Exil nachfolgte. Nach seiner Genesung emigrierte er mit seiner Familie in die Tschechoslowakei, aus der er 1939 nach Großbritannien floh. Nach Kriegsende kehrte er als 67-Jähriger nach Deutschland zurück und übernahm anschließend keine politischen Mandate mehr.[57]

Die 15 SPD-Abgeordneten, die bei der Verabschiedung des Ermächtigungsgesetzes offiziell als »unentschuldigt« fehlten und deren Namen deshalb mit einem »Strich« im Abstimmungsprotokoll gekennzeichnet wurden, hatten in den Wochen seit der Machtauslieferung an die Nationalsozialisten ähnliche Verfolgungsschicksale erlebt wie ihre Fraktionskollegen, die als »krank« in diesem Protokoll aufgeführt sind. Die Tatsache, dass diese 15 Abgeordneten nicht grundlos der Reichstagssitzung am 23. März 1933 ferngeblieben waren, kann man ebenfalls eindeutig belegen, wenn man den Blick auf ihre Verfolgungsbiografien richtet. Es handelt sich um Arthur Crispien, Wilhelm Dittmann, Julius Finke, Hermann Fleißner, Bernhard Kuhnt, Otto Landsberg, Julius Leber, Ludwig Marum, Stefan Meier, Carlo Mierendorff, Friedrich Puchta, Ernst Roth, Gerhart Seger, Fritz Soldmann und Friedrich Wilhelm Wagner.

Von ihnen befanden sich am 23. März 1933 bereits neun in Haft; drei besonders prominente und deshalb auch besonders gefährdete Sozialdemokraten (Arthur Crispien, Wilhelm Dittmann und Otto Landsberg) waren bereits Ende Februar und Anfang März 1933 emigriert; einer (Carlo Mierendorff) kehrte am 23. März 1933 erst aus der Schweiz nach Deutschland zurück, um dort in der Folgezeit illegal gegen den Nationalsozialismus zu arbeiten. Julius Leber, der ebenfalls als »unentschuldigt« im Abstimmungsprotokoll verzeichnet ist, wurde verhaftet, als er am 23. März die Kroll-Oper betreten wollte, um an der Reichstagssitzung teilzunehmen. Dieses

57 Vgl. dazu die Angaben bei Schumacher, MdR, S. 12*.

Schicksal wäre fast auch Carl Severing widerfahren, der sich seit der Revolution von 1918/19 im Reich und in Preußen als Innenminister und in verschiedenen anderen politischen Funktionen bei den Nationalsozialisten besonders verhasst gemacht hatte. Gegen ihn entfachten sie während des Reichstagswahlkampfes von 1933 eine regelrechte Hetzkampagne, die in seiner Festnahme gipfelte, als er am 23. März den Reichstag betreten wollte. Nach Protesten konnte er dann dennoch an der Sitzung teilnehmen, wurde aber in der Folgezeit mit Verhören, der Beschlagnahme seines Vermögens und Hausdurchsuchungen heimgesucht.[58]

Ernst Roth, der Vorsitzende des Reichsbanners Schwarz-Rot-Gold in Mannheim, war vor dem 23. März 1933 bereits untergetaucht, nachdem SA-Horden am 9. März 1933 Einrichtungen der SPD und des ADGB in seiner Heimatstadt gestürmt und verwüstet hatten. Zwei Tage später wurde in einer »Schutzhaft«-Aktion fast die gesamte lokale Parteispitze der SPD in Mannheim verhaftet. Dabei hatten die SA-Männer die Wohnung von Roth und die seiner Schwiegereltern mehrfach vergeblich nach ihm durchsucht. Er emigrierte dann im Juli 1933 in das Saargebiet, von wo aus er im Februar 1934 nach Straßburg ging. Dort wurde er Anfang September 1939 nach dem Kriegsbeginn interniert. Im Januar 1940 meldete er sich freiwillig zur französischen Armee, bevor er im April 1941 in den Untergrund ging. Im Mai 1942 schloss sich Roth der Résistance an, für die er dann als Partisan in der Armée secrète gegen den Nationalsozialismus kämpfte. Nach Kriegsende kehrte er in seine Heimat zurück.[59]

Als »unentschuldigt« Ferngebliebene könnten also allenfalls die bereits ins Exil geflüchteten drei prominenten SPD-Abgeordneten Crispien, Dittmann und Landsberg bezeichnet werden, wenn man die besonders triftigen Gründe für ihre Abwesenheit in der Reichs-

58 Vgl. dazu Thomas Alexander, Carl Severing. Sozialdemokrat aus Westfalen mit preußischen Tugenden, Bielefeld 1992; Schumacher, MdR, S. 463 f.

59 Vgl. Erich Matthias/Hermann Weber (Hg.), Widerstand gegen den Nationalsozialismus in Mannheim, Mannheim 1984, S. 115 ff.; Schumacher, MdR, S. 406.

tagssitzung am 23. März 1933 ausklammert. Bis auf den Rückkehrer Mierendorff und den untergetauchten Abgeordneten Roth hätten jedoch alle anderen mit einem »Strich« im Anwesenheitsverzeichnis versehenen Abgeordneten Hafturlaub beantragen müssen, um persönlich im Reichstag anwesend sein zu können. Daran war natürlich nicht zu denken. Ermittelt man, wie sie inhaftiert worden waren und wo sie an diesem Tag gefangen gehalten wurden, kann man erst das ganze Ausmaß der Lüge von ihrem »unentschuldigten« Fehlen im Reichstag erkennen.

Die drei vor dem 23. März emigrierten Sozialdemokraten Crispien, Dittmann und Landsberg aus dieser Gruppe der vordergründig grundlos nicht anwesenden Abgeordneten waren alle extrem gefährdet. Arthur Crispien hatte 1918/19 eine führende Rolle als stellvertretender Ministerpräsident in der württembergischen Revolutionsregierung gespielt. Von März 1919 bis 1922 amtierte er als einer der beiden Parteivorsitzenden der USPD. Nach der Wiedervereinigung von USPD und SPD war Crispien anschließend einer der drei gleichberechtigten Vorsitzenden der Sozialdemokratie. Von 1920 bis 1933 vertrat er zunächst für die USPD, dann ab 1924 für die SPD einen Berliner Wahlkreis im Reichstag. Ende Januar 1933 befand sich Crispien als Repräsentant des linken Parteiflügels, der sich zum proletarischen Internationalismus und zum Pazifismus bekannte, sofort in akuter Gefahr und war eine ideale Zielscheibe für die nationalsozialistischen Attacken. Noch vor dem Reichstagsbrand floh er auf Weisung des Parteivorstandes am 25. Februar 1933 nach München, weil dort – wie man in Berlin hoffte – noch eine ruhigere Atmosphäre herrschen sollte. Nach diesem Zwischenaufenthalt wurde die Schweiz zu seinem Exilland, aus dem er nicht mehr nach Deutschland zurückkehrte.

München wurde Anfang März 1933 zeitweise auch zu einem Zufluchtsort für Otto Wels, der sich in seinem Haus im Berliner Stadtteil Friedrichshagen nicht mehr sicher fühlen konnte. Er war erst unmittelbar nach dem 30. Januar gegen den Rat seiner Ärzte von einer Kur in Ascona nach Berlin zurückgekehrt, wo er sich wegen einer schweren Herzerkrankung aufgehalten hatte. Als am 3. März 1933 eine Zeitung meldete, Wels würde gesucht, saß er bereits im Zug auf dem Weg nach München. Hier veranlasste Hoegner ihn, nach Salzburg zu gehen, wohin dieser einige Tage später auch Dittmann und Crispien in die Obhut eines befreundeten österreichischen Sozialdemokraten schickte. Wels brach aber den Aufenthalt in Salzburg am 7. März ab, als der Berliner SPD-Vorstand seine Rückkehr in die Reichshauptstadt verlangte, und kehrte über München nach Berlin zurück.[60]

Auch Wilhelm Dittmann gehörte als Mitglied des Rats der Volksbeauftragten, in dem er bis Ende Dezember 1918 die USPD vertreten hatte, wie Crispien und Wels zu den von den Nationalsozialisten mit besonderer Intensität verfolgten »Novemberverbrechern«. Dittmann hatte zwischen 1912 und 1933 die SPD, zeitweise von 1919 bis 1922 die USPD, in verschiedenen Reichstagswahlkreisen vertreten. Von 1920 bis 1924 amtierte er als Vizepräsident des Reichstages. Nachdem er im Februar 1933 bei einer Wahlveranstaltung in Gleiwitz mit randalierenden SA-Männern konfrontiert worden war, sagte er alle Kundgebungen in Oberschlesien ab, weil man ihm dort mit weiterem Versammlungsterror drohte. Am 25. Februar 1933 floh er zusammen mit Crispien – ebenfalls auf Weisung des Parteivorstandes – nach München. Von dort ging die gemeinsame Flucht dann am 13. März 1933 weiter nach Salzburg. Hier trafen sie sich mit Philipp Scheidemann, der ebenfalls zunächst nach München geflohen war, und dem bayerischen Reichstagsabgeordneten Wilhelm Hoegner,

60 Hoegner schreibt in seinen Erinnerungen, er selbst habe Wels von Salzburg mit dem Auto zurück nach München geholt, nachdem man diesen in Berlin »zum Erscheinen« aufgefordert hätte. Den Grenzübergang von Österreich nach Bayern hätten sie gemeinsam »auf kleinen verschlungenen Wegen« zu Fuß bewältigt. Wels sei dann noch bis zum 9. März 1933 in München geblieben und hätte dort miterlebt, wie an diesem Tag die bayerische Landesregierung von den Nationalsozialisten entmachtet wurde. Vgl. Hoegner, Flucht vor Hitler, S. 96 ff. Diese Einzelheiten finden sich nicht in der Wels-Biografie von Adolph. Er stellt ausführlicher den Entscheidungsprozess dar, in dem Wels darauf bestanden hatte, als SPD-Fraktionsvorsitzender die Ablehnung des Ermächtigungsgesetzes selbst im Reichstag zu begründen. An der Ausarbeitung dieser Rede waren die Abgeordneten Friedrich Stampfer, Ernst Heilmann und Kurt Schumacher beteiligt. Vgl. Adolph, Wels, S. 251 ff.

der sich ihnen als ortskundiger Fluchthelfer zur Verfügung gestellt hatte. In seinen Erinnerungen berichtet Dittmann, in Berlin hätten Gerüchte kursiert, dass der engere Führerkreis der NSDAP plane, Scheidemann, Crispien und ihn als »Novemberverbrecher« von einem »Volksgerichtshof« aburteilen zu lassen. Scheidemann habe ihm und Crispien deshalb geraten, jetzt Deutschland so wie auch er sofort zu verlassen, um »sich gleichfalls in Sicherheit zu bringen.«[61]

Crispien und Dittmann fanden nach ihrer Emigration in die Schweiz am 13. März 1933 in Zürich bei Friedrich Adler, dem Sekretär der Sozialistischen Arbeiterinternationale, eine »verständnisvolle Aufnahme«. In den folgenden Jahren engagierte sich Crispien in der Flüchtlingshilfe, von der er ab 1937 dann selbst unterstützt werden musste. In zwei »Duldungsbewilligungen« verweigerte ihm die Fremdenpolizei des Kantons Zürich nämlich wegen der bestehenden großen Arbeitslosigkeit unter den Einheimischen sowohl im April 1937 wie auch im Februar 1940 eine Beschäftigung als Bühnenmaler. Deshalb war der mittlerweile 65 Jahre alte Crispien gezwungen, nun auch für sich das Schweizerische Arbeiterhilfswerk um finanzielle Hilfe zu bitten.[62]

Auch dem bei seiner Ankunft in der Schweiz 58 Jahre alten Dittmann wurde eine Erwerbstätigkeit in der Alpenrepublik untersagt. Er bestritt seinen Lebensunterhalt durch eine einmalige finanzielle Zuwendung des Exilvorstandes der SPD, durch kleine Spenden von Freunden und die Unterstützung des Schweizerischen Arbeiterhilfswerkes. In seinen Erinnerungen stellte er rückblickend fest: Nach fast 40-jähriger Tätigkeit in der SPD sei er »von der Flutwelle der über Deutschland hereingebrochenen faschistischen Reaktion über die deutsche Grenze ins Ausland gespült, in die Emigration getrieben, von der unmittelbaren Wirksamkeit in der deutschen Politik, meinem bisherigen Lebenselement, ausgeschaltet« worden.[63]

---

61 Vgl. Wilhelm Dittmann, Erinnerungen. 3 Bde. Bearb. u. eingel. v. Jürgen Rojahn, Frankfurt a. M. 1995, Bd. 3, S. 1015 ff.; dort auch das folgende Zitat (S. 1017).

62 Vgl. Schumacher, MdR, S. 81.

63 Dittmann, Erinnerungen, S. 1017. Vgl. zu Dittmanns Leben im Exil Schumacher, MdR, S. 95; vgl. auch Kap. VI.

Nach seiner Rückkehr nach Deutschland arbeitete er ab 1951 im Archiv der SPD.

Otto Landsberg, der ebenfalls noch vor der Reichstagssitzung vom 23. März 1933 emigrierte, hatte dem Reichstag seit 1912, zunächst für den Wahlkreis Magdeburg, dann von Dezember 1924 bis 1933 als auf dem Reichswahlvorschlag der SPD platzierter Abgeordneter angehört. Da er gemeinsam mit Dittmann Mitglied des im November 1918 gebildeten Rates der Volksbeauftragten gewesen war, in dem er als einer der Republikaner der ersten Stunde zu den stärksten Stützen von Friedrich Ebert gezählt hatte, stand auch Landsberg 1933 im Zentrum der nationalsozialistischen Verfolgungspolitik. In seinem »Sündenregister« bei der NSDAP kam hinzu, dass er zeitweise als Reichsjustizminister amtiert und 1924/1925 den Reichspräsidenten Ebert 1924/25 als Rechtsanwalt im Magdeburger Beleidigungsprozess und im Münchener Dolchstoßprozess verteidigt hatte. Ferner war er ein Gründungsmitglied des 1890 ins Leben gerufenen Vereins zur Abwehr des Antisemitismus. Dies alles machte ihn, den Sohn eines jüdischen Landarztes, der sich aber nicht religiös engagierte, in den Augen der Nationalsozialisten erst recht zu ihrem Feind. Sein Fluchtweg aus Deutschland führte Landsberg im März 1933 über die Tschechoslowakei nach Belgien und schließlich im August 1933 in die Niederlande, wo er sieben Jahre später nach der deutschen Besetzung des Landes erneut in Lebensgefahr geriet. Hier lebte er als Jude in den folgenden Jahren in einem Versteck bei Freunden.[64]

Neun der 15 sozialdemokratischen Abgeordneten, die am 23. März 1933 »unentschuldigt« fehlten, befanden sich zu diesem Zeitpunkt bereits in »Schutzhaft«. Hinter diesem in jeder Hinsicht in die Irre führenden Begriff verbarg sich eine willkürlich verhängte Haft, mit welcher der nationalsozialistische Unrechtsstaat seinen

64 Landsberg nahm noch an der Reichstagssitzung vom 21. März 1933 teil, nicht aber mehr an der Sitzung vom 23. März 1933. Vgl. zu seiner Biografie: Ernest Hamburger, Juden im öffentlichen Leben Deutschlands, Tübingen 1968, S. 509-515. Hans-Ludwig Abmeier, Otto Landsberg, in: Jahrbuch der Universität Breslau, Bd. XIV, 1969, S. 330-335. Vgl. zu seinem Emigrationsschicksal auch Kap. VI.

schrankenlosen Machtanspruch an vielen seiner wehrlosen Gegner nach dem Erlass der Reichstagsbrandverordnung am 28. Februar 1933 mit kaum vorstellbaren Formen der persönlichen Erniedrigung praktizierte. Für jeden der in den Anfangsmonaten des NS-Staates Inhaftierten wurde die »Schutzhaft« zum Synonym für totale Rechtlosigkeit und völlige Hilflosigkeit. Für die »Schutzhäftlinge« war durch die nach dem Reichstagsbrand erlassene Notverordnung, mit der die Verhängung dieser speziellen Haft möglich gemacht wurde, jede der herkömmlichen Rechtsgarantien beseitigt worden.

Die »Schutzhaft« entwickelte sich vor allem in den Anfangsmonaten der NS-Herrschaft zur schärfsten Waffe des Regimes bei der gezielten Verfolgung von Kommunisten und Sozialdemokraten. Verfassungsrechtlich war es nun nämlich möglich, auch die am 5. März 1933 gewählten Reichstagsabgeordneten, die bis zum Zusammentritt des neuen Reichstags noch keine Immunität besaßen, unter Berufung auf diese nach dem Reichstagsbrand erlassene Notverordnung zu verhaften. Rechtlich hätte der am 21. März 1933 erstmals zusammentretende neu gewählte Reichstag die Aufhebung der »Schutzhaft« beschließen können. Diesen Antrag konnten aber die 81 Abgeordneten der KPD gar nicht mehr stellen, denen vom NS-Regime die Wahrnehmung ihrer Rechte als Reichstagsmitglieder schon vor dem Zusammentritt des Reichstages widerrechtlich verwehrt worden war.

Die allein als kompromissloser Gegner der NSDAP verbliebenen 94 Abgeordneten der SPD befanden sich im Reichstag in einer klaren Minderheitsposition. Auf die Unterstützung der bürgerlichen Parteien konnten sie nicht hoffen, sofern sie förmlich im Parlament eine Aufhebung der »Schutzhaft« für alle bereits inhaftierten Fraktionskollegen beantragt hätten. Dies bewies die Abstimmung über den am 21. März 1933 von Vogel im Reichstag gestellten Antrag, in dem dieser die Haftentlassung von zehn sozialdemokratischen Abgeordneten forderte. Die NSDAP verfügte, als dieser Antrag am 23. März 1933 vom Reichstag abgelehnt wurde, nach der zuvor beschlossenen Änderung der Geschäftsordnung selbst über die knappe absolute Stimmenmehrheit im nunmehr verkleinerten Reichstag, um einen derartigen Antrag notfalls auch allein abzuwehren.

Für die SPD-Abgeordneten, die noch vor der Abstimmung über das Ermächtigungsgesetz verhaftet worden waren, wurde die »Schutzhaft« zumeist zur ersten persönlichen Konfrontation mit dem Terror des NS-Regimes. In dieser außerhalb des Rechtsstaates angesiedelten Haft, aber auch in staatlichen Gefängnissen, die nun unter der Regie der neuen Machthaber standen, hat man sie manchmal monatelang gequält und erniedrigt, bevor sie ihren Leidensweg anschließend dann oft auch noch als KZ-Häftlinge fortsetzen mussten. Ob und wann sie aus diesen Folterkammern des NS-Regimes entlassen wurden, entschieden ihre Bewacher in jedem Einzelfall mehr oder weniger willkürlich.

Für zwei der im März 1933 verhafteten Abgeordneten bestehen die überlieferten Verfolgungsdaten nur aus wenigen Angaben. Dies ist bei Julius Finke der Fall, der von 1930 bis 1933 den Wahlkreis Westfalen-Nord für die SPD im Reichstag vertreten hatte. Er wurde am 18. März 1933 zu einer polizeilichen Vernehmung abgeholt und verbrachte dann die folgenden Tage in Herford in »Schutzhaft«. Daher konnte er an der Reichstagssitzung am 23. März auch nicht teilnehmen. Nach seiner Entlassung hatten ihn die NS-Machthaber auch weiterhin im Visier, wie zwei weitere Verhaftungen im Herbst 1933 und dann im August 1944 im Rahmen der »Aktion Gewitter« nach dem gescheiterten Attentat auf Hitler dokumentieren.[65]

Ebenso knapp sind auch die für Hermann Fleißner überlieferten Informationen, wenn es um sein Verfolgungsschicksal geht. Er war während der Revolution 1918/19 als Repräsentant der USPD Mitglied des Rats der Volksbeauftragten in Sachsen gewesen. Anschließend gehörte er mehrere Jahre lang als Minister der sächsischen Landesregierung an. Im Reichstag vertrat er von 1920 bis 1924 die USPD, dann bis 1933 die SPD, deren linkem Flügel er sich zurechnete. Als Kandidat der innerparteilichen Opposition scheiterte er bei einer Bewerbung um ein Vorstandsmandat in der

65 Vgl. Schumacher, MdR, S. 130 f.; Zur »Aktion Gewitter« s. Kap. V.

Partei. Sein politisches Profil reichte aber für die Nationalsozialisten in Dresden völlig aus, um ihn im März 1933 vor der Abstimmung über das Ermächtigungsgesetz zu verhaften und bis Anfang 1934 nicht mehr freizulassen. Anschließend wurde er bis zu seinem Tod im Jahr 1939 permanent polizeilich überwacht.[66]

Friedrich Puchta, der 1920 im Wahlkreis Chemnitz für die USPD erstmals in den Reichstag gewählt worden war und von 1924 bis 1933 die oberfränkische SPD in Berlin vertrat, zählte als Redakteur der »Fränkischen Volkstribüne« aus der Sicht der NSDAP zu den »bestgehassten Sozialisten Bayreuths«. Hier hatte er seine journalistische Aufmerksamkeit immer wieder dem NS-Gauleiter Hans Schemm gewidmet, den er als »Gaupfau« verspottete. Schemm ließ sich nämlich von seinen Anhängern als »Vater der bayerischen Ostmark« hofieren. Sofort nach dem Regimewechsel vom 30. Januar 1933 versuchte er als Gauleiter, das Verbot der »Fränkischen Volksbühne« mit allen Mitteln durchzusetzen. Damit hatte Schemm schließlich nach mehreren Vorstößen im Reichsinnenministerium Erfolg. Ab 10. März erschien die Zeitung nicht mehr als sozialdemokratisches Blatt. Und ihre Leser konnten an diesem Tag einer kleinen Notiz im Lokalteil entnehmen, dass der Redakteur Puchta verhaftet worden sei.[67]

Puchta war in der ersten großen Verhaftungswelle, die nach der Entmachtung der legalen bayerischen Landesregierung am 9. März 1933 überall im weiß-blauen Freistaat einsetzte, sofort an diesem Tag festgenommen und in der Justizvollzugsanstalt St. Georgen in Bayreuth als »Schutzhäftling« eingeliefert worden. Von dort verbrachte man ihn anschließend in das KZ Dachau, das am 22. März 1933 für die ersten Gefangenen geöffnet wurde. Hier blieb er bis zum 12. Juli 1933 inhaftiert. Dachau war die erste Station auf seinem Leidensweg während der NS-Zeit, an deren Ende er im Zuge der

66 Vgl. Schumacher, MdR, S. 132; Gedenkbuch, S. 154 f.

67 Vgl. dazu Norbert Frei, Nationalsozialistische Eroberung der Provinzzeitungen. Eine Studie zur Pressesituation in der Bayerischen Ostmark, in: Martin Broszat/Elke Fröhlich (Hg.), Bayern in der NS-Zeit. Herrschaft und Gesellschaft in Konflikt, München 1979, S. 1-91, S. 37 f.

»Aktion Gewitter« hier erneut inhaftiert war. Nach seiner Befreiung aus dem KZ Dachau starb Friedrich Puchta am 17. Mai 1945 in einem Münchener Krankenhaus an den Folgen der erlittenen Haft.[68]

Auch Fritz Soldmann gehörte zu den sozialdemokratischen Reichstagsabgeordneten in Bayern, die seit dem Machtwechsel in München am 9. März 1933 immer wieder vom NS-Regime verfolgt und in der KZ-Haft so lange gequält wurden, dass sie ihre Befreiung bei Kriegsende nur um wenige Wochen überlebten. Er hatte zwischen 1920 und 1933 einen Wahlkreis in Unterfranken zunächst für die USPD, dann ab 1924 für die SPD im Reichstag vertreten. Da er während der Revolution 1918/19 in der revolutionären Rätebewegung in Bayern als Landessekretär der USPD an führender Stelle aktiv gewesen war, bevor er ab 1924 wie bereits vor dem Ersten Weltkrieg wieder als Arbeitersekretär in Schweinfurt arbeitete, stand er 1933 ebenfalls auf einem prominenten Platz in den Verfolgungslisten der NSDAP. Auch er wurde – wie sein Reichstagskollege Friedrich Puchta – sofort am 9. März, dem Tag des Machtwechsels in Bayern, zunächst im Gefängnis in Schweinfurt, dann von Juni 1933 bis August 1934 im KZ Dachau inhaftiert. Anschließend stand er pausenlos unter polizeilicher Überwachung und musste mehrere Hausdurchsuchungen in Kauf nehmen. Im November 1936 kam er erneut in »Schutzhaft«, in der er bis April 1937 blieb, obwohl das Sondergericht Bamberg den Haftbefehl aufgehoben hatte. Ihm bescheinigte die Geheime Staatspolizei in Schweinfurt am 1. August 1938 »keine Gesinnungsänderung«. Er sei arbeitslos und werde sich bei einer Mobilmachung »sofort gegen den neuen Staat stellen«. Ferner habe er einen großen Bekanntenkreis und immer noch Anhänger in Schweinfurt.[69] Soldmann versuchte, sich dieser permanenten Überwachung durch einen Wohnortwechsel nach Nordhausen in Thüringen zu entziehen. Doch fünf Tage nach dem Beginn des Zweiten Weltkrieges verhaftete man ihn hier erneut und hielt ihn bis Februar 1941 im KZ Sachsenhausen in »Schutzhaft«

68 Vgl. Gedenkbuch, S. 399 f.; zur »Aktion Gewitter« s. Kap. V.

69 Zit. n. Schumacher, MdR, S. 484.

gefangen. Im August 1944 gehörte auch er wieder zu den Regimegegnern, die im Rahmen der »Aktion Gewitter« nochmals inhaftiert wurden. Er verstarb wenige Wochen nach seiner Befreiung aus der KZ-Haft in Buchenwald.[70]

In vielerlei Hinsicht vergleichbar war das Schicksal von Stefan Meier. Er hatte von Dezember 1924 bis November 1932 und dann wieder ab März 1933 den Reichstagwahlkreis Baden für die SPD vertreten, in dem er in Freiburg als selbstständiger Kaufmann seinen Lebensunterhalt verdiente. Meier wurde am 17. März 1933 verhaftet und anfangs in »Schutzhaft« gefangen gehalten. Von dort verbrachte man ihn in das KZ Ankenbuck, das die badische NS-Regierung Ende April 1933 auf einem Hofgut bei Donaueschingen einrichten ließ. Hier war Meier bis März 1934 inhaftiert. Anschließend stand er unter Polizeiaufsicht. 1941 denunzierte ihn eine Nachbarin, weil er sich ihr gegenüber abfällig über Hitler und dessen Politik geäußert habe. Dafür verurteilte ihn das Sondergericht beim Landgericht Freiburg wegen Wehrkraftzersetzung zu drei Jahren Zuchthaus. Aus der Sicht des Gerichts war »die unerhörte Verunglimpfung gerade des Führers« besonders zu berücksichtigen, zumal »der Angeklagte als ehemaliger SPD-Reichstagsabgeordneter über politische Dinge und ihre Tragweite genau Bescheid« gewusst hätte«.[71] Nach der Verbüßung der Haftstrafe brachte man Meier in das KZ Mauthausen, wo er am 19. September 1944 vermutlich an Erschöpfung verstarb.[72]

In welchem Ausmaß der nationalsozialistische Mob im März 1933 seine radikale Rachsucht in aller Öffentlichkeit an prominenten Sozialdemokraten austoben konnte, lässt sich am Schicksal der beiden SPD-Reichstagsabgeordneten Bernhard Kuhnt und Ludwig Marum besonders bedrückend dokumentieren. Beide hatten während der Revolution von 1918/19 wichtige Regierungsämter übernommen,

70 Vgl. zu Soldmanns Verfolgungsschicksal nach seiner Verhaftung im Zuge der »Aktion Gewitter« im August 1944 das Kap. V.

71 Vgl. Schumacher, MdR, S. 316 (dort auch die Zitate).

72 Vgl. Gedenkbuch, S. 339 f.; Hammer, Hohes Haus, S. 72 f.

für die sie während der Verhaftungswelle im Frühjahr 1933 dann barbarisch büßen mussten.

Kuhnt war im November 1918 an der Matrosenrevolte in Wilhelmshaven beteiligt gewesen und amtierte anschließend zwischen dem 11. November 1918 und dem 3. März 1919 als Präsident des neugegründeten Freistaates Oldenburg. Er gehörte der USPD an und war auf dem Rätekongress im Dezember 1918 in Berlin einer ihrer Delegierten. Nach der revolutionären Übergangszeit hatte er ab 1920 zunächst die USPD und dann von 1924 bis 1933 die SPD für den Wahlkreis Chemnitz im Reichstag vertreten. Am 1. März 1933 nahm man ihn als »Novemberverbrecher« in »Schutzhaft«. Auf diese Verhaftung folgte am 9. März 1933 eine beispiellose öffentliche Demütigung des 57 Jahre alten invaliden Mannes. Der SA-Marinesturm Chemnitz setzte den wehrlosen Abgeordneten in eine Kohlenkarre. Zwei sozialdemokratische Stadträte mussten diese Karre durch die Stadt Chemnitz ziehen. Die SA-Männer, die diese Zurschaustellung begleiteten, zwangen Kuhnt, gemeinsam mit anderen politischen Häftlingen, Hauswände abzuwaschen. Diese demonstrative Erniedrigung eines linken Republikaners dokumentierten seine Peiniger auf Postkartenfotos, mit denen sie dann hausieren gingen. Auf ihnen stand u. a. zu lesen: »Immer vornehm!« »Flottenmeuterer Bernh. Kuhnt fährt an seiner neuen Arbeitsstelle (Dreckwaschen) vor«.[73] Kuhnt wurde dann mit Wirkung vom 1. Mai 1933 als Amtshauptmann aus dem Staatsdienst entlassen. Seine Haftzeit endete erst am 20. Juli 1934. Ab 1935 lebte er in Berlin, wo ihn die Gestapo auch weiterhin überwachte und im November 1942 zu Protokoll gab, er sei nach seiner Entlassung aus der »Schutzhaft« politisch »nicht wieder in Erscheinung getreten«.[74]

Ludwig Marum wuchs im politischen Reformklima des Großherzogtums Baden im Kaiserreich heran und profilierte sich seit

73 Zwei dieser Fotos, die den »Straßenreiniger« und »Novemberverbrecher« Kuhnt auf der Fahrt durch Chemnitz zeigen, sind bei Schumacher, MdR, S. 271, abgedruckt. Die Originale dieser Bilder sind in den Fotobeständen des Bundesarchivs Koblenz überliefert.

74 Zit. n. Schumacher, MdR, S. 270. Vgl. Gedenkbuch, S. 299 f.

ihrer Gründung als einer der überzeugten Anhänger der Weimarer Demokratie. Er erreichte als Justizminister in der Vorläufigen Volksregierung Badens 1918/19 einen ersten Höhepunkt seiner landespolitischen Karriere. In der Folgezeit engagierte er sich als Fraktionsvorsitzender der SPD im Badischen Landtag für einen Klassenkompromiss zwischen Arbeiterschaft und Bürgertum. Eine starke Orientierung an den Verfassungsprinzipien des republikanischen Rechtsstaates zählte zu den typischen politischen Charakterzügen von Marum. Als renommierter Anwalt und profilierter Parlamentarier, der die SPD von 1928 bis 1933 für den Wahlkreis Baden im Reichstag vertrat, verkörperte er zugleich die Erfolgsgeschichte der jüdischen Emanzipation in Deutschland, die für ihn persönlich sofort nach den Reichstagswahlen im März 1933 jedoch ein jähes Ende fand.[75]

Marum wurde am 10. März 1933 an seinem Wohnsitz Karlsruhe verhaftet und zunächst in das örtliche Gefängnis als »Schutzhäftling« gebracht. Zwei Monate später, am 16. Mai 1933, fuhr man ihn gemeinsam mit anderen führenden badischen Sozialdemokraten – unter ihnen war auch der ehemalige badische Staatspräsident Adam Remmele – auf einen offenen Lastkraftwagen demonstrativ durch Karlsruhe. Auf dessen Pritsche mussten die sozialdemokratischen Politiker Rücken an Rücken sitzen und waren den Schmähungen des NS-Pöbels und den Pfiffen einer schaulustigen Menschenmenge hilflos ausgeliefert. Die Fahrt erfolgte im Schritttempo und wurde von einer Polizeikapelle »musikalisch« begleitet, die Spottlieder zur Verhöhnung der Festgenommenen spielte. In der Karlsruher Presse wurde diese »öffentliche Überführung«, deren Endstation schließlich das neu eröffnete KZ Kislau an der Bahnstrecke zwischen Heidelberg und Bruchsal war, breit geschildert und auch mit Bildern dokumentiert.[76]

---

75 Vgl. dazu Monika Pohl, Ludwig Marum. Ein Sozialdemokrat jüdischer Herkunft und sein Aufstieg in der badischen Arbeiterbewegung 1882–1919, Karlsruhe 2003; Gedenkbuch, S. 335 f.

76 Vgl. dazu die bei Schumacher, MdR, S. 310 f., abgedruckten Fotos, auf denen Momentaufnahmen von dieser Fahrt durch Karlsruhe und der Einlieferung der sozial-

Ludwig Marum hat über seiner Leidenszeit als politischer Gefangener bewegende Briefe hinterlassen. Hier notierte er: »Meine Freiheit können sie mir nehmen, aber nicht meine Würde und meinen Stolz«.[77] Die Nationalsozialisten konnten ihm aber auch sein Leben nehmen. Er wurde in der Nacht am 29. März 1934 von drei Mitgliedern der Wachmannschaft des KZ – vermutlich auf Anweisung des badischen Gauleiters der NSDAP – erdrosselt. Sie hängten ihn an einem Fensterkreuz auf, um einen Selbstmord vorzutäuschen. Gegen aufkommende Zweifel an der Selbstmordthese ging die Gestapo in der Folgezeit scharf vor. Die Absicht der badischen NS-Regierung, die Leiche Marums in aller Stille einäschern und beerdigen zu lassen, ließ sich allerdings nicht realisieren. Obwohl in den Karlsruher Zeitungen nur eine kurze Todesanzeige ohne genaues Beerdigungsdatum erscheinen durfte, fanden sich auf dem Friedhof über 3.000 Personen ein, die mit ihrer Anwesenheit dem in Karlsruhe sehr beliebten sozialdemokratischen Politiker die letzte Ehre erwiesen und zugleich öffentlich gegen das NS-Regime demonstrierten.[78]

Drei Abgeordnete der SPD, die auch am 5. März 1933 in den Reichstag gewählt worden waren, aber bei der Abstimmung über das Ermächtigungsgesetz am 23. März 1933 ebenfalls »unentschuldigt« fehlten, konnten sich durch eine Flucht aus der Haft ins Ausland in Sicherheit bringen. Dies waren Friedrich Wilhelm Wagner, Gerhart Seger und Wilhelm Sollmann, dessen Biografie bereits behandelt wurde. Den beiden SPD-Abgeordneten Friedrich Wilhelm Wagner und Gerhart Seger gelang die Flucht nach ihrer Verhaftung. Sie wurden anschließend im Exil zu Kronzeugen der nationalsozialistischen Unmenschlichkeit, die sie während ihrer Haftzeit hatten ertragen müssen.[79]

---

demokratischen Häftlinge in das KZ Kislau dokumentiert sind; Günter Wimmer, Adam Remmele. Ein Leben für soziale Demokratie, Ubstadt-Weiher 2009, S. 358 ff.

77 Zit. n. Elizabeth Marum-Lunau/Jörg Schadt (Hg.), Ludwig Marum. Briefe aus dem Konzentrationslager Kislau, Karlsruhe 1984, S. 64.

78 Vgl. dazu ausführlich die Biografie von Monika Pohl. Zur Widerlegung der Selbstmordthese s. auch Schumacher, MdR, S. 309 ff.

79 Vgl. dazu auch das Kap. VI.

Im Falle von Wagner vollzog sich die Verhaftung besonders demonstrativ. Ihn nahm die Geheime Staatspolizei am späten Abend des 10. März 1933 im Landgericht Frankenthal fest, wo er an diesem Tag als Verteidiger in einem Strafprozess auftrat. Die gezielte Festnahme galt dem engagierten republikanischen Juristen ebenso wie dem politisch exponierten Sozialdemokraten. Als Führer des Reichsbanners Schwarz-Rot-Gold in der Pfalz war Wagner zu einer populären Symbolfigur der SPD geworden, noch bevor er die Partei von Ende 1930 bis 1933 im Reichstag vertrat. Ihm gelang unmittelbar nach seiner Verhaftung in der Nacht zum 11. März 1933 bei der Überführung ins Gefängnis die Flucht, die ihn über den Schwarzwald in die Schweiz führte. In Ludwigshafen erklärten ihn die nationalsozialistischen Machthaber daraufhin für vogelfrei. Wagner lebte in seinen Exiljahren in der Schweiz, in Frankreich und den USA. 1946 kehrte er nach Deutschland zurück. Hier engagierte er sich in zahlreichen Prozessen als Anwalt bei der juristischen Aufarbeitung der NS-Verbrechen. Er gehörte 1948/49 dem Parlamentarischen Rat und anschließend bis 1961 dem Bundestag für die SPD an. In den Jahren von 1961 bis 1967 war er der Vorsitzendes des Zweiten Senats des Bundesverfassungsgerichts.[80]

Auch Gerhart Seger, der die SPD von 1930 bis 1933 für den Wahlkreis Magdeburg im Reichstag vertreten hatte, wurde bereits am 12. März 1933, also genau eine Woche nach der Reichstagswahl, in der Wohnung seiner Mutter in Leipzig verhaftet und am nächsten Tag in das Gerichtsgefängnis nach Dessau gebracht. In dieser Stadt hatte er sich in den Jahren zuvor als sozialdemokratischer Redakteur, als SPD-Reichstagsabgeordneter und als Leiter der »Eisernen Front« den besonderen Hass der regionalen NS-Führer zugezogen. Nachdem er 1932 in der Leipziger Volkszeitung die Ausweisung Hitlers aus Deutschland als unerwünschten Ausländers und Hoch-

80 Vgl. zu seinem Leben Andreas Marquet, Friedrich Wilhelm Wagner 1894–1971. Eine politische Biografie, Bonn 2015; s. auch Günter Braun, Friedrich Wilhelm Wagner (1894–1971). Vom Hemshofjungen zum Verfassungsrichter, in: Manfred Geis/Gerhard Nestler (Hg.), Die pfälzische Sozialdemokratie. Beiträge zu ihrer Geschichte von den Anfängen bis 1948/49, Edenkoben 1999, S. 654-670.

verräters gefordert hatte, stand er auf der nationalsozialistischen Verfolgungsliste in Sachsen auf dem ersten Platz. Im Juni 1933 veröffentlichte der »Anhalter Anzeiger«, die Regionalzeitung der NSDAP, einen »Bericht« über einen Besuch bei Seger, der seit seiner Einlieferung im Dessauer Gefängnis in Einzelhaft gefangen gehalten wurde. Darin heißt es: »Unsere Zeit muss hart sein, um Deutschlands Zukunft zu sichern, und dafür ist die Schutzhaft nur eine sehr geringe Strafe und Genugtuung«. Segers Schicksal habe sich nun »erfüllt«. Er sei »endgültig zum Schweigen verurteilt«.[81]

Diese Prophezeiung sollte sich allerdings nicht »erfüllen«. Seger wurde zwar am 14. Juni 1933 gemeinsam mit 42 anderen Verhafteten in das KZ Oranienburg überführt, wobei Hunderte von Schaulustigen am Bahnhof in Dessau die Abreise der Häftlinge in einem fahrplanmäßigen Zug beobachteten. Aber ihm gelang aus diesem Konzentrationslager am 4. Dezember 1933 bei einem Arbeitseinsatz in einem Außenkommando des Lagers die »Flucht aus der Hölle«, wie er rückblickend in seiner 1934 in Karlsbad unter dem Titel »Oranienburg. Erster authentischer Bericht eines aus dem Konzentrationslager Geflüchteten« feststellte. Er habe nur »die Wahl zwischen Selbstmord oder Flucht gehabt«, weil er in Oranienburg »so geschlagen und so gequält worden« sei, dass der diese Ein-Prozent-Chance habe nutzen müssen, um zu überleben. Seine abenteuerliche Flucht führte zunächst per Bahn von Berlin nach Süden und dann auf einem neunstündigen Fußmarsch in Richtung Osten, wo sie am Nachmittag des 5. Dezember 1933 in der Tschechoslowakischen Republik endete, deren Initialen CŠR für ihn die »Initialen des gelobten Landes der Freiheit« waren.

Segers authentischer Bericht, zu dem Heinrich Mann ein Vorwort schrieb, fand weltweit Beachtung. Er endet mit folgender Passage:

81 Vgl. zu den Zitaten die Internetseite über Seger, in: Die politischen Häftlinge des Konzentrationslagers Oranienburg (www.stiftung-bg./de/kz-oranienburg); ferner Gedenkbuch, S. 304 f.

»Es war nicht die Heimat, in der ich nun war, es war nicht das Land, für das ich im Felde gestanden und dessen Reichsparlament ich angehört hatte. Aber es war eine Welt, in die ich zurückkehrte, in der der Mensch dem Menschen als Mensch gilt, in der keiner so grenzenlos, so abscheulich, so viehisch gequält wird wie im Deutschland Hitlers. Mit dem Überschreiten der tschechoslowakischen Landesgrenze war ich zurückgekehrt in die Welt der Kultur, in das Reich der Zivilisation. Ich war aus dem Gefangenen eines Konzentrationslagers wieder zu einem freien Menschen geworden.«[82]

Als das NS-Regime im Januar 1934 gegen die noch in Deutschland lebende Frau und Tochter Segers eine »Erzwingungshaft« im KZ Roslau anordnete, um damit dessen Rückkehr nach Deutschland zu erpressen, kam es zu internationalen Protesten aus unterschiedlichsten Parteien und Organisationen. Im Mai 1934 wurden Segers Ehefrau und sein zweijähriges Kind schließlich nach einer englischen Intervention aus der Haft entlassen und konnten gemeinsam im Schutz einer britischen Begleiterin nach England ausreisen, wo sich ihr Ehemann mittlerweile aufhielt. Segers letztes Zufluchtsland waren nach vielen Reisen durch Europa, in denen er über sein Schicksal im NS-Regime berichtet hatte, die USA. Von dort kehrte er nicht mehr nach Deutschland zurück.

Die beiden noch vorzustellenden SPD-Abgeordneten, die ebenfalls zur Gruppe der »unentschuldigt« Fehlenden in der Reichstagssitzung am 23. März 1933 gehörten, waren Julius Leber und Carlo Mierendorff. Beide verkörperten zugleich den Typus des sozialdemokratischen Intellektuellen und des kämpferischen Republikaners. Und beide zählten zu den politischen Hoffnungsträgern der Weimarer Sozialdemokratie, die für eine programmatische Erneuerung der Partei ebenso entschlossen kämpften wie gegen eine Kapitulation der SPD vor dem Nationalsozialismus. Sie durchlitten ab 1933 eine Odyssee in den Gefängnissen des NS-Regimes und

82 Zit. n.: Gerhart Seger, Oranienburg. Erster authentischer Bericht eines aus dem Konzentrationslager Geflüchteten, Karlsbad 1934.

zählten nach ihrer Entlassung aus der Haft zu den politischen und strategischen Köpfen des sozialdemokratischen Widerstandes vor und im Zweiten Weltkrieg. Doch weder Carlo Mierendorff noch Julius Leber überlebten die NS-Diktatur. Mierendorff kam bei einem Luftangriff auf Leipzig am 4. Dezember 1943 ums Leben; Leber wurde im Juli 1944 als Widerstandskämpfer verhaftet und am 5. Januar 1945 im Gefängnis Plötzensee in Berlin hingerichtet.[83]

Carlo Mierendorff vertrat zwischen 1930 und 1933 den Wahlkreis Hessen-Darmstadt für die SPD im Reichstag. Als offener Gegner des Nationalsozialismus, der die NSDAP publizistisch permanent attackiert und auch propagandistisch immer wieder herausgefordert hatte, war Mierendorff sich darüber sicher, dass die neuen Machthaber ihn sofort mit allen Mitteln verfolgen würden. Deshalb floh er nach einer Hausdurchsuchung am 7. März 1933 und der gleichzeitigen Verhängung eines Haftbefehls in die Schweiz, von wo er aber am 23. März 1933 wieder nach Deutschland zurückkehrte, um eine illegale Organisation für die konspirative Arbeit gegen das NS-Regime aufzubauen. Er nahm an keiner Reichstagssitzung mehr teil, sondern konzentrierte sich völlig auf diese Aufgabe. Doch Mierendorff wurde bereits am 13. Juni 1933 verhaftet und musste anschließend viereinhalb Jahre lang in nationalsozialistischen Konzentrationslagern verbringen. Die einzelnen Stationen auf dieser »Reise« durch die nationalsozialistische Unterwelt, in der sadistische Quälereien ebenso zum Alltag gehörten wie die gezielte Lynchjustiz an besonders verhassten Gefangenen waren für Mierendorff die Konzentrationslager Osthofen, Börgermoor, Lichtenburg und Buchenwald, von wo man den Selbstmordgefährdeten schließlich im Dezember 1937 in das Gestapo-Gefängnis in der Prinz-Albrecht-Straße in Berlin verbrachte. Nach seiner Entlassung im Februar 1938 wurde er weiterhin überwacht und hatte

83 Für beide Politiker liegen bereits zahlreiche historische Studien vor. Exemplarisch seien nur genannt: Richard Albrecht, Der militante Sozialdemokrat. Carlo Mierendorff 1897 bis 1943. Eine Biographie, Berlin/Bonn 1987; Dorothea Beck, Julius Leber. Sozialdemokrat zwischen Reform und Widerstand, Berlin 1983.

eine ständige Meldepflicht zu erfüllen. Dies hielt ihn aber nicht davon ab, sich am sozialdemokratischen Widerstand zu beteiligen und Verbindungen zum »Kreisauer Kreis« zu knüpfen. Mierendorff plädierte für einen engen Schulterschluss aller antifaschistischen Kräfte über alle politischen und weltanschaulichen Gegensätze hinweg. Sein Nahziel war der gemeinsame Sturz des NS-Regimes.[84] Diesen erlebte er nicht mehr. Er kam am 4. Dezember 1943 bei einem alliierten Bombenangriff auf Leipzig ums Leben.

Julius Leber vertrat zwischen 1924 und 1933 den Wahlkreis Mecklenburg für die SPD im Reichstag. Als Mann der Praxis, der sich als Redakteur, Kommunalpolitiker und Reichstagsabgeordneter einen Namen in der Sozialdemokratie gemacht hatte, besaß Leber einen ausgeprägten Sinn für politische Machtfragen. Zudem verfügte er über eine besondere rednerische Begabung, die zu seiner großen Popularität unter der Arbeiterbevölkerung in seinem Wirkungskreis in der Hansestadt Lübeck entscheidend beitrug. Seine stets in einer kämpferischen Rhetorik geführten Auseinandersetzungen mit dem Rechtsradikalismus ließen Leber aber zugleich zum verhassten Gegner der NSDAP werden. Als er am Abend des 31. Januar 1933 in eine verbale Auseinandersetzung mit siegestrunkenen Nazis verwickelt wurde, in deren Verlauf seine Gegner ihn blutig schlugen, war bereits absehbar, dass er diesen Konflikt bald als Häftling bitter büßen werde. Am 1. Februar 1933 wurde er verhaftet; zwei Wochen später folgte nach einer Intervention von Breitscheid seine vorläufige Freilassung gegen eine Kaution. Bei Lebers Entlassung aus der Lübecker Justizvollzugsanstalt am 16. Februar gestaltete die Lübecker Arbeiterschaft für ihn eine eindrucksvolle republikanische Demonstration, die dokumentierte, wie große seine Popularität in der Hansestadt war.

Den Ratschlag von Freunden, Deutschland sofort zu verlassen, folgte Leber jedoch nicht, weil er sich ein Leben als Emigrant nicht vorstellen konnte. Er blieb in seinem Haus in Lübeck wohnen

84 Vgl. dazu ausführlich Albrecht, S. 190 ff.; Röll, Sozialdemokraten, S. 54 ff.; Gedenkbuch, S. 346 f.

und ließ sich von Reichsbannerleuten schützen. Obwohl man ihn warnte, nicht an der Reichstagssitzung am 23. März 1933 in Berlin teilzunehmen, entschloss Leber sich dennoch, den Sitzungstermin in der Kroll-Oper wahrzunehmen. In Berlin wurde er jedoch vor dem Betreten dieses provisorischen Parlamentsgebäudes festgenommen und in Ketten abgeführt. Auch er lernte – wie Carlo Mierendorff – in den folgenden Jahren die ganze Spannweite des nationalsozialistischen Haftsystems kennen. Sie reichte in seinem Fall von der Untersuchungs- und Gefängnishaft in verschiedenen Strafanstalten bis zur Einlieferung in die Konzentrationslager Esterwegen und Sachsenhausen. Und auch er musste nach seiner Freilassung im Mai 1937 Hausdurchsuchungen, Verhöre und eine permanente polizeiliche Überwachung hinnehmen. Dies hinderte ihn aber nicht daran, Verbindungen zum Widerstand aufzunehmen und bis zu seiner erneuten Festnahme am 5. Juli 1944 als einer der politischen Köpfe der Verschwörer des 20. Juli 1944 zu wirken. Seine letzten Lebensmonate musste Leber erneut in Zuchthäusern und schließlich im KZ Ravensbrück verbringen, wo man ihn schwer misshandelte, um ihn zu Aussagen über den Widerstand zu zwingen. Am 24. Oktober 1944 verurteilte ihn der »Volksgerichtshof« zum Tode durch den Strang. Am 5. Januar 1945 wurde das Urteil in Plötzensee vollstreckt.[85]

Überblickt man abschließend die Verfolgungsschicksale der 26 sozialdemokratischen Reichstagsabgeordneten, die an der Abstimmung über das Ermächtigungsgesetz am 23. März 1933 nicht teilnahmen, dann kann das Fazit nur lauten: Ihre Abwesenheit in dieser Sitzung des Reichstages lässt sich weder mit dem Vermerk »krank« noch mit einem »Strich«, der die Gründe für ihr Fehlen protokollarisch kaschieren sollte, hinreichend begründen. Alle im Abstimmungsprotokoll dieser Sitzung als nicht anwesend aufgeführten sozialdemokratischen Parlamentarier hatten in den Wochen davor bereits die verschiedenen Varianten der nationalsozialistischen

85 Vgl. zu Lebers Biografie neben der Lebensbeschreibung von Dorothea Beck auch Schumacher, MdR, S. 278-283; Gedenkbuch, S. 312 f.

Willkürherrschaft persönlich zu spüren bekommen. Diese reichten von Nachstellungen und Bedrohungen, Überfällen und Misshandlungen, öffentlichen Demütigungen und Erniedrigungen bis zu Festnahmen und Folterungen. Bezeichnend für die Verfolgungspraktiken der Nationalsozialisten ist die Tatsache, dass von den fünfzehn SPD-Abgeordneten, die am 23. März bei der Abstimmung über das Ermächtigungsgesetz offiziell als »unentschuldigt« fehlten, sich zu diesem Zeitpunkt bereits zehn in Haft befanden, von denen neun vor dem Sitzungstag und einer – Julius Leber – unmittelbar vor Sitzungsbeginn festgenommen worden waren. Unter den elf als »krank« im Abstimmungsprotokoll aufgeführten Abgeordneten waren mehrere bereits vor dieser Reichstagssitzung von Verfolgungen und Verhaftungen so schwer gezeichnet worden, dass ihre Anreise nach Berlin undenkbar war (z. B. Marie Ansorge) oder sie waren unter dem Verfolgungsdruck psychisch zusammengebrochen (Margarete Starrmann) bzw. rechtzeitig vor ihrer Verhaftung untergetaucht (Werner Lufft, Ernst Roth). Arthur Arzt befand sich schwer erkrankt in einem Sanatorium in der Schweiz und musste von dort hilflos mit ansehen, wie man seine Frau und seine Kinder als Geiseln nahm. Die Festnahme von Julius Leber unmittelbar vor der Reichstagssitzung ist ein weiterer Beweis für das in jeder Hinsicht rechtlose Handeln der NS-Regierung. Dass sein Name dann auch noch auf der Liste der »unentschuldigt« fehlenden Abgeordneten verzeichnet wurde, dokumentiert das totalitäre Selbstverständnis der NS-Machthaber in besonders zynischer Form.

Zehn SPD-Abgeordnete waren am 23. März bereits emigriert oder zur Flucht entschlossen und nahmen deshalb nicht mehr an der Abstimmung über das Ermächtigungsgesetz in der Kroll-Oper teil. Zu ihnen gehörten die vom Nationalsozialismus als »Novemberverbrecher« stigmatisierten sozialdemokratischen Republikgründer Philipp Scheidemann, Wilhelm Dittmann, Otto Landsberg und Arthur Crispien. Sie befanden sich seit dem Machtantritt der Nationalsozialisten in einer besonders bedrohlichen Lage, weshalb der Parteivorstand der SPD ihnen schon Ende Januar 1933 dringend ihre sofortige Ausreise aus Deutschland empfohlen hatte.

Auch Marie Kunert, Kurt Löwenstein und Toni Sender hatten allen Grund, möglichst schnell das Deutsche Reich zu verlassen. Sie waren in den Wochen nach dem Machtwechsel in Berlin vom nationalsozialistischen Mob persönlich bedroht worden (Marie Kunert), mussten bei einem SA-Überfall auf ihre Wohnung um ihr Leben bangen (Kurt Löwenstein) oder entschlossen sich zur Flucht, als man öffentlich in einem Flugblatt zu ihrer Ermordung aufrief (Toni Sender). Wilhelm Sollmann floh aus der Haft ins Saarland. Unmittelbar vor der Abstimmung am 23. März ging auch der als Fraktionsvorsitzender besonders gefährdete Sozialdemokrat Rudolf Breitscheid ins Exil; ihm folgte einen Tag später der prominente Finanzexperte Rudolf Hilferding, der an der Sitzung am 23. März ebenfalls nicht mehr teilgenommen hat.

Ihre Verhaftung war – wie die von Julius Leber – an Tag der Reichstagsitzung jederzeit zu erwarten. Die Tatsache, dass sieben der SPD-Abgeordneten, die bei der Abstimmung über das Ermächtigungsgesetz fehlten, in der Folgezeit zu Mordopfern des NS-Regimes wurden oder in der Haft zu Tode kamen, dokumentiert zweierlei: ihre unerschütterliche Gesinnungstreue und die grenzenlose Rachsucht des NS-Regimes, wenn es um die gezielte Verfolgung von sozialdemokratischen Parlamentariern ging. Julius Leber, Stefan Meier, Friedrich Puchta und Fritz Soldmann verloren ihr Leben, weil man sie als Widerstandskämpfer und Gegner des Nationalsozialismus verfolgt und zu Tode gequält oder hingerichtet hat. Rudolf Breitscheid und Rudolf Hilferding überlebten das Exil in Frankreich nicht, weil die französischen Behörden sie im Februar 1941 an die deutschen Verfolgungsbehörden auslieferten. Ludwig Marum wurde in einem Konzentrationslager erdrosselt, nachdem man ihn ein Jahr lang als prominenten Sozialdemokraten und Juden in jeder nur denkbaren Form erniedrigt und gequält hatte.

Stellt man vor dem Hintergrund dieser Befunde nochmals die Frage, welche Bedeutung das Ermächtigungsgesetz bei der Etablierung der NS-Diktatur hatte, wird man sich schwerlich der Meinung anschließen können, dass die Notverordnungen des Reichspräsidenten Hindenburg, die am 28. Februar 1933 den permanenten

Ausnahmezustand begründeten, »eine weitaus stärkere Zäsur auf dem Weg vom Rechtsstaat zum Polizeistaat markiert« hätten als das Ermächtigungsgesetz vom 23. März 1933.[86] Diese formaljuristische Blickverengung auf die Verfügungen des Reichspräsidenten klammert nämlich aus, dass die totalitären Praktiken, die massiven persönlichen Pressionen und die verfassungswidrigen Manipulationen, mit denen die Nationalsozialisten seit dem 30. Januar 1933 Schritt für Schritt den scheinlegalen Übergang von der Demokratie zur Diktatur erzwangen, weit über die Grenzen dieser präsidialen Notverordnungen vom Februar 1933 hinausreichten. Dies konnte niemandem verborgen bleiben, auch nicht den Reichstagsabgeordneten der konservativen, katholischen oder liberalen Parteien, deren Politiker und Anhänger überall in Deutschland Zeugen dieser Kapitulation der Staatsautorität vor dem nationalsozialistischen Radikalismus waren. Deshalb muss man nach wie vor nach den Motiven fragen, weshalb alle in der Reichstagssitzung am 23. März 1933 anwesenden Abgeordneten der bürgerlichen Parteien der Liquidierung der parlamentarischen Demokratie dennoch geschlossen zustimmten.

Die Preisgabe der demokratischen Freiheit durch große Teile der beamteten Funktionseliten der Weimarer Republik sowie die demonstrative Anpassungsbereitschaft der Abgeordneten der bürgerlichen Parteien an die Alleinherrschaft des Nationalsozialismus waren zweifellos entscheidende Etappen auf dem Weg in die Katastrophe. Am 23. März 1933 beurkundeten diese Abgeordneten mit ihrem Ja zum Ermächtigungsgesetz ihre parlamentarische und politische Selbstabdankung. Und sie kündigten mit diesem Votum ihre eigene Existenzberechtigung als demokratische Repräsentanten in einem pluralistischen Parteienstaat auf. Den nationalsozialistischen Machthabern gaben sie zugleich die Möglichkeit an die Hand, ihre Alleinherrschaft mit dem Anschein der Legalität zu ummanteln. Das Ermächtigungsgesetz stilisierten die Nationalsozialisten deshalb in der Folgezeit zum Verfassungsfundament des »Dritten Reiches«.

86 So Rudolf Morsey in seiner Einleitung zu seiner Quellenedition Das »Ermächtigungsgesetz« vom 24. März 1933, Göttingen 1968, S. 7.

Es wurde 1937 und 1939 von einem nationalsozialistischen Pseudoparlament zweimal verlängert. Seine dritte Verlängerung erhielt das Gesetz durch einen »Führererlass« vom 10. März 1943. Zwei Jahre später, im Mai 1945, war der verbrecherische Vorsatz Hitlers vom März 1933 Wirklichkeit geworden. Er hatte am 23. März 1933 die Reichstagsabgeordneten aufgefordert: »Geben Sie uns gefälligst vier Jahre Zeit, um Ihnen das Spiegelbild unseres Wollens zu zeigen.«[87]

Zwischen dem 30. Januar und dem 23. März 1933 war in nicht einmal acht Wochen die Auslieferung der Weimarer Republik an eine Partei ermöglicht worden, die den »Bürgerkrieg in Permanenz«[88] auf ihre Fahnen geschrieben und im Laufe der Staatskrise seit 1930 mit ihren Terror- und Einschüchterungskampagnen Schritt für Schritt die Oberhand auf der Straße und im Reichstag gewonnen hatte. Nun entfaltete sich die radikale Dynamik des Nationalsozialismus immer ungebremster und immer skrupelloser. Sie richtete sich gezielt gegen die Parteien der Arbeiterbewegung, also gegen Kommunisten und Sozialdemokraten sowie gegen die jüdische Bevölkerung, die ebenfalls sofort zum Opfer des rassistischen Extremismus der NSDAP wurde. Nach der gemeinsamen Kapitulation der Präsidialregierung Papen und von Reichspräsident Hindenburg vor diesem militanten Rechtsradikalismus am 30. Januar 1933 konnten die Nationalsozialisten in den folgenden Monaten ihre »totalitäre Revolution«[89] ohne wirksame politische Gegenwehr verwirklichen und das Gewaltmonopol des Staates systematisch monopolisieren, indem sie die administrativen und exekutiven Führungseliten entweder für sich gewannen oder einschüchterten und mundtot machten.

Gleichzeitig schufen die Wortführer des NS-Regimes politisch, agitatorisch, organisatorisch und publizistisch die Voraussetzungen für ihren gnadenlosen Kampf gegen die Kommunisten und die Sozialdemokraten. In diesem nun überall in Deutschland initiierten

87 Reichstagsprotokolle, Bd. 457, S. 28.

88 So Dirk Blasius, Weimars Ende. Bürgerkrieg und Politik 1930–1933, Göttingen 2005, S. 172.

89 Vgl. zu diesem Begriff Mike Schmeitzner, Eine totalitäre Revolution? Richard Löwenthal und die Weltanschauungsdiktaturen im 20. Jahrhundert, Bonn 2012.

Vernichtungsfeldzug konnten die regionalen und lokalen NS-Führer endlich ihre lange angestauten persönlichen Rache- und Vergeltungsbedürfnisse befriedigen und für ihre Terrorkampagnen gegen die Linke den nationalsozialistischen Mob und zahlreiche radikalisierte Mitläufer mobilisieren. Die Repräsentanten der politischen und gewerkschaftlichen Arbeiterbewegung, auf die diese Attacken zielten, waren den Angriffen fast immer und fast überall völlig schutzlos ausgeliefert. Denn der im Herbst 1918 von Sozialdemokraten begründete demokratische Verfassungsstaat befand sich in einem Zustand des völligen Zerfalls und hatte bereits vielerorts vor dem nationalsozialistischen Maßnahmenstaat kapituliert, der die Republikgründer nun als »Novemberverbrecher« gnadenlos verfolgte.[90]

Mit welcher zügellosen Gewalt und Brutalität die nationalsozialistischen Machthaber in den siebeneinhalb Wochen zwischen der Ernennung Hitlers zum Reichskanzler und der Verabschiedung des Ermächtigungsgesetzes gegen Politiker der Linksparteien vorgingen, wurde in diesem Kapital für 26 sozialdemokratische Reichstagsabgeordnete exemplarisch beleuchtet. Ihr Schicksal steht stellvertretend für das Schicksal von Tausenden Kommunisten und Sozialdemokraten, die nach dem 30. Januar 1933 die bevorzugten Verfolgungsopfer des Nationalsozialismus waren. Dessen gesetzlose Willkürherrschaft entfaltete sich in dieser kurzen Zeitspanne bis zum 23. März 1933 in aller Öffentlichkeit und damit für jedermann sichtbar. Dies belegt exemplarisch die Art und Weise, wie nationalsozialistische Aktivisten und ihre Mitläufer die Abgeordneten der SPD vielerorts persönlich bedrohten und gezielt an den Pranger stellten, mit welchen Mitteln man diese Parlamentarier nach ihrer Verhaftung in »Triumphzügen« auf den Straßen in aller Öffentlichkeit erniedrigen und demütigen konnte, um sie anschließend als »Schutzhäftlinge« in den eigens für ihre weitere Drangsalierung errichteten Konzentrationslagern zu wehrlosen Opfern von undenkbaren Grausamkeiten zu machen. Was die am 5. März 1933

90 Vgl. zu den Einzelheiten des Verfolgungsterrors auch Schneider, Unterm Hakenkreuz, S. 58 ff.; Winkler, Weg, S. 888 ff.; Wachsmann, Konzentrationslager, S. 33 ff.

gewählten Reichstagsabgeordneten der Sozialdemokratie, die im Frühjahr 1933 diese erste nationalsozialistische Verhaftungswelle überlebten, auf ihren Leidenswegen in den folgenden zwölf Jahren der NS-Herrschaft bis 1945 weiterhin noch zu erdulden hatten, wird in den folgenden Kapiteln ausführlicher zu behandeln sein. Dass man sie »mit barbarischer Rücksichtslosigkeit« behandelte, wie Hitler im Reichstag am 23. März 1933 prophezeit hatte[91], dokumentieren ihre Biografien.

91 Reichstagsprotokolle, Bd. 457, S 28.

KAPITEL III

# Vor dem Parteiverbot: Die Fraktion der Sozialdemokratie im Zentrum des nationalsozialistischen Verfolgungsterrors

In den drei Monaten zwischen ihrem Nein zum Ermächtigungsgesetzes am 23. März 1933 und ihrem Verbot durch das NS-Regime am 22. Juni 1933 befand sich die Sozialdemokratie im Zustand einer undefinierten Halblegalität sowie im Prozess ihrer vom Nationalsozialismus systematisch vorangetrieben Vernichtung. Überall in Deutschland zerfiel nun nach gezielten Attacken der lokalen, regionalen und zentralen Instanzen der NSDAP das Organisationsgefüge der Partei, wurde ihr Vermögen beschlagnahmt, mussten ihre Zeitungen das Erscheinen einstellen. Die kulturellen und sozialen Vorfeldverbände der Partei verloren ihre Ansprechpartner und ihre Aktivitäten wurden ebenfalls blockiert. Ortsvereine legte man organisatorisch und politisch lahm; ihre Repräsentanten resignierten »freiwillig« oder man nahm sie in »Schutzhaft«, um sie auf diese Weise zu zwingen, ihre Ämter niederzulegen. Nicht nur die lokalen und regionalen Mandatsträger der Sozialdemokratie, sondern auch viele ihrer gesinnungstreuen Mitglieder waren nun zum Freiwild der sich in allen Teilen des Deutschen Reiches etablierenden nationalsozialistischen Machthaber geworden. Deren provinzielle Zaunkönige steckten sich in den von ihnen verwalteten Ländern und Bezirken Deutschlands als Kreis- und Gauleiter der NSDAP selbstherrlich eigene Herrschaftsgebiete ab, in denen sie ihrem autokratischen Egoismus und Radikalismus freien Lauf lassen konnten.

Während der Monate zwischen April und Juni 1933 verengten sich auch die Handlungsmöglichkeiten der sozialdemokratischen Parteiführung auf der nationalen Ebene Deutschlands immer mehr und schrumpfte ihre politische Bewegungsfreiheit so stark, dass sie schließlich gezwungen wurde, sich im Exil neu zu organisieren. Diese Entscheidung erfolgte etappenweise. Zunächst schuf der Vorstand im April 1933 in Saarbrücken, das unter dem Mandat des Völkerbundes dem Zugriff der deutschen Behörden noch entzogen war, eine erste Zwischenstation im Exil für drei Vorstandsmitglieder. Anfang Mai begann man nach dem Frontalangriff der NS-Regierung auf die Gewerkschaften damit, eine Auslandsstelle in Prag aufzubauen, in der sich dann ab 21. Mai der Exilvorstand der SPD etablierte, um von dort aus unter dem Namen SOPADE die Umstellung der Partei auf einen kompromisslosen Oppositionskurs gegen den Nationalsozialismus zu steuern.

Diese politische Weichenstellung war bereits von einer noch in Berlin tagenden Parteikonferenz am 26. April 1933 vorbereitet worden, auf der Wels betont hatte, die SPD könne »auf den ideologischen Widerstand gegen die heute herrschende Gedankenrichtung« nicht verzichten. Jeder Versuch, das Überleben der Organisation durch »eine geistige Unterwerfung und Anpassung« an den Nationalsozialismus und eine Preisgabe der Idee erkaufen zu wollen, sei ein »hoffnungsloses Unternehmen«. Seinen Standpunkt fasste Wels in dem Satz zusammen: »Ist die Idee preisgegeben, dann stirbt auch die Organisation.«[92]

Seine Aussage wurde anschließend zur Leitlinie der emigrierten Vorstandsmitglieder. Sie waren überzeugt, dass ein legales Fortbestehen der SPD im Reichsgebiet aussichtslos geworden sei und dass das nationalsozialistische Regime fortan nur noch aus dem Exil und aus der Illegalität bekämpft werden könne. Diese Position teilten allerdings nicht alle der im Reich verbliebenen Vorstandsmitglieder, weil sie keine weitere Verschärfung des NS-Terrors provozieren wollten. Zugleich hegten manche von ihnen immer

92 Zit. n. Schneider, Unterm Hakenkreuz, S. 85.

noch die Hoffnung, durch demonstrative Beschwichtigungsgesten die neuen Machthaber zu Zugeständnissen bewegen zu können. Eine Anerkennung des Exilvorstandes als »Treuhänder« der Gesamtpartei lehnten sie deshalb ab.[93]

Als am 17. Mai 1933 die mittlerweile bereits auf nur noch 65 Abgeordnete geschrumpfte Reichstagsfraktion trotz großer Bedenken eines knappen Drittels der Anwesenden[94] und gegen die ausdrückliche Empfehlung der Exilführung der Partei schließlich dennoch der »Friedensresolution« Hitlers zustimmte, kam es zum offenen Konflikt zwischen den »Daheimgebliebenen« und den bereits im Ausland lebenden Vorstandsmitgliedern. Dieser prinzipielle Gegensatz zwischen einer Strategie des Abwartens, die eine punktuelle Anpassungsbereitschaft an revisionistische außenpolitische Zielvorstellungen des Nationalsozialismus nicht völlig ausschloss, und einer Strategie des kompromisslosen Kampfes gegen die NS-Diktatur, deren grenzenloser Vernichtungswille nicht mehr zu übersehen war, prägte die letzten Wochen der halblegalen Existenz der SPD in Deutschland. Die illusionären Überlebenshoffnungen der im Reichsgebiet verbliebenen Vorstandsmitglieder, die den »Faden der Legalität weiterspinnen« wollten, »solange er weitergesponnen werden kann«[95],

93 Zu den Anfängen des Exils und zu den Auseinandersetzungen innerhalb der SPD vgl. Schneider, Unterm Hakenkreuz, S. 87 ff.; Winkler, Weg, S. 923 ff.

94 Reichstagspräsident Göring begrüßte bei Beginn der Sitzung die »erschienenen Mitglieder« des Reichstags, ohne darauf einzugehen, aus welchen Gründen insgesamt 136 am 5. März 1933 gewählte Abgeordnete der KPD und der SPD an dieser Sitzung nicht mehr teilnehmen konnten. Für diese Sitzung ist kein Protokoll der Anwesenden überliefert. Fast alle der 55 SPD-Reichstagsmitglieder, die in dieser Sitzung fehlten, waren zu diesem Zeitpunkt bereits in Haft oder vorher emigriert. In den internen Beratungen der sozialdemokratischen Rumpffraktion votierten am 16. Mai 1933 unter der Führung von Kurt Schumacher 17 Abgeordnete für den Ratschlag der nach Saarbrücken geflohenen Mitglieder des SPD-Vorstandes, sich nicht an der Reichstagssitzung zu beteiligen; 24 Abgeordnete, die der Berliner Sozialdemokrat Franz Künstler anführte, wollten eine eigene Erklärung in das Parlament einbringen, und die restlichen 24 Mitglieder, unter ihnen Fritz Baade und Friedrich Ebert Junior, votierten für die Zustimmung zu Hitlers »Friedensresolution«. Vgl. dazu Schneider, Unterm Hakenkreuz, S. 109 ff.

95 So der Reichstagsabgeordnete Ernst Heilmann am 19. Juni 1933 auf der in Berlin tagenden Reichskonferenz der SPD. Zit. n. Hagen Schulze (Hg.), Anpassung oder

zerstörten die NS-Machthaber endgültig am 22. Juni 1933, als sie der Sozialdemokratie jede politische Betätigung in Deutschland untersagten und gleichzeitig ihre 120 Parlamentsmandate kassierten.[96]

Für die Sozialdemokratie, deren Reichstagsfraktion im März 1933 das Ermächtigungsgesetz noch geschlossen abgelehnt hatte, wurde die Zustimmung ihrer 65-köpfigen Rumpffraktion zur »Friedensresolution« Hitlers am 17. Mai 1933 zu einer die gesamte Partei erfassenden Belastungsprobe. Die positive Entscheidung der mittlerweile fast halbierten SPD-Fraktion erschütterte nicht nur die moralische Standfestigkeit und die politische Glaubwürdigkeit dieser noch verbliebenen sozialdemokratischen Parlamentarier, die trotz fraktionsinterner Kontroversen sich schließlich dem einstimmigen Ja aller Abgeordneten der im Reichstag vertretenen Parteien anschlossen. Sie offenbarte zugleich, dass zu diesem Zeitpunkt die strategischen Differenzen zwischen den in Deutschland verbliebenen SPD-Abgeordneten und den schon im Exil lebenden Parteiführern kaum mehr zu überbrücken waren. Die in Saarbrücken sich organisierende Exilführung der SPD hatte nämlich ihre Empfehlung, sich nicht an der Abstimmung zu beteiligen, von den beiden Vorstandsmitgliedern Johann Vogel und Friedrich Stampfer noch persönlich in der Fraktion vor der Reichstagssitzung vom 17. Mai 1933 rechtfertigen lassen. Ihre Argumente fanden in der Rumpffraktion in Berlin jedoch keine Mehrheit. Hier hofften die Befürworter einer Zustimmung zur Resolution Hitlers, mit diesem Votum ließe sich vielleicht eine weitere Terrorwelle des NS-Regimes gegen die SPD verhindern und man wollte als Gegenleistung für dieses Ja auch die Befreiung von politischen Gefangenen erwirken.

Dass die emotionale Verfassung der in Berlin noch anwesenden Reichstagsabgeordneten »überreizt und überempfindlich« war und dass dabei auch Ressentiments gegen die Emigranten eine große

---

Widerstand? Aus den Akten des Parteivorstands der deutschen Sozialdemokratie 1932/33, Bonn-Bad Godesberg 1975, S. 195.

96 Zu den hier nur knapp zusammengefassten Befunden der Forschung vgl. ausführlich Schneider, Unterm Hakenkreuz, S. 107 ff.; Winkler, Weg, S. 936 ff.

Rolle spielten, hat Wilhelm Hoegner rückblickend drastisch charakterisiert, als er die »Klassenscheidung« zwischen den »besseren Herrschaften«, die sich in der Emigration in Sicherheit gebracht hätten, und den Parteimitgliedern »minderen Rechts«, die »als Fraß für die Konzentrationslager gerade gut genug« waren, nochmals sehr emotional betonte.[97] Für viele der zur Zustimmung zu Hitlers »Friedensresolution« bereiten Abgeordneten, zu denen er auch selbst gehört hatte, sei die Anwesenheit in der Sitzung am 17. Mai jedoch »noch qualvoller« gewesen als die Teilnahme an der Abstimmung über das Ermächtigungsgesetz, bei der man »im schlimmsten Falle« das Leben hätte verlieren können. Bei dem Ja zur »Friedensresolution« Hitlers habe man aber das Gefühl gehabt, »der Ehre verlustig zu gehen«.[98]

Fraglos werteten die 65 Reichstagsabgeordneten der SPD das NS-Regime auf, als sie sich – gemeinsam mit allen Abgeordneten der noch im Reichstag vertretenen Parteien – bei der Abstimmung am 17. Mai von ihren Plätzen erhoben und das kollektive Ja des Parlaments zur »Friedensresolution« auch demonstrativ mittrugen. Ihre offenkundige Fehleinschätzung des nationalsozialistischen Radikalismus bekamen die meisten dieser Abgeordneten in der Folgezeit dann in vielerlei Formen persönlich zu spüren. Sie verloren durch Berufsverbote ihre materiellen Existenzgrundlagen und lebten ständig in der Gefahr, verhaftet zu werden; sie wurden öffentlich gedemütigt und gesellschaftlich diskriminiert; sie mussten immer wieder Hausdurchsuchungen hinnehmen und standen unter der ständigen Überwachung durch die Gestapo. Und sie hatten in den Gefängnissen und Konzentrationslagern des NS-Regimes beispiellose Misshandlungen zu erdulden. Aus ihren Reihen kamen mehrere Mordopfer des Nationalsozialismus; einige von ihnen überlebten dessen Terrorherrschaft nur für kurze Zeit, weil ihre Gesundheit durch die Haftfolgen unheilbar zerrüttet war. Diese persönlichen

97 Hoegner, Flucht vor Hitler, S. 193: Hoegner selbst emigrierte im Juli 1933 zunächst nach Österreich und später in die Schweiz. Vgl. Kap. VI.

98 Ebda., S. 202.

Verfolgungserfahrungen teilten die meisten der am 17. Mai 1933 im Reichstag noch anwesenden 65 SPD-Abgeordneten in der Folgezeit mit ihren Fraktionskollegen, die schon vorher zu Opfern der gezielten Verfolgung durch das NS-Regime geworden waren und deshalb an der Abstimmung über die »Friedensresolution« Hitlers nicht mehr teilnehmen konnten.

Von den 94 Abgeordneten der SPD, die am 23. März 1933 gegen das Ermächtigungsgesetz gestimmt hatten, wurde in den folgenden Monaten bis zur definitiven Errichtung des Einparteienstaates am 14. Juli 1933 genau die Hälfte inhaftiert. Ihren Höhepunkt erreichte diese Verhaftungswelle im Mai und Juni 1933, als das NS-Regime ohne jede Rücksicht auf das Alter der Abgeordneten, ihre Stellung in der SPD oder ihre individuelle Lebenslage gegen diese 47 Reichstagsmitglieder gezielt vorging, um sie politisch mundtot zu machen und persönlich zu erniedrigen. Der einzige Ausweg, der sich den verfolgten Parlamentariern in diesen Monaten noch bot, war die Flucht in das Exil. Zu den 11 SPD-Abgeordneten, die Deutschland bereits schon vor dem 23. März 1933 verlassen hatten, kamen in den Monaten bis zum August 1933 noch 23 Abgeordnete hinzu. Auch sie versuchten zunächst, sich in den Nachbarländern Deutschlands in Sicherheit zu bringen.[99]

Zur Gruppe der nun von den Nationalsozialisten systematisch Verfolgten gehörten sechs prominente Vorsitzende von Verbänden des Allgemeinen Deutschen Gewerkschaftsbundes, die während der Weimarer Republik als Reichstagsabgeordnete der Sozialdemokratie auch auf der politischen Bühne eine wichtige Rolle gespielt hatten. In den ersten Monaten nach dem Machtwechsel vom 30. Januar 1933 hatten die meisten Spitzenfunktionäre der Gewerkschaften nicht für eine kämpferische Opposition gegen den Nationalsozialismus, sondern für eine Strategie des Abwartens und des Anpassens optiert.[100] Sie unterschätzten den totalitären

99 Vgl. zum Leben der sozialdemokratischen Parlamentarier im Exil Kap. VI.

100 Vgl. dazu ausführlich Winkler, Weg, S. 893 ff.; Schneider, Unterm Hakenkreuz, S. 91 ff.

Herrschaftswillen des Hitler-Regimes, als sie sich auf eine Haltung des defensiven Legalismus zurückzogen und bis an die Grenze zur programmatischen Selbstpreisgabe nach Wegen der Verständigung mit den neuen Machthabern Ausschau hielten.

Dieser gewerkschaftliche Opportunismus mündete dann am 1. Mai 1933 bei den vom Nationalsozialismus in eigener Regie organisierten und vom Bundesausschuss des ADGB auch noch mitgetragenen Maikundgebungen in einer Sackgasse.[101] Einen Tag später folgte nämlich die handstreichartige »Gleichschaltung« der Gewerkschaften, als Einsatzkommandos der SA und der SS in einer konzertierten Aktion alle wichtigen Gebäude des ADGB und seiner Einzelverbände in Berlin besetzten. Damit wurde auch den zu Konzessionen bereiten ADGB-Führern die grenzenlose Herrschsucht des Nationalsozialismus unmissverständlich demonstriert.

Zu den am 2. oder am 3. Mai 1933 verhafteten Verbandsvorsitzenden des ADGB, die zugleich auch Mitglieder der SPD-Reichstagsfraktion waren, zählten: Siegfried Aufhäuser, von 1921 bis Ende März 1933 der Vorsitzende des gewerkschaftlich orientierten Allgemeinen freien Angestelltenbundes und Vorstandsmitglied des Internationalen Gewerkschaftsbundes; Nikolaus Bernhard, seit 1927 Vorsitzender des Baugewerkbundes und ab 1932 auch Präsident der Bauarbeiter-Internationale; Alwin Brandes, von 1926 bis 1933 der Vorsitzende des Deutschen Metallarbeiterverbandes; Peter Graßmann, von 1919 bis 1933 stellvertretender Vorsitzender des ADGB; Fritz Husemann, von 1919 bis 1933 Vorsitzender des Bergarbeiterverbandes und ab 1920 auch Vorsitzender der Bergarbeiter-Internationale; Fritz Tarnow, von 1920 bis 1933 Vorsitzender des Holzarbeiterverbandes und seit 1928 Mitglied des ADGB-Bundesvorstandes. Die individu-

101 Der Bundesausschuss des ADGB hatte die Gewerkschaftsmitglieder am 19. April 1933 aufgefordert, sich an den Maifeiern »festlich zu beteiligen«. Zwei Tage später versandte das NS-Regime geheime Marschbefehle zur Gleichschaltung der Gewerkschaften am 2. Mai 1933. Vgl. dazu Klaus Schönhoven, Die deutschen Gewerkschaften, Frankfurt a. M. 1987, S. 179 ff; ferner aus einer zurückblickenden Perspektive: Stefan Berger (Hg.), Gewerkschaftsgeschichte als Erinnerungsgeschichte. Der 2. Mai in der gewerkschaftlichen Erinnerung und Positionierung nach 1945, Essen 2015.

ellen Schicksale dieser Gewerkschaftsführer und SPD-Reichstagsabgeordneten während der NS-Zeit dokumentieren, mit welchen Mitteln und Methoden das Regime sie verleumdete, verfolgte und ermordete, ihre persönliche Integrität attackierte und ihr gewerkschaftliches Selbstbewusstsein brechen wollte.

Siegfried Aufhäuser verkörperte geradezu idealtypisch mehrere Feindbilder der Nationalsozialisten: Er entstammte einer jüdischen Unternehmerfamilie, hatte sich politisch ab 1921 zunächst in der USPD und ab 1924 in der SPD als Reichstagsabgeordneter und Repräsentant der Parteilinken profiliert und auch exponiert. In der Weimarer Republik galt er zudem als »sozialistischer Organisator der Kopfarbeiter«, weil er mit arbeitsrechtlichen und sozialpolitischen Argumenten stets für eine Überwindung der Trennung der gewerkschaftlich orientierten Arbeiter- und Angestelltenbewegung eingetreten war. Und man bezeichnete ihn als einen der »Matadore der Politik«, weil er zahlreiche Funktionen in verschiedenen Führungspositionen wahrgenommen hatte.[102] Deren Spektrum reichte vom Reichswirtschaftsrat über den Staatsgerichtshof zum Schutz der Weimarer Republik bis hin zur Funktion als Vizepräsident der Berliner Arbeiterbank und als Sachverständiger des Internationalen Arbeitsamtes in Genf. Dies alles machte ihn in den Augen der NS-Führer zum Prototyp eines »Gewerkschaftsbonzen«, auf den sich ihr besonderer Hass richtete.

Aufhäuser gewann zwar am 5. März 1933 als Kandidat der Berliner SPD erneut seinen Reichstagswahlkreis, den er bereits seit Mai 1924 innegehabt hatte. Ihm war aber auch bewusst, dass die neuen Machthaber ihn besonders im Visier hatten. Deshalb trat er Ende März 1933 von seinem Amt als AfA-Bundesvorsitzender zurück, weil er den Dachverband der Angestellten mit seiner jüdischen Herkunft nicht weiter belasten wollte. Als das NS-Regime bei seinem Generalangriff auf die Gewerkschaften am 2. Mai 1933 auch gegen ihn einen Haftbefehl erließ, rettete sich Aufhäuser am 4. Mai

102 Vgl. dazu ausführlich Gunter Lange, Siegfried Aufhäuser (1884–1969). Ein Leben für die Angestelltenbewegung. Eine Biografie, Berlin 2013.

1933 durch die Flucht ins Saargebiet und dann im Oktober 1933 nach Prag, wo er dem Exilvorstand der SOPADE angehörte. Nach der Besetzung der Tschechoslowakei floh er im November 1938 nach London und von dort im April 1939 in die USA. 1951 kehrte er in die Bundesrepublik zurück. Hier engagierte er sich 1952 als 68-Jähriger in Berlin als Landesvorsitzender der Deutschen Angestelltengewerkschaft. Dieses Amt hatte er bis 1959 inne.

Auch Nikolaus Bernhard war einer der Gewerkschaftsführer, der neben seinem nationalen und internationalen Engagement im Bauarbeiterverband noch zahlreiche andere öffentliche Ämter in den Jahren der Weimarer Republik wahrgenommen hatte. Dem Reichstag, in dem er als streitbarer Interessenvertreter der Gewerkschaften gegen die Arbeitsmarktpolitik der Präsidialregierungen opponierte, gehörte er von September 1930 bis zum Juli 1932 und dann wieder ab März 1933 für die SPD an. Nach dem Machtwechsel vom Januar 1933 wollte Bernhard die Gewerkschaftsarbeit wie gewohnt weiterführen, was sich aber bald als unmöglich erweisen sollte. Am 2. Mai 1933 begann für ihn eine Odyssee durch das nationalsozialistische Gefängnis- und Lagersystem, deren erste Stationen zunächst eine dreiwöchige Haft im Gestapo-Gefängnis am Berliner Alexanderplatz und dann im Polizeigefängnis in Plötzensee waren. Aus dem Baugewerkbund, der nun unter der Regie der nationalsozialistischen Arbeitsfront stand, wurde er im Juli 1933 ohne Ansprüche auf eine Versorgung entlassen. Nach zweijähriger Arbeitslosigkeit fand er eine Anstellung als Versicherungsvertreter, die es ihm ermöglichte, auf seinen beruflichen Reisen Kontakte mit ehemaligen Kollegen aufzunehmen und sich auch gemeinsam mit Wilhelm Leuschner im gewerkschaftlichen Widerstand zu engagieren. Vernehmungen durch die Gestapo und Hausdurchsuchungen gehörten bis 1939 zu seinem Lebensalltag.

Bei Kriegsbeginn wurde Bernhard – wie viele andere Repräsentanten der Weimarer Republik – in einer reichsweiten Verhaftungswelle[103] erneut festgenommen und bis zum Dezember 1939 im KZ Sachsenhausen inhaftiert. Eine weitere Verhaftung folgte

103 Vgl. zu dieser Verhaftungsaktion Kap. V.

im Mai 1940 nach dem Einmarsch der Wehrmacht in den Niederlanden. Dorthin hatte er seine Verbindungen zu Kollegen im Internationalen Bauarbeiterverband seit 1933 aufrechterhalten. Und schließlich wurde er am 22. August 1944 im Rahmen der »Aktion Gewitter« erneut in das KZ Sachsenhausen verschleppt und blieb dort bis 8. September 1944 inhaftiert.[104] Sein Verfolgungsschicksal während der NS-Zeit dokumentiert exemplarisch, dass das nationalsozialistische Regime seine Gegner nie aus den Augen verlor, wenn sich diese durch Verfolgungen nicht brechen ließen. Bernhard wurde unmittelbar nach Kriegsende zum Vorsitzenden der IG Bau Groß-Berlin gewählt und setzte seine Gewerkschaftskarriere dann im FDGB in der Ostzone fort.[105]

Alwin Brandes, der seit 1926 an der Spitze des Deutschen Metallarbeiterverbandes gestanden hatte, wurde ebenfalls am 2. Mai 1933 bei der Besetzung von dessen Verbandszentrale in Berlin sofort festgenommen und zunächst im Polizeigefängnis am Berliner Alexanderplatz und dann bis Juli 1933 im KZ Sachsenburg gefangen gehalten. Als langjähriges Mitglied des Reichstages, dem er zwischen 1912 und 1933 als Abgeordneter der SPD und zu Beginn der Weimarer Republik zeitweise auch der USPD angehört hatte, als Opponent gegen die Burgfriedensstrategie der SPD und der Gewerkschaften im Ersten Weltkrieg und als Vorsitzender eines lokalen Arbeiter- und Soldatenrates während der Revolution von 1918/19 war Brandes aus der Sicht des NS-Regimes ein politisch besonders exponierter Repräsentant der auch in den Gewerkschaften beheimateten »Novemberverbrecher«, den man auch deshalb nach seiner Entlassung aus der Haft im Sommer 1933 permanent überwachen ließ.

Die von Brandes seit Juli 1933 geknüpften Kontakte zu Kollegen aus dem Metallarbeiterverband und seine Versuche, ein informelles

104 Vgl. zur »Aktion Gewitter« Kap. V.

105 Vgl. zu seiner Biografie: Michaela Bürks, Nikolaus Bernhard (1881–1957), in: Siegfried Mielke (Hg.), Gewerkschafter in den Konzentrationslagern Oranienburg und Sachsenhausen, Bd. 1, Berlin 2002, S. 34-43.

gewerkschaftliches Widerstandsnetz aufzubauen, blieben nicht geheim. Im Januar 1935 verschleppte ihn die Gestapo in ihr Hausgefängnis in Berlin. Ein danach eingeleitetes Strafverfahren wegen »Vorbereitung zum Hochverrat« musste im März 1935 aus Mangel an Beweisen eingestellt werden. Dennoch war Brandes in den folgenden Monaten bis Juni 1935 im KZ Sachsenhausen inhaftiert und hatte dort harte Arbeit in einem Steinbruch zu leisten. Im Januar 1936 wurde Brandes erneut wegen »Hoch- und Landesverrat« angeklagt. Die folgenden 21 Monate bis Oktober 1937 verbrachte der mittlerweile 71-Jährige, gegen den eine fünfjährige Zuchthausstrafe beantragt worden war, in Untersuchungshaft in Dresden und Berlin-Moabit. Er war mehrere Monate isoliert in einer Einzelzelle inhaftiert und wurde zeitweise Tag und Nacht gefesselt. Im Juli 1937 erfolgte die Anklage wegen Hoch- und Landesverrats vor dem »Volksgerichtshof«, weil er der Kopf eines illegalen Funktionärskreises sei. Auch dieses Verfahren endete mit einem Freispruch aus Mangel an Beweisen.

In den folgenden Jahren geriet Brandes in finanzielle Schwierigkeiten, weil er von der Deutschen Arbeitsfront, dem nationalsozialistischen Nachfolger des ADGB, keine Rente mehr erhielt. Den Lebensunterhalt verdiente er sich nun als Hausmeister und Hausverwalter. Seine Verbindungen zum gewerkschaftlichen Widerstand, die er seit 1933 stets aufrechterhalten hatte, behielt er in enger Zusammenarbeit mit Wilhelm Leuschner auch weiterhin bei. Bei der im August 1944 vom NS-Regime eingeleiteten »Aktion Gewitter« blieb dem 78-Jährigen eine erneute Verhaftung erspart. Nach dem Zweiten Weltkrieg beteiligte er sich noch an der Wiedergründung der SPD und am Neuaufbau eines selbstständigen Metallarbeiterverbandes in der Sowjetischen Besatzungszone, die er als Gegengewerkschaft zum unter dem Dach des FDGB aufgebauten Zusammenschluss der Metallarbeiter gemeinsam mit anderen sozialdemokratischen Kollegen organisierte.[106]

106 Vgl. weitere Einzelheiten zu seinem Lebensweg: Arne Pannen, Alwin Brandes (1866–1949), in: Siegfried Mielke/Stefan Heinz, Funktionäre des Deutschen Metall-

Peter Graßmann, der stellvertretende Vorsitzende des ADGB, war von 1924 bis 1933 Reichstagsabgeordneter der SPD. Auch er wurde am 2. Mai 1933 gemeinsam mit Theodor Leipart, dem Vorsitzenden des ADGB, verhaftet. Wie diese Aktion ablief, hat Leipart rückblickend geschildert: Starke Formationen der SA seien »mit grölendem Marschgesang« in das Bundeshaus des ADGB in Berlin eingedrungen, wären durch das Gebäude gestürmt, hätten alle Zimmertüren aufgerissen und jeden Angestellten für verhaftet erklärt. Ein zur Hilfe gerufenes Überfallkommando der Schutzpolizei sei zwar sofort erschienen, habe aber gleich wieder kehrtgemacht, »als es die uniformierten S.A. Männer bei ihrer Arbeit erblickte«. Die Festgenommenen habe man auf einem Lastwagen abtransportiert und dann 24 Stunden lang im Antikriegsministerium zur Schau gestellt. Dort hätten sie sich »die übelsten Schmähreden« anhören müssen. Stundenlang seien Neugierige, »anscheinend auf Bestellung«, in das Gebäude geströmt, um die Verhafteten »zu begaffen«. Die meisten von ihnen seien nach zwei Wochen »Schutzhaft« im Polizeigefängnis am Alexanderplatz entlassen worden, während er und Graßmann dort noch sechs Wochen lang weiterhin inhaftiert blieben. Ein gegen sie als ehemalige Vorstandsmitglieder des ADGB von der Deutschen Arbeitsfront beantragtes Verfahren wegen Geldverschwendung, Untreue und Unterschlagung wurde von der Justiz weder durchgeführt noch eingestellt.[107]

Fritz Husemann, der Vorsitzende des Bergarbeiterverbandes, der von 1924 bis 1933 für die SPD dem Reichstag angehörte, wurde 1933 insgesamt viermal verhaftet und musste dann in der »Schutzhaft« in Polizeigefängnissen immer wieder tage- oder wochenlang brutale

---

arbeiterverbandes im NS-Staat. Widerstand und Verfolgung, Berlin 2012, S. 53-73; Gedenkbuch, S. 76 f.

107 Maschinenschriftlicher Bericht Leiparts mit dem Titel »Die deutschen Gewerkschaften im Mai 1933«, überliefert im Bestand: SAPMO-BArch, NY 4402/8. Im Internet in einer Dokumentation des DGB über die Zerschlagung der Gewerkschaften 2016 veröffentlicht (www.zerschlagung-gewerkschaften1933.de). Vgl. zu den Misshandlungen, die Tarnow und Graßmann nach ihrer Verhaftung erleiden mussten, auch Schumacher, MdR, S. 159.

Verhöre über sich ergehen lassen. Eine Emigration, die ihm amerikanische Gewerkschaftsfreunde nahegelegt und ihn deshalb auch zu einer Vortragsreise in die USA eingeladen hatten, lehnte Husemann im Juli 1933 ab. Er wollte seine deutschen Verbandskollegen nicht in Stich lassen und seine jetzt illegalen Gewerkschaftskontakte nicht preisgeben. In der Folgezeit setzte er sich immer wieder für die Anfang Mai 1933 rechtswidrig entlassenen Funktionäre des Bergarbeiterverbandes mit Nachdruck ein und verklagte deshalb am 18. März 1935 sogar die Deutsche Arbeitsfront auf Entschädigungszahlungen. Einen Tag später verhaftete man ihn erneut und verbrachte ihn am 12. April 1935 vom Polizeigefängnis Bochum in das KZ Börgermoor bei Esterwegen. Seine Hoffnung, dass man hier Rücksicht auf sein Alter nehme, wie der 62-Jährige in einem Brief an seine Frau schrieb[108], erfüllte sich nicht. In Börgermoor wurde er von den Wachmannschaften sofort nach seiner Ankunft misshandelt und bei unsinnigen Arbeiten gezielt schikaniert, bevor sie ihn bei einem angeblichen Fluchtversuch zwei Tage später mit einem Bauchschuss schwer verletzten. Er starb am 15. April 1935 in einem Kreiskrankenhaus. Als Todesursache wurde eine Bauchfellentzündung angegeben. An seiner Beisetzung in Bochum nahmen Ende April 1935 über 1.000 Personen teil, die mit dieser Kundgebung ihre persönliche Anteilnahme am Schicksal dieses populären Bergarbeiterführers ebenso dokumentierten wie ihren gewerkschaftlichen Zusammenhalt in dieser Metropole des Bergbaus. Ein Ermittlungsverfahren gegen die Mörder von Husemann wurde nach 1945 eingestellt, weil das Gericht keine Tatzeugen namhaft zu machen vermochte, die »Einzelheiten über den Hergang der Erschießung« angeben konnten.[109]

Fritz Tarnow gehörte – wie alle bereits genannten Verbandsführer – ebenfalls zu den schon im Kaiserreich in hauptamtlichen

108 Abgedr. bei: Hammer, Hohes Haus, S. 114.

109 Ebd., S. 223; vgl. zu seiner Biografie: Gerhard Beier, Fritz Husemann. Als Moorsoldat auf der »Flucht« erschossen, in: ders., Schulter an Schulter, Schritt für Schritt. Lebensläufe deutscher Gewerkschafter, Köln 1983, S. 85-92; Gedenkbuch, S. 243.; Hammer, Hohes Haus, S. 58 f.

Positionen geprägten Gewerkschaftsfunktionären, die während ihres Aufstiegs in der Gewerkschaftsbewegung auch aktiv am Parteileben in der SPD teilgenommen und dann nach dem Ersten Weltkrieg Führungsfunktionen in den Verbänden des ADGB übernommen hatten. Als Vorsitzender des Hauptvorstandes des Holzarbeiterverbandes und als Mitglied des Bundesvorstandes des ADGB spielte Tarnow in der Endphase der Weimarer Republik auch auf der politischen Bühne des Reichstags eine wichtige Rolle, auf der er die SPD von 1928 bis 1933 vertrat. Er wurde am 2. Mai 1933 ebenfalls verhaftet und in das Gefängnis Plötzensee in Berlin eingeliefert. Mithilfe eines ehemaligen Staatssekretärs aus dem Preußischen Handelsministerium kam er im Dezember 1933 frei und konnte mit gefälschten Papieren in die Niederlande emigrieren. Von hier aus hielt er bis 1939 über Wilhelm Leuschner den Kontakt zur illegalen Reichsleitung der Gewerkschaften in Berlin. Im April 1941 flüchtete er vor den einmarschierenden deutschen Truppen aus den Niederlanden zunächst nach Dänemark und von dort nach Schweden. In Schweden leitete er ab 1941 den »Arbeitskreis deutscher Sozialdemokraten« und baute eine Exilorganisation der Gewerkschaften auf. Über seinen Sohn Reinhold hielt Tarnow Kontakt zu gewerkschaftlichen Gesinnungsfreunden in Deutschland, die im Laufe des Zweiten Weltkrieges Verbindungen zu den Verschwörern des 20. Juli 1944 aufnahmen. Er wurde von ihnen für das Amt des Reichswirtschaftsministers vorgesehen. 1946 kehrte Tarnow nach Deutschland zurück, wo er eine führende Rolle beim Neuaufbau der Gewerkschaften in den drei Westzonen spielte.[110]

Zu den hauptamtlichen Gewerkschaftsfunktionären, die sich neben ihrem beruflichen Engagement im ADGB oder in dessen Einzelverbänden auch noch als Reichstagsabgeordnete der SPD politisch profilierten und im Zuge der Zerschlagung des ADGB im

110 Vgl. zu seiner Verfolgungsbiografie: Gerhard Beier, Fritz Tarnow. Arzt am Krankenbette des Kapitalismus, in: ders., Schulter an Schulter, Schritt für Schritt. Lebensläufe deutscher Gewerkschafter, Köln 1983, S. 197-202; Rainer Schulze, Fritz Tarnow, in: Das HolzArbeiterBuch. Hg. v. Helga Grebing, Köln 1993, S. 145-149; Schumacher, MdR, S. 509; Gedenkbuch, S. 488; Hammer, Hohes Haus, S. 99 f.

Frühjahr 1933 verhaftet wurden, gehörte Hans Böckler. Er wurde als Bezirkssekretär des ADGB in Köln im Mai 1933 im Rahmen des Frontalangriffs auf diesen Dachverband der Gewerkschaften erstmals festgenommen. Anschließend verhaftete ihn die Gestapo in Berlin, und er musste dann drei Monate von September bis Dezember 1933 in »Schutzhaft« verbringen. Ein Strafverfahren gegen ihn wegen »Aktenvernichtung« und Unterschlagung von Gewerkschaftsgeldern endete im Februar 1934 mit einem Freispruch. Anschließend lebte Böckler von Arbeitslosenunterstützung und einem bescheidenen Altersruhegeld. Bis in den Zweiten Weltkrieg hinein unterhielt er Kontakte zum gewerkschaftlichen Widerstand um Wilhelm Leuschner. Nach dem gescheiterten Attentat vom 20. Juli 1944 tauchte er unter und überwinterte die Zeit bis zum Ende des NS-Regimes im »Wartestand« in einem Versteck, um anschließend eine zentrale Rolle beim Wiederaufbau der Gewerkschaften in den Westzonen zu übernehmen. Hier war er eine der Initiatoren der parteiübergreifenden Gründung des Deutschen Gewerkschaftsbundes, dessen erster Vorsitzender Böckler 1949 wurde.[111]

Weiterhin zu nennen sind außerdem noch folgende sozialdemokratische Reichstagsabgeordnete, die zugleich wichtige Positionen in den Gewerkschaften bis 1933 innehatten: Alfred Janschek, der bis zu seiner Verhaftung im Mai 1933 dem Bundesvorstand des ADGB angehörte; Erich Lübbe, der im März 1933 entlassene Vorsitzende des Gesamtbetriebsrates von Siemens, der sich anschließend im Widerstand engagierte, mehrere Hausdurchsuchungen erdulden musste und ab Herbst 1939 die gesamte Kriegszeit im Konzentrationslager Sachsenhausen inhaftiert war[112]; Anton Reißner, der Vorsitzende des Gesamtverbandes der Arbeiter der öffentlichen Betriebe, der ab April 1933 mehrere Monate in Haft verbrachte und nach seiner Entlassung aus dem Gefängnis in die

111 Vgl. zu seinem Lebensweg: Ulrich Borsdorf, Hans Böckler, Bd. 1: Erfahrungen eines Gewerkschafters 1875–1945. 2. aktual. u. erw. Aufl., Essen 2005.

112 Vgl. zu seiner Verfolgungsbiografie Kap. V.

Niederlande emigrierte[113]; Franz Scheffel, der Vorsitzende des Deutschen Eisenbahner-Verbandes, wurde zwischen Mai 1933 und Ende 1937 dreimal verhaftet und stand nach der Entlassung dauernd unter Polizeiaufsicht; Georg Schmidt, der Vorsitzende des Landarbeiterverbandes, wurde im Mai 1933 mit anderen Verbandsvorsitzenden in »Schutzhaft« genommen; Georg Graupe, der von 1906 bis 1933 Gewerkschaftssekretär des Textilarbeiterverbandes in Zwickau gewesen war und 1923 ein halbes Jahr lang als Arbeitsminister im Freistaat Sachsen amtiert hatte, wurde nach einer vierwöchigen »Schutzhaft« im Jahr 1933 im Oktober 1935 erneut inhaftiert, weil er im Zigarrenladen seiner Frau wiederholt politische Besprechungen abgehalten hätte. Im Juni 1936 sprach ihn ein Gericht mangels Beweisen frei. Wilhelm Weber, Vorsitzende des Gewerkschaftskartells in Offenbach, wurde zweimal, im Mai 1933 und dann wieder im September 1944 in das Konzentrationslager Dachau eingeliefert; Anna Zammert, die als erste gewerkschaftliche Frauensekretärin in Deutschland von 1927 bis 1933 dem Vorstand des Fabrikarbeiterverbandes angehört hatte, kam im April 1933 wegen angeblich staatsfeindlicher Betätigung in Haft und emigrierte nach einer zweiten Verhaftung im Oktober 1934, während der sie in den Hungerstreik getreten war, 1935 nach Dänemark und von dort ein Jahr später nach Norwegen.[114]

Wenn man die Verfolgungsschicksale dieser sozialdemokratischen Reichstagsabgeordneten, die zugleich Spitzenfunktionäre im ADGB oder in einem seiner Einzelverbände waren, vergleichend bewertet, lassen sich folgende Gemeinsamkeiten festhalten: In allen Biografien spiegelt sich die Tatsache wider, dass sie die überfallartige Gleichschaltung des ADGB und seiner Unterorganisationen am 2. Mai 1933 zumeist überraschend und völlig unvorbereitet getroffen hatte. An diesem Tag waren ihre Versuche, durch opportunistische Anpassungssignale an das NS-Regime einen legalen Handlungsspielraum für den ADGB abzusichern, definitiv gescheitert. Fortan blieben

113 Vgl. zu seinem Verfolgungsschicksal auch Kap. VI.
114 Vgl. zu ihrer Emigrationsbiografie Kap. VI.

diesen Gewerkschaftsfunktionären ihre klassischen Arbeitsfelder von der Tarif- über die Streikpolitik bis hin zur arbeitsrechtlichen Betreuung und sozialpolitischen Unterstützung von Verbandsmitgliedern auf Dauer versperrt. Da für sie auch keine Möglichkeiten mehr bestanden, die ihnen anvertrauten Aufgaben als sozialdemokratische Parlamentarier noch wahrzunehmen, bemühten sie sich während der NS-Zeit darum, persönliche Verbindungen zu ihren Verbandskollegen aufrechtzuerhalten, Kontakte zwischen gewerkschaftlichen Widerstandsgruppen im In- und Ausland zu knüpfen und zu koordinieren, verdeckte Informationssysteme aufzubauen und Vorbereitungen für die »Zeit danach« zu treffen. Zugleich mussten sie die in ihrer Haftzeit in den Gefängnissen und Konzentrationslagern des Nationalsozialismus oft mehrmals gemachte Erfahrung einer grenzenlosen persönlichen Erniedrigung verarbeiten, hatten nach ihrer Entlassung immer wieder Alltagssorgen, um ihren Lebensunterhalt abzusichern, und befanden sich in den zwölf Jahren der NS-Diktatur permanent in einer Situation der Ohnmacht, die sie vorher als einflussreiche Spitzenfunktionäre des ADGB nicht gekannt hatten.

Diese plötzliche und ungewohnte Machtlosigkeit spiegelt sich in den Verfolgungsschicksalen der meisten Gewerkschaftsfunktionäre wider, die gemeinsam mit den Abgeordneten der SPD zwischen 1933 und 1945 mit mehreren Verhaftungswellen konfrontiert wurden. Die Erste setzte unmittelbar nach der Machtauslieferung an die Nationalsozialisten am 30. Januar 1933 ein und war von unkoordinierter regionaler und lokaler Willkür geprägt. Während der zweiten Verhaftungswelle nach der Gleichschaltung der Gewerkschaften am 2. Mai 1933 ging das Regime gezielt gegen prominente Funktionäre des ADGB vor, die zumeist auch der SPD angehörten. Am Beginn des Zweiten Weltkrieges folgte im Zusammenhang mit dem Überfall auf Polen am 1. September 1939 die dritte Verhaftungswelle. Die Grundlage für diese »Kriegs-Sonderaktion« waren Fahndungslisten und Verfolgungskarteien der Gestapo. Und mit der »Aktion Gewitter« schloss sich dann nach dem 20. Juli 1944 die vierte reichsweite Verhaftungswelle an, in der ebenfalls auch wieder viele ehemalige Funktionäre des ADGB und der Sozialdemokratie erfasst wurden.[115]

Wenn die hier vorgestellten Spitzenfunktionäre des ADGB, die zugleich 1933 Reichstagsabgeordnete der SPD gewesen waren, nach ihrer Entlassung aus der Haft während der NS-Zeit im vertrauten Freundeskreis informelle Beziehungen aufrechtzuerhalten versuchten, sich für die finanzielle Versorgung von entlassenen Kollegen einsetzten oder sich in der illegalen Gewerkschaftsarbeit engagierten und Informationen über die Lage in Deutschland an das Exil weitergaben, dann spiegelte sich in ihrem oppositionellen Verhalten in diesen Jahren die nicht zu erschütternde Solidarität der Entrechteten ebenso wider wie ihre fortbestehende Hoffnung auf eine antifaschistische Zukunft.

Diese Zukunft erlebten die Verbandsvorsitzenden Friedrich Husemann und Peter Graßmann nicht mehr, während Nikolaus Bernhard, Alwin Brandes und Fritz Tarnow sofort nach Kriegsende in den deutschen Besatzungszonen den gewerkschaftlichen Neuanfang mitgestalteten. Ihrem Beispiel folgte nach seiner Rückkehr aus dem Exil 1951 auch Siegfried Aufhäuser, als er 1952 das Amt des Vorsitzenden des Landesverbandes Berlin der Deutschen Angestell-

115 Vgl. dazu die Überlegungen von Siegfried Mielke, Gewerkschafter im Nationalsozialismus – Verfolgung, Widerstand, Emigration: eine Forschungsstandanalyse, in: 80. Jahrestag der Zerschlagung der Gewerkschaften. Hg. v. der Landeszentrale für politische Bildung Rheinland-Pfalz, Mainz-Osthofen 2014, S. 12-32. Diese Analyse basiert auf dem von Siegfried Mielke in Verbindung mit Günter Morsch herausgegebenen mehrbändigem biografischen Handbuch: Gewerkschafter in den Konzentrationslagern Oranienburg und Sachsenhausen, Bd. 1, Berlin 2002; Bd. 2, Berlin 2003, Bd. 3, Berlin 2005, dem 2012 ein 4. Band folgte: Siegfried Mielke und Stefan Heinz (Hg.), Gewerkschafter in den Konzentrationslagern Oranienburg und Sachsenhausen, Bd. 4, Berlin 2013. In diesen Bänden wird das Verfolgungsschicksal von mehreren Hundert Gewerkschaftern und betrieblicher Interessenvertreter beleuchtet, die Häftlinge in den Konzentrationslagern Oranienburg und Sachsenhausen waren. Vgl. dazu auch die Befunde von Michael Schneider in der vom DGB-Archiv im Archiv der sozialen Demokratie herausgegebenen Publikation Erschlagen – Hingerichtet – In den Tod getrieben. Gewerkschafter als Opfer des Nationalsozialismus, Bonn 1995, S. 9-36; zu den Verhaftungswellen von 1939 und 1944 vgl. Kap. V.

ten-Gewerkschaft übernahm und damit wieder an seine Arbeit als Vorsitzender der gewerkschaftlichen Angestelltenbewegung in der Weimarer Republik anknüpfte. Ihrem Beispiel schlossen sich nach dem Zweiten Weltkrieg viele ehemalige Gewerkschaftsmitglieder an, die die zwölf Jahre der NS-Diktatur im Widerstand oder auch im Wartestand verbracht hatten.[116]

Blickt man auf die Einzelschicksale der insgesamt 48 Mitglieder der SPD-Reichstagsfraktion, die in den knapp vier Monaten zwischen der Verabschiedung des Ermächtigungsgesetzes im März 1933 und der völligen Lahmlegung des parteipolitischen Lebens im Juli 1933 vom NS-Regime verfolgt und verhaftet wurden, dann trifft man auf zahlreiche persönliche Tragödien, deren genaue biografische Nachzeichnung für jeden einzelnen Abgeordneten im Rahmen dieser Studie nicht möglich ist. An sieben ausgewählten Einzelschicksalen soll aber exemplarisch verdeutlicht werden, welche gezielte Rachsucht die nationalsozialistischen Täter gegen diese wehrlosen Sozialdemokraten mobilisierten, als sie deren normales Leben zerstörten, sie permanent überwachen ließen, mehrfach als ehemalige demokratische Repräsentanten der Weimarer Republik verhafteten und einige von ihnen auch systematisch in den Tod trieben oder gezielt ermordeten.

Bereits im Mai 1933 kam der Hamburger Reichstagsabgeordnete Adolf Biedermann, der seit 1926 dem Reichstag für die SPD angehört hatte, unter ungeklärten Umständen ums Leben. Er verstarb in der Nacht vom 10. auf den 11. Mai 1933 auf einer Bahnfahrt von Köln nach Hamburg. Seine Leiche wurde in der Nähe von Recklinghausen neben den Bahngleisen gefunden. Ob er Selbstmord begangen hatte, als er aus dem Schlafwagen des Nachtzuges stürzte, oder ob er zum Opfer eines Mordanschlages oder eines Unglücksfalles geworden war, wurde nie zweifelsfrei aufgeklärt. Eine offizielle Obduktion seines Leichnams fand nicht statt, obwohl die Verletzungen nicht auf einen Unfall hindeuteten. Aus wirtschaftlichen Gründen plädierte seine Witwe in einem Prozess

116 Vgl. dazu Schönhoven, Die deutschen Gewerkschaften, S. 177 ff.

gegen die Reichsbahn auf einen Unglücksfall, um wenigstens von deren Versicherung entschädigt zu werden. Das Oberlandesgericht Hamm, das im Juli 1934 über diese Entschädigung urteilte, kam zu folgendem Ergebnis:

»Der Senat hält es nicht für wahrscheinlich, dass der Ehemann der Klägerin aus dem Abteilfenster gestürzt ist, insbesondere sich etwa in selbstmörderischer Absicht hinausgestürzt hat. Es liegen keine Umstände zurzeit des Unfalls vor, die mit einiger Sicherheit auf einen Selbstmord schließen lassen. Eine Reihe Umstände sprechen vielmehr dagegen.«

Auch lägen keine besonderen Anhaltspunkte für ein fahrlässiges Verhalten des SPD-Abgeordneten vor, der mit Eisenbahnfahrten vertraut gewesen sei.[117]

Die Beerdigung von Biedermann auf einem Hamburger Friedhof wurde zu einer öffentlichen Demonstration von 5.000 Trauergästen gegen das NS-Regime, an der sich viele Mitglieder der in der Hansestadt tief verwurzelten Arbeiterbewegung beteiligten. Den Adolf Biedermann gewidmeten Grabstein mit der Inschrift »Ein Kämpfer für Freiheit und Sozialismus« ließen die Nationalsozialisten 1933 sofort entfernen. Aber die Erinnerung an den SPD-Abgeordneten konnten sie nicht auslöschen. Ein Jahr nach Biedermanns Tod besuchten viele Hamburger Arbeiterfamilien erneut seine Grabstätte, die auch weiterhin zu einem viel besuchten Ort des stillen Gedenkens von Gegnern des NS-Regimes wurde.[118]

Wilhelm Hoegner stand, als er in seinen Erinnerungen mehr als vier Jahrzehnte später die Stimmungslage in der sozialdemokratischen Reichstagsfraktion im Mai 1933 sehr emotional nachzeichnete, auch das Schicksal seiner bayerischen Fraktionskollegin

117 Zit. n. Matthias Loose, Adolf Biedermann (1881–1933): ein Hamburger Sozialdemokrat, in: Hamburger Geschichts- und Heimatblätter, Jg. 13, 1994, H. 4, S. 103-112.

118 Vgl. dazu das Zitat aus den Deutschlandberichten 1, 1934 in: Schumacher, MdR, S. 39; vgl. Hammer, Hohes Haus, S. 33.

Toni Pfülf vor Augen, das ihm besonders in Erinnerung geblieben war. Sie hatte zwischen 1919 und 1933 die Wahlkreise Oberbayern-Schwaben (bis 1924) und Niederbayern (1924 bis 1933) für die SPD im Reichstag vertreten und sich in der Partei als leidenschaftliche Kämpferin für die Chancengleichheit im Bildungssystem und für die Gleichberechtigung der Geschlechter einen Namen gemacht. Seit 1930 prangerte Pfülf in ihren Reden schonungslos die aus ihrer Sicht zu halbherzige Gegenwehr von SPD und Gewerkschaften gegen den Nationalsozialismus an, dessen Wahlerfolge sie zutiefst beunruhigten und von Tag zu Tag hoffnungsloser werden ließen.

Nach dem 30. Januar 1933 begann Toni Pfülf dann sofort über Selbstmord als letzte Alternative nachzudenken und formulierte bereits am 17. Februar 1933 eine eigene Todesanzeige. Die Entscheidung für den Weg ins Exil kam für sie nicht Frage, obwohl sie selbst Freunden bei deren Ausreise in die Schweiz half. Über ihre eigene Gefährdung machte sie sich jedoch keine Illusionen. Dies dokumentierten die Schmähartikel gegen sie in der NS-Presse sowie ihre vorübergehende Verhaftung im März 1933. An der Reichstagssitzung am 23. März konnte sie teilnehmen, in der sie gegen das Ermächtigungsgesetz stimmte. Und sie reiste auch vor der Sitzung des Parlaments am 17. Mai 1933 nach Berlin an. Ihr leidenschaftliches Plädoyer gegen eine Zustimmung zur »Friedensresolution« Hitlers fand in der Fraktionssitzung der sozialdemokratischen Rumpffraktion jedoch keine Mehrheit. Deren abschließendem Votum, bei dem sich 48 der 65 anwesenden SPD-Abgeordneten für ein Ja zu Hitlers Resolution entschieden, beugte sie sich nicht. Sie trat die Rückreise nach München an und nahm an der Reichstagssitzung am 17. Mai nicht mehr teil. Auf der Zugfahrt unternahm sie einen ersten Selbstmordversuch, nach dem sie jedoch gerettet werden konnte. Alle Bemühungen von Freunden, sie von ihrem Entschluss, aus dem Leben zu scheiden, doch noch abzubringen, blieben in den folgenden Wochen vergeblich. Am 8. Juni 1933 war ihr zweiter Selbstmordversuch erfolgreich. Vor ihrem Tod ließ Toni Pfülf ihren Parteifreund Paul Löbe wissen: »Ich bin nicht der Mensch, der sich versteckt. Ich habe immer offen gekämpft. Aber nun ist das sinnlos geworden. Und den Weg, den ihr jetzt geht, mag ich nicht mitgehen.«[119]

Das erste von den Nationalsozialisten gezielt ausgesuchte Mordopfer aus der sozialdemokratischen Reichstagsfraktion war Johannes Stelling, der während der »Köpenicker Blutwoche« im Juni 1933 von einem SA-Trupp verschleppt, misshandelt und getötet wurde.[120] Er hatte seine sozialdemokratische Abgeordnetenkarriere 1905 in der Lübecker Bürgerschaft begonnen, die er von 1919 bis 1933 als Reichstagsabgeordneter der SPD fortsetzte. Als Innenminister (1919) und als Ministerpräsident von Mecklenburg-Schwerin (1921–1924) war er in diesem Land führend an der Ausarbeitung einer demokratischen Verfassung und an der Reform des Schulwesens beteiligt. Von 1924 bis 1933 zählte er als Sekretär und Mitglied des SPD-Parteivorstandes in Berlin, als stellvertretender Vorsitzender des Reichsbanners Schwarz-Rot-Gold und als Mitglied des Exekutivkomitees der Sozialistischen Arbeiter-Internationale zu den bekanntesten Führungspersönlichkeiten der SPD und zu den entschiedensten Gegnern des Rechtsradikalismus.

---

119 Zit. n.: Antje Dertinger, Dazwischen liegt nur der Tod. Leben und Sterben der Sozialistin Antonie Pfülf, Berlin/Bonn 1984. Vgl. auch die ausführlichen Informationen über die internationale Resonanz auf ihre Entscheidung und über ihre Beerdigung, an der viele Hundert Münchener SPD-Mitglieder teilnahmen, in: Schumacher, MdR, S. 364-366; Hoegner, Flucht vor Hitler, S. 207 f. Josef Felder, der gemeinsam mit Toni Pfülf dem Reichstag angehörte, berichtet in seinen Lebenserinnerungen, sie habe ihm vor ihrem erfolgreichen Selbstmordversuch gesagt: »Die Existenzfrage ist es nicht. Aber dass viereinhalb Millionen freie Gewerkschafter und die christlichen Organisationen, dass ihr alle zusammen und die große Partei nicht versucht habt, auf jede Gefahr hin Widerstand zu leisten, das kann ich nicht ertragen. Und jetzt habt ihr auch noch zugestimmt am 17. Mai. Nein! Wenn ihr nochmals nach Berlin geht, bin ich nicht mehr unter euch. Zit. n.: Josef Felder, Warum ich Nein sagte, Reinbek bei Hamburg 2002, S. 144.

120 In der Woche vom 21. bis 26. Juni 1933 wurden mehrere Hundert Personen zu Opfern des nationalsozialistischen Straßenterrors in Berlin, der als »Köpenicker Blutwoche« in die Geschichte eingegangen ist; 23 von ihnen starben im Amtsgerichtsgefängnis von Köpenick, das als Koordinationsstelle der Verhaftungen und als Folterstätte diente. Neben Stelling musste auch die Berliner SPD-Reichstagsabgeordnete Anna Nemitz mit ihrer Festnahme rechnen. Sie konnte jedoch untertauchen und damit der Haft entgehen.

Nach der Machtauslieferung an die Nationalsozialisten blieb Stelling entgegen der Warnungen von Freunden in Deutschland und schloss sich nicht den Vorstandsmitgliedern an, die nach Prag ins Exil gingen. Er bemühte sich darum, die Hintergründe des Reichstagsbrandes aufzudecken und stellte diesen im In- und Ausland als bewusste Provokation der NSDAP dar. Diese Aktivitäten und sein Engagement für Verfolgte und Verhaftete in seinem Wohnbezirk in Berlin-Köpenick ließen ihn zu einem Mordopfer der Berliner SA-Führung werden. In deren Auftrag verschleppte ein SA-Trupp Stelling am Abend des 21. Juni 1933 aus seiner Wohnung. Auf dem Weg zum Amtsgerichtsgefängnis Köpenick misshandelte ihn eine sich abwechselnde Gruppe von SA-Schlägern schwer. Sein qualvoller Tod ist in einem Polizeibericht vom 1. Juli 1933 dokumentiert, der die Bergung seines Leichnams aus einem mit Steinen gefüllten Sack in der Dahme protokolliert. Der Oberkörper der Leiche sei nackt gewesen und habe zahlreiche Schussverletzungen aufgewiesen. Die Identität des Toten konnte die Polizei nur mithilfe des Trauringes an seiner Hand klären.[121]

Zu den Mitgliedern der Reichstagsfraktion, die durch ein strikt legales Verhalten im Frühjahr 1933 ein Verbot der SPD zu verhindern versuchten, gehörte Franz Künstler. Er hatte von 1920 bis 1933, abgesehen von einer kurzen Unterbrechung 1924, durchgehend dem Reichstag angehört, zunächst für die USPD, dann ab 1922 für die SPD. Von 1924 bis 1933 amtierte er als Vorsitzender des Bezirks Groß-Berlin der SPD, die in der Reichshauptstadt in den 1920er-Jahren zeitweise 100.000 Mitglieder in ihren Reihen zählen konnte. An seiner Hoffnung auf eine Fortexistenz der Sozialdemokratie hielt Künstler als Mitglied des von Paul Löbe geleiteten deutschen Restvorstandes der Partei bis zu deren Verbot am 22. Juni 1933 hartnäckig fest. Einen Tag später wurde er verhaftet und musste

121 Vgl. zu seiner Biografie die Publikation der Vereinigung der Verfolgten des Nazi-Regimes: Johannes Stelling – ein Leben für die Sozialdemokratie (Im Internet abrufbar unter: http://bda-koepenick.de/verfolgte/johannes stelling); ferner Schumacher, MdR, S. 499 f.; Hammer, Hohes Haus, S. 98; Schröder, Parlamentarier, S. 573.

die folgenden Wochen in »Schutzhaft« in Berliner Gefängnissen verbringen. Von dort wurde er im August 1933 gemeinsam mit seinen Fraktionskollegen Friedrich Ebert und Ernst Heilmann in das Konzentrationslager Oranienburg eingeliefert. Hier schikanierten ihn SA-Männer sofort bei seiner Ankunft und machten ihn lächerlich, indem sie seinen Schnurrbart teilweise abrasierten und in sein Kopfhaar drei Pfeile hineinschnitten, mit denen sie die antifaschistischen Symbole der Eisernen Front verspotten wollten. In Oranienburg war Künstler als Häftling bis zur Auflösung des Lagers im Juli 1934. Anschließend musste er noch sieben weitere Wochen im Konzentrationslager Lichtenburg zubringen, bevor man ihn als kranken Mann entließ.

In den folgenden Jahren überwachte die Gestapo Künstler permanent, ohne seine zahlreichen persönlichen und geselligen Kontakte in der sozialdemokratischen Solidargemeinschaft in Berlin völlig unterbinden zu können. So sprach er im Mai 1936 bei der Beisetzung von Clara Bohm-Schuch, die gemeinsam mit ihm bis 1933 die Berliner SPD im Reichstag vertreten und sich von dem Schock ihrer zweimaligen Verhaftung im Sommer 1933 und 1934 anschließend nie mehr erholt hatte. An dieser größten Trauerkundgebung im Jahr der Olympiade in Berlin nahmen 6.000 Sozialdemokraten teil. Im Juli 1938 verhaftete die Gestapo Künstler erneut und lieferte ihn unter dem Verdacht der »Vorbereitung zum Hochverrat« in ihr Hausgefängnis in der Prinz-Albrecht-Straße in Berlin ein.[122] Nach weiteren Drangsalierungen während dieser Haftmonate war sein Gesundheitszustand völlig zerrüttet, als er im November 1938 entlassen wurde. Bei Kriegsbeginn hat man den nun schwer herzkranken Mann als Lastenträger für ein Wehrmachtversorgungsdepot dienstverpflichtet. Den mit dieser von der Gestapo veranlassten Schwerstarbeit verbundenen Anstrengungen war Künstler auf

122 Vgl. dazu die Vermerke der Staatspolizeistelle Berlin über die »illegale Betätigung der SPD« in der Reichshauptstadt, in denen berichtet wird, dass Künstler und Löbe an geselligen Veranstaltungen von ehemaligen Sozialdemokraten teilgenommen hätten, wobei unverkennbar gewesen sei, »dass sie der inoffizielle Mittelpunkt der Veranstaltung waren«. Zit. b. Schumacher, MdR, S. 269.

Dauer aber nicht mehr gewachsen. Nach seiner Entlassung als Invalide Ende März 1940 war er faktisch arbeitsunfähig und befand sich bis zu seinem Tod im Alter von 54 Jahren am 10. September 1942 permanent in ärztlicher Behandlung. Seine Beerdigung am 16. September 1942 wurde zu einer stummen Massenkundgebung und Widerstandsdemonstration mit mindestens 1.000 Teilnehmern, die ihm das letzte Geleit trotz der Überwachung der Trauerfeier durch die Gestapo gaben.[123]

Zu den sozialdemokratischen Spitzenpolitikern, für die eine Emigration 1933 nicht infrage kam und die bis zum Parteiverbot am 22. Juni 1933 fest auf die Weiterexistenz der SPD in Deutschland vertrauten, gehörte auch Ernst Heilmann. Seine Entscheidung für die Sozialdemokratie hatte der 1881 in einem jüdischen Elternhaus geborene Gymnasiast bereits mit 17 Jahren getroffen. Damit handelte er sich nach seinem Jurastudium im Kaiserreich das für diese Zeit typische Berufsverbot für den Staatsdienst ein, mit dem Sozialdemokraten wegen ihrer »Gesinnung« diskriminiert wurden. Seine berufliche Karriere startete Heilmann als Journalist. Im Ersten Weltkrieg befürwortete er die Burgfriedenspolitik der SPD und meldete sich als patriotisch motivierter Sozialdemokrat 1915 freiwillig zum Militärdienst, aus dem er bereits ein Jahr später als Kriegsinvalide schwer verwundet und auf einem Auge erblindet zurückkehrte.

Seine parlamentarische Karriere begann Heilmann 1919 im Preußischen Landtag. Ihm gehörte er von 1921 bis 1933 auch als Fraktionsvorsitzender der SPD an. In dieser Funktion war Heilmann stets ein Garant der Weimarer Koalition im größten Einzelstaat der Weimarer Republik, also dem Bündnis von SPD, Zentrum und DDP, die dieses demokratische »Bollwerk« Preußen bis 1932 gemeinsam regierten. Sein großer Einfluss auf die Landespolitik, deren Profil er

123 Vgl. zu dieser Trauerfeier, an der nach anderen Quellen sogar 2.000 bis 3.000 Personen teilgenommen haben sollen: Richard Albrecht, Berlin am 16. September 1942. Rekonstruktion einer »stummen« Demonstration im Krematorium Baumschulenweg, in: IWK, Jg. 22, 1986, S. 71-78; ferner: Ingrid Fricke, Franz Künstler. Eine politische Biographie, Berlin 2016, S. 373 ff.; Schröder, Parlamentarier, S. 573.

durch Pragmatismus, Machtbewusstsein und rhetorische Überzeugungskraft prägte, brachte ihn den Ruf ein, der »ungekrönte König von Preußen« zu sein.[124] Ein Regierungsamt wollte er allerdings nie übernehmen, auch nicht auf der Reichsebene, wo er von 1928 bis 1933 ein Mandat als SPD-Abgeordneter innehatte, um von hier aus die preußische Koalition noch auf der nationalen Bühne abzusichern. In den Krisenjahren der Weimarer Republik, die seit 1930 durch den Aufstieg des Nationalsozialismus bis in ihre Grundfesten erschüttert wurde, trat Heilmann als einer der entschiedensten Verteidiger der parlamentarischen Demokratie offensiv sowohl gegen die NSDAP wie auch gegen die KPD auf. Er wollte die Republik von keiner der beiden extremen Parteien aushebeln lassen. Dafür erwarb er sich das Prädikat, einer der bestgehassten Politiker der radikalen Rechten und der radikalen Linken zu sein. Immer wieder attackierten ihn die NS-Führer auch im Reichstag als »den Juden Heilmann«, gegen den sie eine beispiellose Hetzkampagne entfachten, weil er in ihren Augen mit seinem intellektuellen Habitus und seinem Lebensstil als Bohemien seine »Rassenangehörigkeit« eindeutig unter Beweis stellte.[125]

Nach dem Wahlsieg der NSDAP am 5. März 1933 drängten Freunde Heilmann vergeblich, in die Emigration zu gehen. Offenkundig unterschätzte er die persönliche Gefahr, die ihm drohte, obwohl der nun als NS-Innenminister amtierende Frick ihm bereits im Juni 1929 im Reichstag prophezeit hatte, »im kommenden Dritten Reich« werde seine Partei ihn »als ersten in völlig legaler

124 Vgl. dazu Siegfried Heimann, Ernst Heilmann, Parlamentarier – Sozialdemokrat, Berlin 2010; Horst Möller, Ernst Heilmann. Ein Sozialdemokrat in der Weimarer Republik, in: Jahrbuch des Instituts für Deutsche Geschichte, Bd. XI, 1982, S. 361-294; Peter Lösche, Ernst Heilmann (1881–1940), in: Peter Lösche/Michael Scholing/ Franz Walter (Hg.), Vor dem Vergessen bewahren. Lebenswege Weimarer Sozialdemokraten, Berlin 1988, S. 99-120; Meiko Keller, Heilmann, Ernst, in: Die politischen Häftlinge des Konzentrationslagers Oranienburg (im Internet abrufbar unter: www.stiftung-bg./de/kz-oranienburg).

125 So der NS-Abgeordnete Wilhelm Frick am 11. Dezember 1929 im Reichstag. Vgl. Reichstagsprotokolle, Bd. 426, S. 3518. Für diese Äußerung erteilte ihn Reichstagspräsident Löbe einen Ordnungsruf.

Weise aufhängen lassen«.[126] Heilmanns Gründe, Deutschland nicht zu verlassen, waren verschieden motiviert: Er konnte es sich nicht vorstellen, im Ausland als Emigrant und Privatmensch zu leben; und er war nicht dazu bereit »davonzulaufen«, weil, wie er betonte, die SPD-Mitglieder, insbesondere die Arbeiter, auch nicht davonlaufen könnten. Ferner hoffte er wohl auch darauf, als Kriegsfreiwilliger und Kriegsversehrter des Ersten Weltkrieges einen gewissen Schutz zu besitzen. Dies sollte sich aber nach dem Parteiverbot im Juni 1933 als illusionär herausstellen. Heilmann wurde am 26. Juni 1933 von der Gestapo verhaftet und blieb bis zu seinem Tod eingekerkert. Sein Leidensweg durch zahlreiche Konzentrationslager endete schließlich, als man ihn mit einer Giftspritze am 3. April 1940 im KZ Buchenwald gezielt und grauenvoll ermordete.[127]

Auch Otto Eggerstedt gehörte der Generation von Sozialdemokraten an, die noch während der Zeit des Sozialistengesetzes geboren worden waren und ihre Parteikarriere in der Gründungsphase der Weimarer Republik begonnen hatten. Er beteiligte sich im November 1918 am Matrosenaufstand in Kiel, der zum Auftakt der Revolution von 1918/19 wurde. In der Folgezeit engagierte Eggerstedt sich auf der kommunalen Ebene als Mitglied des Arbeiter- und Soldatenrates, als Parteisekretär der SPD und als Stadtverordneter für die Festigung der Republik in seiner Heimatstadt Kiel. Diese vertrat er dann zwischen 1921 und 1933 auch im Reichstag. Ab Mitte 1929 amtierte er als Polizeipräsident von Altona und Wandsbek. Seine Entlassung aus diesem Amt durch die Regierung Papen erfolgte wenige Tage nach dem »Altonaer Blutsonntag« vom 17. Juli 1932, an dem es in Altona bei einem Werbemarsch der NSDAP mit 7.000 Teilnehmern zwischen Nationalsozialisten und Kommunisten zu gewaltsamen Auseinandersetzungen gekommen war. In deren Verlauf verloren 18 Menschen ihr Leben, Hunderte wurden

126 So in der Sitzung des Reichstages am 13. Juni 1929. Vgl. Reichstagsprotokolle, Bd. 425, S. 2424.

127 Zur Odyssee Heilmanns durch das nationalsozialistische KZ-System zwischen 1933 und 1940 vgl. ausführlicher die Schilderung in Kap. IV.

verletzt.[128] Beide Parteien betonten die besondere Verantwortung Eggerstedts als Polizeipräsident für dieses Blutbad, an dem auch bewaffnete Einsatzkräfte der Polizei beteiligt gewesen waren. Er selbst hatte sich an diesem Sonntag gar nicht in der Stadt aufgehalten.

Nach seiner Entlassung durch das Präsidialkabinett Papen engagierte sich Eggerstedt wieder verstärkt in der Parteiarbeit der SPD, wohl wissend, dass er von den Nationalsozialisten besonders gehasst wurde, die ihn für den Tod von zwei NSDAP-Mitgliedern am »Altonaer Blutsonntag« verantwortlich machten. Dennoch ließ er es sich nicht nehmen, am 12. März 1933 die Trauerrede für einen von den Nationalsozialisten ermordeten jüdischen Freund zu halten, dem mehrere tausend Menschen das letzte Geleit gaben.

Nach der Verabschiedung des Ermächtigungsgesetzes tauchte Eggerstedt unter. Bei seinem Versuch, über die dänische Grenze zu fliehen, wurde er am 25. Mai 1933 verhaftet und in das Altonaer Gefängnis gebracht. Hier musste er schwere Misshandlungen erdulden, bevor man ihn am 10. August in das Konzentrationslager Papenburg überführte. Seine letzte Leidensstation war anschließend das Konzentrationslager Esterwegen, wo ihn seine SS-Bewacher als prominenten politischen Häftling besonders schikanierten. Am 8. Oktober 1933 unternahm er einen Selbstmordversuch.[129] Vier Tage später wurde Eggerstedt zum Mordopfer. Beim Einsatz in einem Sonderkommando, das schwere Baumstämme zu transportieren hatte, wurde er von zwei Wachleuten aus kurzer Entfernung gezielt erschossen. Die in der Presse verbreitete Erklärung lautete: Eggerstedt sei bei einem Fluchtversuch aus dem Konzentrationslager Papenburg auf dem Weg nach Holland erschossen worden.[130]

128 Vgl. zu den Einzelheiten dieser Zusammenstöße und ihren politischen und juristischen Folgen Leon Schirman, Altonaer Blutsonntag. Dichtungen und Wahrheit, Hamburg 1994

129 Vgl. zu den Misshandlungen, die Eggerstedt erdulden musste, die ausführlichen Informationen bei Schumacher, MdR, S. 106 ff.

130 Vgl. Rainer Paetau, Die Ermordung des Reichstagsabgeordneten Otto Eggerstedt im Spiegel der Justizurteile von 1949/50, in: Zeitschrift der Gesellschaft für Schleswig-Holsteinische Geschichte 119, S. 195-259; weitere Einzelheiten zur Ermordung

Der 1867 geborene Richard Lipinski, der sich nach dem Fall des Sozialistengesetzes 1890 sofort der Sozialdemokratie anschloss, war bereits unmittelbar nach der Jahrhundertwende als Publizist, Verleger und Redakteur ein herausragender Repräsentant der sächsischen Arbeiterbewegung. Er gehörte von 1903 bis 1907 erstmals dem Reichstag an und stand zwischen 1907 und 1917 als Vorsitzender an der Spitze des SPD-Bezirks Leipzig. Nach seinem 1917 vollzogenen Wechsel in die USPD folgte ihm eine Mehrheit der Leipziger Sozialdemokraten, was seine große Popularität in dieser Hochburg der Parteilinken dokumentiert. Während der Revolutionszeit von 1918/19 war Lipinski Vorsitzender des Rats der Volksbeauftragten in Sachsen. Vom Dezember 1920 bis Februar 1923 amtierte er als sächsischer Innenminister; von 1920 bis 1933 gehörte er dem Reichstag an, bis 1922 für die USPD, ab dann für die SPD. Und er war einer der Mitbegründer des Reichsbanners Schwarz-Rot-Gold.

Aus Sicht der NSDAP verkörperte Lipinski – wie auch andere Reichstagsabgeordnete der SPD – geradezu idealtypisch den »Novemberverbrecher«. Ihn wollte man nach der Machtübernahme 1933 sofort politisch kaltstellen und persönlich zur Rechenschaft ziehen. Im März und April 1933 musste Lipinski zwei Hausdurchsuchungen über sich ergehen lassen, bei denen seine Privatbibliothek beschlagnahmt wurde. Drei Tage nach dem Parteiverbot der SPD brachte man ihn am 25. Juni 1933 als »Schutzhäftling« in das Amtsgerichtsgefängnis Wurzen, aus dem er drei Wochen später als mittlerweile 66-Jährige als haftunfähig entlassen wurde. Im Winter 1934/35 befand sich Lipinski wegen des Vorwurfs des »Hochverrats« aber erneut in Haft. Von den Misshandlungen, die er in dieser Zeit erleiden musste, erholte er sich anschließend nicht mehr. An der Trauerfeier für den am 18. April 1936 Verstorbenen, die von der Gestapo überwacht wurde, nahmen rund 800 Personen teil, unter ihnen auch die führenden Sozialdemokraten Sachsens. Im Überwachungsbericht

von Eggerstedt bei Schumacher, MdR, S. 106-109; Gedenkbuch, S. 132 f.; Hammer, Hohes Haus, S. 41.

ist vermerkt, diese Feier sei »eine willkommene Gelegenheit zur legalen Zusammenkunft der Ewiggestrigen« gewesen.[131]

Hubert Schlebusch zählte zur »Generation Schumacher« also zur Altersgruppe der im Jahrzehnt vor der Jahrhundertwende geborenen SPD-Reichstagsabgeordneten, die sich kurz vor dem Ersten Weltkrieg der Sozialdemokratie anschlossen. Nach seinem Militärdienst von 1915 bis 1918 arbeitete er als Volksschullehrer in Mönchengladbach, wo er sich von 1919 bis 1933 als Stadtverordneter politisch für die SPD engagierte. In den Reichstag wurde er erstmals am 5. März 1933 als 40-Jähriger gewählt. Einige Tage später folgte seine Entlassung aus dem Schuldienst auf der Grundlage des »Gesetzes zur Wiederherstellung des Berufsbeamtentums«, mit dem das NS-Regime eine systematische politisch und rassistisch motivierte Säuberungswelle im Staatsdienst einleitete. Schlebusch wurde am 23. Juni 1933, einen Tag nach dem Verbot der SPD, bei einer Hausdurchsuchung festgenommen und im Polizeigefängnis seiner Heimatstadt inhaftiert. Am 16. Juli 1933 wies man ihn auf Anordnung der Politischen Polizei aus Mönchengladbach aus. In Braunschweig fand er 1934 dann eine Anstellung als Versicherungsvertreter. Im August 1935 folgte die nächste Verhaftung mit dem Vorwurf, er habe gegen das Gesetz gegen die Neubildung von Parteien verstoßen. Die folgenden Monate musste er im Konzentrationslager Dachau verbringen.

Drei Jahre später kam er im August 1938 erneut in Haft, wiederum mit dem Vorwurf, gegen das Gesetz über das Parteienverbot verstoßen zu haben. Diese Anklage wurde nach seiner Freilassung im November 1938 im Frühjahr 1939 mangels Beweisen ad acta gelegt. Doch seine Verfolger ließen nicht locker und stellten ihm auch weiterhin hartnäckig nach. Die Zeit zwischen dem 9. No-

131 Vgl. zu Lipinskis Lebensweg: Manfred Hötzel/Karsten Rudolph, Richard Lipinski (1867–1936). Demokratischer Sozialist und Organisator politischer Macht, in: Helga Grebing/Hans Mommsen/Karsten Rudolph (Hg.), Demokratie und Emanzipation zwischen Elbe und Saale. Beiträge zur Geschichte der sozialdemokratischen Arbeiterbewegung bis 1933, Essen 1993, S. 237-262; Schumacher, MdR, S. 290; Gedenkbuch, S. 321 f.

vember und dem 4. Dezember 1939 musste Schlebusch erneut in »Schutzhaft« verbringen, dieses Mal im Gefängnis Braunschweig. Seine 1933 unterbrochene politische Karriere setzte er dann nach dem Zweiten Weltkrieg fort. Bereits im April 1945 berief ihn die britische Besatzungsmacht zum Nachkriegsministerpräsidenten und Innenminister des Landes Braunschweig.[132]

Zieht man für alle 94 sozialdemokratischen Reichstagsabgeordneten, die das Ermächtigungsgesetz am 23. März 1933 abgelehnt hatten, für die folgenden vier Monate bis zur definitiven Auflösung der Parteiendemokratie am 14. Juli 1933 eine Zwischenbilanz in ihren Verfolgungsbiografien, dann kommt man zu dem Befund, dass fast jede und jeder Einzelne von ihnen während dieser kurzen Zeitspanne in einer bis dahin unvorstellbaren Art und Weise mit den willkürlichen Herrschaftspraktiken des Nationalsozialismus persönlich konfrontiert wurde.[133] Das ganze Ausmaß von Gewalt und Terror, dass die sozialdemokratischen Parlamentarier in den Monaten zwischen März und Juli 1933 zu erdulden und zu verarbeiten hatten, lässt sich nur aus einer individualbiografischen Perspektive genauer beschreiben. Aus kollektivbiografischer und damit auch vergleichender Sicht kann man jedoch folgende generellen Merkmale der nationalsozialistischen Verfolgungspraktiken hervorheben, die sich in jedem Einzelschicksal der SPD-Abgeordneten seit der Machtübertragung an die NSDAP im Januar 1933 widerspiegelten:

132 Vgl. zu seiner Biografie Schumacher, MdR, S. 423 f; Schröder, Parlamentarier, S. 721; Gedenkbuch, S. 439 f.

133 Nur für zwei der 120 SPD-Abgeordneten fanden sich in den ausgewerteten Quellen keine konkreten Hinweise auf Verhaftungen und gezielte Verfolgungen während der NS-Zeit: Georg Graf und Bertha Schulz. Sie wurden aber wie alle anderen SPD-Abgeordneten in den Überwachungsverzeichnissen der Gestapo systematisch erfasst und während der NS-Zeit permanent beobachtet. So heißt es beispielsweise in einem Bericht vom 29. September 1938 über Graf: Er lebe seit dem Januar 1933 sehr zurückgezogen, habe jedoch noch persönliche Beziehungen »zu einzelnen früheren Mitgliedern marxistischer Organisationen«. Eine »staatsfeindliche Betätigung« sei bei ihm aber ebenso wenig feststellbar gewesen »wie eine innere Umstellung zum Nationalsozialismus«. Zit. n. Schumacher, MdR, S. 158.

Den Auftakt bildete die systematische Aushöhlung von noch bestehenden Verfassungsfundamenten der Weimarer Republik durch Verordnungen und Gesetzesänderungen, die sich an den rechtsradikalen und rassistischen Maßstäben des NS-Regimes orientierten. Deren grenzenlose »Auslegungsfreiheit« ermöglichte eine gezielte und permanente Pervertierung des Rechtsstaates und dessen Umformung vom Normen- zum Maßnahmenstaat. Zu seinen Machtmitteln gehörte die willkürliche Verhängung der »Schutzhaft«, die ohne jede rechtliche Beschränkung als eine zynisch etikettierte Willkürmaßnahme zur Ausschaltung vor allem der kommunistischen und sozialdemokratischen Gegner des NS-Regimes fungierte. Hinzu kam die terroristische Selbstjustiz von SA, SS und Gestapo in Gefängnissen und Konzentrationslagern. Diese entwickelten sich sofort zu rechtsfreien Räumen, in denen die nationalsozialistischen Verfolger nach Belieben schalten und walten konnten, während die Verfolgten in der Haft tagtäglich die Ohnmacht der Entrechteten erdulden mussten und ihres Lebens nicht mehr sicher sein konnten.

Die schrankenlose Allmacht des Regimes dokumentierten noch zahlreiche weitere Einzelmaßnahmen. Jede von ihnen trug dazu bei, dass sich die nationalsozialistischen Nachstellungen für die SPD-Parlamentarier zu einem zeitlich unbegrenzten, juristisch nirgendwo wirksam eingedämmten, willkürlichen Prozess mit vielen Facetten bei ihrer persönlichen Verfolgung ausweiteten. Hierzu zählten im Frühjahr und Frühsommer 1933 gezielte Entlassungen der Berufsbeamten, mit denen die Betroffenen in die Arbeitslosigkeit und in wirtschaftliche Notlagen gestürzt wurden. Hinzu kamen systematische Hausdurchsuchungen, womit man die von ihnen Heimgesuchten auch in ihrer Nachbarschaft bloßstellen wollte. Die Nationalsozialisten inszenierten öffentliche Demütigungen der wehrlos gewordenen Abgeordneten bei ihrer Verhaftung und prangerten sie mit oft frei erfundenen Beschuldigungen an, um ihre Autorität und ihr Ansehen in der Bevölkerung zu erschüttern. Fortan war das Leben der Verfolgten von finanziellen Notlagen und existenzieller Ungewissheit ebenso geprägt wie von willkürlichen Verhaftungen, einer nicht genau definierten Haftdauer und ihrer permanenten polizeistaatlichen Überwachung nach der Entlassung aus den Gefängnissen oder Konzentrationslagern, auf die jederzeit eine erneute Festnahme folgen konnte.[134]

In den Leidensgeschichten der sozialdemokratischen Reichstagsabgeordneten spiegelte sich aber nicht nur ein breites Spektrum von nationalsozialistischen Bedrohungs- und Verfolgungsmethoden wider, sondern auch die über das organisatorische Ende der SPD fortwirkende ideelle Bindekraft des programmatischen Selbstverständnisses der Sozialdemokratie als Partei der Freiheit. Bekanntlich baute der sozialdemokratische Widerstand nicht auf eine aus dem Exil gesteuerte Massenmobilisierung der ehemaligen Mitglieder der SPD auf. Vielmehr vertraute man auf die Stabilität der sozialdemokratischen Solidar- und Gesinnungsgemeinschaft vor Ort, deren Schutzzonen im privaten Umfeld von Familien- und Freundeskreisen oder in der zunächst noch weiterexistierenden Vielfalt der unpolitisch agierenden Vorfeldvereine der verbotenen Partei lagen.[135] In diesem Milieu war der Wille zur Selbstbehauptung in einem vielfach verknüpften Netzwerk verankert. In ihm bewegten sich auch die meisten ehemaligen Reichstagsabgeordneten der SPD, wenn sie nicht wegen ihrer besonderen Gefährdung emigriert waren oder sich in Haft befanden. Ihr lokaler und regionaler Bekanntheitsgrad schränkte oft ihre Möglichkeiten für die aktive Mitarbeit in illegalen Gruppen ein, weil die damit verbundenen Risiken für alle Beteiligten zu groß gewesen wären. An der Zukunftsgewissheit des »Nach Hitler kommen wir« hielten sie jedoch selbstbewusst fest. Keiner der 1933 gewählten sozialdemokratischen Reichstagsabgeordneten lief zum Nationalsozialismus über.

134 Vgl. dazu die zusammenfassenden Befunde von Eberhard Kolb, Die Maschinerie des Terrors. Zum Funktionieren des Unterdrückungs- und Verfolgungsapparates im NS-System, in: Karl Dietrich Bracher/Manfred Funke/Hans-Adolf Jacobsen (Hg.), Nationalsozialistische Diktatur 1933–1945. Eine Bilanz, Bonn 1983, S. 270-284.

135 Vgl. dazu ausführlich Schneider, Unterm Hakenkreuz, S. 812 ff. Die mittlerweile lokal und regional breit ausdifferenzierte Widerstandsforschung hat viele Aspekte dieses informellen politischen Zusammenhaltes während der NS-Zeit thematisiert und das weite Spektrum zwischen selbstbewusstem Eigensinn und gezieltem Handeln als NS-Gegner intensiv ausgeleuchtet.

Im Milieu der lokal verankerten sozialdemokratischen Gesinnungsgemeinschaften lebte auch die enge moralische und persönliche Verbundenheit der Parteimitglieder mit dem eigenen Abgeordneten fort, wenn dieser zu einem Opfer des nationalsozialistischen Terrorsystems geworden war. Dies kann man mit vielen Quellen belegen, die von den Überwachungsinstanzen der Verfolgungsbehörden überliefert sind. In deren Berichten ist immer wieder von der großen demonstrativen öffentlichen Anteilnahme die Rede, die beispielsweise bei den Bestattungsfeiern für prominente Repräsentanten der Sozialdemokratie beobachtet wurde. Bei der Beerdigung von Friedrich Husemann notierte die Staatspolizeistelle für den Regierungsbezirk Arnsberg, dass sich »etwa 1000 Personen – darunter über 300 Frauen als angeblich Leittragende« auf dem Friedhof eingefunden hätten. Dann folgt eine genaue Schilderung:

> »Von der Leichenhalle, in der die Urne aufgestellt worden war, bewegte sich der Trauerzug, der vorwiegend von früher führenden Persönlichkeiten der SPD und des Reichsbanners Schwarz-Rot-Gold gebildet wurde, die fast alle vorher in der Leichenhalle einzeln die Urne stumm gegrüßt hatten, über den Friedhof zur Grabstätte. Hierbei wurde ein Kranz getragen, der mit großen roten Blumen und mit einer großen roten Schleife mit der Inschrift ›Gewidmet von seinen Freunden‹ geschmückt war. Der ganze Trauerzug hatte offensichtlich demonstrativen Charakter. Es wurde daher von Beamten der [Ge]stapo eingeschritten, die die rote Schleife vom Kranz entfernten und die zwei Kranzträger und vier weitere Personen in Schutzhaft nahmen. Die weiteren Ermittlungen dauern noch an.«[136]

Ähnliche Beobachtungen über den engen solidarischen Zusammenhalt von Sozialdemokraten während der NS-Zeit finden sich auch in den anderen Überwachungsberichten von Trauerfeiern, auf die in diesem Kapitel mehrfach exemplarisch hingewiesen wurde.

---

136 Zit. n. Schumacher, MdR, S. 223. Vgl. auch die Informationen über die Trauerkundgebungen für die anderen in diesem Kapitel genannten SPD-Parlamentarier.

Kapitel IV

# Entwürdigung und Ausbeutung: Leidenswege der SPD-Abgeordneten im Lagersystem der NS-Diktatur

Die Feststellung, dass die Konzentrationslager »wie keine andere Institution den Geist des Nationalsozialismus« atmeten[137], ist mittlerweile in der Forschung unumstritten. Sie wurde in zahlreichen historiografischen Fallstudien und systematischen Analysen faktenreich untermauert.[138] Die Konzentrationslager verkörperten als Orte des Terrors und des Todes, des Fanatismus und der Brutalität das Schattenreich des Nationalsozialismus in allen seinen Facetten. In

137 So Wachsmann, Konzentrationslager, S. 11, der mit dieser Monografie eine monumentale Gesamtdarstellung der Geschichte der Konzentrationslager von ihren Anfängen im Frühjahr 1933 bis zu ihrer Auflösung im Frühjahr 1945 vorgelegt hat. Wachsmanns Analysen gehen auf alle Perspektiven der Vernichtungspolitik ebenso ausführlich ein wie auf das Leben, Leiden und Sterben der Opfer in den Lagern. Seine Befunde werden in diesem Kapitel am Beispiel der sozialdemokratischen Reichstagsabgeordneten untermauert, die ab 1933 KZ-Haft erdulden mussten.

138 Eine umfassende Übersicht über die gedruckten Quellen und die einschlägige Spezialliteratur findet sich ebenfalls bei Wachsmann, Konzentrationslager, S. 900-952. Viele Aspekte des Binnenlebens in den Lagern beleuchtet die von Wolfgang Benz und Barbara Distel herausgegebene Reihe der Dachauer Hefte, die in 25 zwischen 1986 und 2009 erschienen Einzelbänden zu bestimmten thematischen Schwerpunkten die Geschichte der Lager und die historiografischen und erinnerungspolitischen Auseinandersetzungen mit dieser Geschichte breit behandelt. Vgl. ferner die mehrbändige, von Wolfgang Benz und Barbara Distel unter dem Obertitel Der Ort des Terrors herausgegebene Geschichte von einzelnen Konzentrationslagern (München 2006 ff.).

ihm konnte dieser seine ideologischen Obsessionen hemmungslos ausleben und seine unbegrenzte Herrschaftsgewalt in einer beispiellosen Versklavungs- und Vernichtungspolitik verwirklichen. Die in zahlreichen wissenschaftlichen Analysen präsentierten Befunde beziehen oft auch die Erinnerungen von Überlebenden ein, in denen diese ihre persönlichen KZ-Erfahrungen während der zwölfjährigen NS-Diktatur schilderten. Wenn sie die von ihnen erlittenen Leiden und gewonnenen Einsichten der Nachwelt in Vorträgen und Publikationen direkt und anschaulich vermittelten, ging es diesen Verfolgten vor allem darum, Lehren aus der Vergangenheit für die Zukunft zu ziehen.

Zu den Zeitzeugen, die sich nach 1945 sich in der Gedenk- und Erinnerungspolitik engagierten, gehörten auch sozialdemokratische Reichstagsabgeordnete. Immer wieder berichteten sie über ihr Verfolgungsschicksal, das ihnen ständig vor Augen stand und sie nie mehr losließ. Aber als politisch motivierte Überlebende wollten sie sich mit ihren Schilderungen und Schlussfolgerungen vor allem auch gegen das Vergessen engagieren, das die Anfangsjahrzehnte der Bundesrepublik politisch und gesellschaftlich überschattete und erst seit den 1970er-Jahren im Zuge der Intensivierung der historischen und gesellschaftlichen Erinnerungsarbeit Schritt für Schritt aufgebrochen werden konnte.[139]

Josef Felder gehörte zu diesen in der Erinnerungsarbeit unermüdlich engagierten SPD-Abgeordneten. Er war im November 1932 im Alter von 32 Jahren als einer ihrer jüngsten Abgeordneten erstmals für die Sozialdemokratie in den Reichstag gewählt worden, dem er bis zum Parteiverbot der SPD im Juni 1933 angehörte. Nach dem Zweiten Weltkrieg hat Felder bis an sein Lebensende – er starb im Jahr 2000 als 100-Jähriger – in vielen Veranstaltungen und zahlreichen Publikationen immer wieder an die weichenstellende Bedeutung des Schicksalsjahres 1933 und an dessen Folgen erinnert. In den Wochen nach dem 30. Januar 1933 war er als bei den Augsburger

139 Vgl. dazu die Anmerkungen am Ende dieser Studie.

Nationalsozialisten besonders verhasster und immer wieder verfolgter SPD-Vorsitzender der Stadt nur knapp den Nachstellungen der örtlichen NSDAP entkommen. Mehrfach bedrohten Nationalsozialisten ihn und seine Familie vor und nach der Entscheidung über das Ermächtigungsgesetz, bei der er gemeinsam mit seinen sozialdemokratischen Fraktionskollegen mit »Nein« stimmte. Nach dem Verbot der SPD am 22. Juni 1933 floh Felder über das Karwendelgebirge nach Wien. Hier war er anschließend als Journalist tätig. Seine österreichischen Parteifreunde informierte er in Aufklärungsvorträgen über die Lage in Deutschland und rief sie zum entschlossenen Widerstand gegen das seit dem März 1933 in Österreich regierende austrofaschistische Dollfuß-Regime auf. Im Februar 1934 verlegte er seinen Wohnsitz von Wien nach Prag, wo sich der Exilvorstand der SPD niedergelassen hatte. Da seine noch in Deutschland lebende Familie nicht aus dem Reichsgebiet in das tschechische Exil ausreisen durfte, entschloss sich Felder kurze Zeit später, in seine Heimatstadt Augsburg zurückzukehren. Hier lebte er anschließend einige Monate lang versteckt und engagierte sich im lokalen Widerstand.

Ende November 1934 verhaftete die Gestapo Felder und lieferte ihn nach tagelangen Verhören im Augsburger Polizeigefängnis am 19. Dezember 1934 in das Konzentrationslager Dachau ein. Hier musste er mehrere Wochen angekettet im »Dunkelbunker« verbringen. Man wollte den bei den Wachmannschaften besonders verhassten Häftling in den Selbstmord treiben und forderte ihn auf, sich selbst zu erhängen, um damit seinen Qualen persönlich ein Ende zu machen. Die physischen und psychischen Belastungen, die zahlreichen Erniedrigungen und eine schwere Lungenerkrankung überlebte Felder als Hilfsschreiber in der Krankenhausbaracke des Lagers. Seine Freilassung aus dem Konzentrationslager Dachau im Februar 1936 verdankte er seinem Freund Willy Bogner, der als einer der bekanntesten deutschen Sportidole bei der Winterolympiade 1936 in Garmisch-Partenkirchen für alle teilnehmenden Athleten den olympischen Eid gesprochen hatte. Bogner konnte wegen seiner großen Popularität als erfolgreicher Wintersportler die Entlassung seines Freundes Felder offenkundig auch politisch durchsetzen. Bis Kriegsende war Felder dann in Bogners Textilfirma als Angestellter beschäftigt. Er unterstand in diesen Jahren permanent der Polizeiaufsicht, musste sich einmal wöchentlich bei der für ihn zuständigen Polizeistation melden und entging bei der »Aktion Gewitter« 1944 wohl nur deswegen einer erneuten Verhaftung, weil zwei seiner Söhne als Soldaten zum Kriegsdienst eingezogen worden waren.

Nach dem Untergang des NS-Regimes setzte Felder seine journalistische und politische Karriere fort. Von 1955 bis 1957 war er der Chefredakteur der sozialdemokratischen Parteizeitung »Vorwärts«; von 1957 bis 1969 gehörte er dem Bundestag als Abgeordneter der SPD für den Wahlkreis Erlangen an. Die darauf noch folgenden 31 Jahre seines langen Lebens widmete er dann vor allem der Erinnerungsarbeit. Bis zu seinem 100. Geburtstag engagierte sich Felder in vielen öffentlichen Auftritten, schließlich als der letzte Zeitzeuge aus den Reihen der SPD-Fraktion von 1933. Seine Botschaft an die Nachgeborenen lautete: »Für die Demokratie einzutreten, bleibt für Menschen wie mich eine Verpflichtung. Und das ist mein Vermächtnis.«[140]

Felder war einer von 39 der im März 1933 gewählten sozialdemokratischen Reichstagsabgeordneten, die nach der Abstimmung über das Ermächtigungsgesetz monatelang und oft auch jahrelang in Konzentrationslagern inhaftiert wurden. Dort waren sie alle dem willkürlichen Terror der von der SA oder der SS gestellten Wachmannschaften schutzlos ausgeliefert. Der von diesen Bewachern verkörperten verbrecherischen Allmacht des NS-Regimes hatten die Inhaftierten nichts entgegenzusetzen als ihren Überlebenswillen

140 Dieses Zitat Felders ist abgedruckt in einer sehr informativen und eindrucksvoll gestalteten Internetpublikation über die einzelnen Stationen seines Lebens, die von einer Projektgruppe eines Augsburger Gymnasiums 2006 im Netz veröffentlicht wurde (www.joseffelder.de). Felder meldete sich in zahlreichen Artikeln in der sozialdemokratischen Presse und in einer Autobiografie auch selbst ausführlich zu Wort. Vgl. Josef Felder, Warum ich nein sagte. Erinnerungen an ein langes Leben für die Politik, Zürich 2000. Vgl. ferner Schumacher, MdR, S. 128 f.; Gedenkbuch, S. 147 f.; Hammer, Hohes Haus, S. 44 f.

und ihre Gesinnungstreue. Sie lebten in permanenter Erniedrigung, bekämpften gemeinsam ihre Hoffnungslosigkeit und Verzweiflung, wurden in Folterkammern systematisch gequält und bei der erbarmungslosen Fronarbeit in Fabriken und Steinbrüchen oder bei der Kultivierung von Mooren rücksichtslos ausgebeutet. Man hat diese Abgeordneten als »sozialdemokratische Märtyrer« bezeichnet, deren Widerstandswille sich aber nicht aus einem blinden Glauben an die deterministische Gesetzmäßigkeit des historischen Materialismus speiste, sondern aus der festen Überzeugung, dass den klassischen Menschenrechten zusammen mit den sozialdemokratischen Idealen der Freiheit, Gleichheit und Solidarität die Zukunft gehören werde.[141]

Sucht man auf einer Karte des Deutschen Reiches die einzelnen Konzentrationslager, in denen diese Reichstagsabgeordneten der SPD oft jahrelang gefangen gehalten wurden, dann findet man diese »Stationen zur Hölle«[142] in allen Regionen des Landes. In den Anfangsjahren des NS-Regimes handelt es sich zumeist noch um provisorisch eingerichtete Haftstätten in zuvor unterschiedlich genutzten Gebäuden. Hierzu zählten beispielsweise Osthofen bei Worms, wo die Nationalsozialisten eine ehemalige Papierfabrik zum Konzentrationslager umfunktioniert hatten, oder der ehemalige Truppenübungsplatz Heuberg auf der Schwäbischen Alp sowie die ehemalige Bundesfestung Oberer Kuhberg mit ihren Kasematten bei Ulm. Himmler ließ im März 1933 sein »Musterlager« in Dachau bei München in einer alten Munitionsfabrik eröffnen; Oranienburg wurde als erstes preußisches Konzentrationslager in diesem Ort nördlich von Berlin auf dem Gelände einer ehemaligen Brauerei eingerichtet; die Emslandlager Esterwegen und Börgermoor im Nordwesten des Reichsgebietes dienten der Moorkultivierung;

141 Vgl. dazu die Überlegungen von Paru Fiona Ludszuweit und Matthias Micus, Bekenner des Sozialismus – Motive, Hintergründe und Eigenschaften sozialdemokratischer Märtyrer, in: Franz Walter (Hg.), Mythen, Ikonen, Märtyrer, Berlin 2013, S. 46-58.

142 So der Titel einer Publikation von Julius Schätzle, der selbst im KZ auf dem Kuhberg inhaftiert gewesen war und sich rückblickend mit der Geschichte der Konzentrationslager in Baden und Württemberg befasst hat (Frankfurt a. M., 2. verb. Aufl. 1980).

in Sonnenburg bei Küstrin an der Oder nutzte man auf Geheiß des preußischen Innenministeriums ein ehemaliges Gefängnis als Konzentrationslager; in Lichtenburg in Sachsen wurde ein Schloss aus dem 16. Jahrhundert nun ein Lager, und in Dürrgoy bei Breslau machte man das Warenlager einer Düngermittelfabrik, in dem während des Ersten Weltkrieges Kriegsgefangene untergebracht worden waren, zu einem Konzentrationslager.

Die 39 Reichstagsabgeordneten aus der am 5. März 1933 gewählten SPD-Fraktion, die während der NS-Diktatur in KZ-Haft kamen, waren in insgesamt 27 verschiedenen Lagern inhaftiert. Zu diesen zählten eine Reihe der frühen, zunächst improvisiert eingerichteten Haftanstalten, die später aufgelöst wurden und deren Namen nur noch Experten geläufig sind. Andere Konzentrationslager, hier kann man beispielsweise Dachau, Buchenwald, Oranienburg, Ravensbrück oder Sachsenhausen nennen, sind als besonders perfektionierte Zentren des KZ-Terrors bis heute in der Erinnerungsgeschichte fest verankert. Einige der sozialdemokratischen Parlamentarier mussten in den zwölf Regimejahren des Nationalsozialismus eine Odyssee durch mehrere, sehr unterschiedlich geführte und organisierte Lager erleben und erleiden.

Einer der Abgeordneten, die in insgesamt fünf verschiedenen Konzentrationslagern inhaftiert wurde, war Ernst Heilmann, der die fast sieben Jahre zwischen seiner Verhaftung im Juni 1933 und seiner Ermordung im April 1940 in Oranienburg, Papenburg, Esterwegen, Dachau und zuletzt in seiner Todesstätte Buchenwald verbringen musste[143]; Carlo Mierendorff lernte zwischen Juni 1933 und Dezember 1937 als Häftling die Konzentrationslager Osthofen, Börgermoor, Papenburg, Lichtenburg und Buchenwald kennen[144]; Erwin Hartsch hatte in nur anderthalb Jahren vom Mai 1933 bis zum November 1934 die Konzentrationslagerhaft im Dresdner Mathil-

143 Vgl. zu seiner Biografie Kap. III.

144 Vgl. dazu die Schilderung seiner Haftzeiten in der von Richard Albrecht verfassten Biografie: Der militante Sozialdemokrat. Carlo Mierendorff 1897 bis 1943. Eine Biographie, S. 154 ff.

denschlösschen und dann in Reichenbach, Osterstein, Colditz und Sachsenburg erlitten. Er wurde in diesen verschiedenen Lagern so schwer misshandelt, dass er die Folgen dieser Grausamkeiten nur mit großen gesundheitlichen Schäden und Behinderungen überlebte und drei Jahre nach dem Kriegsende im Alter von 58 Jahren verstarb[145]; Friedrich Ebert, der älteste Sohn des ersten Reichspräsidenten der Weimarer Republik, war in nur fünf Monaten zwischen August 1933 und Dezember 1933 in Oranienburg, Papenburg und Lichtenberg inhaftiert. Und auch Fritz Soldmann war Häftling in drei verschiedenen Lagern. In seinem Fall hießen die Haftorte Dachau, Sachsenhausen und Buchenwald, also zunächst das »Musterlager« Himmlers vor den Toren von München, dann das 1936 von einem SS-Architekten konzipierte KZ Sachsenhausen, mit dem dieser auch architektonisch die »Geometrie des Terrors« perfektionieren wollte, und schließlich das Konzentrationslager Buchenwald auf dem Ettersberg bei Weimar, in dem ab 1937 viele politische Häftlinge aus dem ganzen Reichsgebiet untergebracht wurden.[146] Die Namen Dachau, Sachsenhausen und Buchenwald werden auch in den Verfolgungsbiografien der anderen in Konzentrationslagern inhaftierten SPD-Parlamentarier am häufigsten genannt.

Die Einlieferung in das Universum der Konzentrationslager, das jenseits des Rechtsstaates angesiedelt war und jeden Gefangenen mit gesetzlosen Formen der unmenschlichen Kasernierung und der willkürlichen Schinderei konfrontierte, versetzte die inhaftierten Abgeordneten sofort in einen Zustand, der von Angst und Schrecken ebenso geprägt wurde wie von der oft ungewissen Hoffnung, im Milieuzusammenhalt mit Parteifreunden die Zeit der völligen Auslieferung an die Wachmannschaften der SA und der SS überstehen und die eigene weltanschauliche Identität in der Solidargemeinschaft der Häftlinge behaupten zu können. Die Kennzeichnung der politischen Gefangenen mit roten Winkeln, die sie auf ihrer Häftlingskleidung tragen mussten, erleichterte nicht nur den Be-

145 Vgl. dazu Schumacher, MdR, S. 171.
146 Zur Biografie Soldmanns vgl. Kap. II u. V.

wachern die präzise Zuordnung eines jeden Gefangenen, sie war zugleich auch ein wichtiges Erkennungszeichen für diese selbst. An dieser speziellen Markierung mit einem roten Winkel konnten sie ihre Zugehörigkeit zur Gruppe der politischen Gefangenen ablesen, unter denen Kommunisten und Sozialdemokraten bei Weitem den größten Anteil stellten.

Auch wenn sowohl die kommunistischen wie auch die sozialdemokratischen Häftlinge einen roten Winkel an ihrer Haftkleidung trugen, signalisierte dieses gemeinsame Kennzeichen jedoch nicht unbedingt die Bereitschaft der beiden Parteigruppen, in den Konzentrationslagern miteinander über die überkommenen, ideologisch zementierten Gräben hinweg Solidarität zu üben. Dies galt insbesondere für die prominenten Häftlinge der KPD und der SPD, die während der Weimarer Republik von der politischen Konfrontation zwischen den beiden Parteien persönlich besonders stark geprägt worden waren. Von diesen tief verankerten Feindbildern vermochten sie sich nach dem Machtwechsel von 1933 oft überhaupt nicht oder manchmal nur sehr zögerlich zu lösen. Hinter den Stacheldrahtverhauen der Konzentrationslager blieb ein gemeinsamer Widerstand von Kommunisten und Sozialdemokraten, sofern er überhaupt realisierbar war, die Ausnahme. Denn die seit der Revolution von 1918/19 immer mehr eskalierenden politisch-programmatischen Gegensätze zwischen den Sozialdemokraten, die sich in den Augen der KPD-Führung in den späten Jahren der Weimarer Republik in »Sozialfaschisten« verwandelt hatten, und den Kommunisten, die von der Sozialdemokratie zur selben Zeit als »Stalin-Knechte« etikettiert wurden, überdauerte den Regimewechsel von 1933.

Diese überkommene politische Feindschaft blieb eine Hypothek, die auch das persönliche Zusammenleben der kommunistischen und der sozialdemokratischen Häftlinge in den nationalsozialistischen Konzentrationslagern belastete und nur selten ein »Mindestmaß von Kameradschaft« zwischen ihnen möglich machte.[147] Bei der

147 So der sozialdemokratische Reichstagsabgeordnete Gerhart Seger in seiner nach seiner Flucht aus dem KZ Oranienburg veröffentlichten Rückschau: Oranienburg. Erster

Organisation der alltäglichen Lagerverwaltung war die SS aber auch auf die Mitwirkung von sogenannten »Funktionshäftlingen« angewiesen, weil ohne sie ein zu großer Personalaufwand für die Bewacher entstanden wäre. Die mit einer dieser strategisch wichtigen Funktionsstellen betrauten Häftlinge hatten einerseits die Anordnungen der SS-Führung im Lageralltag umzusetzen. Aber sie konnten andererseits ihre Schlüsselpositionen in der Selbstverwaltung der Konzentrationslager auch dazu nutzen, um Mithäftlingen zu helfen, sie mit mehr Nahrung zu versorgen, ihnen für das Überleben notwendige Medikamente zu beschaffen oder leichtere Arbeitsplätze zuzuteilen. Das ermöglichte es den überall in den Lagern eingesetzten Funktionshäftlingen, eine nicht zu unterschätzende Einflussnahme auf Entscheidungen an den Schaltstellen zwischen Leben oder Tod zu nehmen.

Prominente Spitzenpolitiker der SPD wurden von den Nationalsozialisten bei ihrer Ankunft in den Konzentrationslagern oft als typische »Bonzen« der Weimarer Republik stigmatisiert und drangsaliert. Dabei ging es den SS-Wachmannschaften immer auch darum, mit dieser demonstrativen Etikettierung die aus der Weimarer Zeit überkommenen Konflikte zwischen den Parteigruppen von KPD und SPD wiederzubeleben und systematisch zu verschärfen, um damit einen Schulterschluss der Häftlinge aus den beiden Arbeiterparteien zu verhindern. Dies gelang jedoch nur dann restlos, wenn sich unter den Gefangenen der Linken persönliche Feindschaften entwickelten oder wenn alte ideologische Fronten von ihnen nicht geräumt wurden.

Doch ein solidarischer Schulterschluss der beiden Parteigruppen gegen den gemeinsamen Gegner war zumeist kein Normallfall, sondern eher eine seltene Ausnahme. Sobald es im Lageralltag zwi-

authentischer Bericht eines aus dem Konzentrationslager Geflüchteten, in: Irene Diekmann/Klaus Wettig (Hg.), Konzentrationslager Oranienburg, Potsdam 2003, S. 51. Vgl. dazu auch Dirk Riedel, Bruderkämpfe im Konzentrationslager Dachau. Das Verhältnis zwischen kommunistischen und sozialdemokratischen Häftlingen, in: Nikolaus Wachsmann/Sybille Steinbacher (Hg.), Die Linke im Visier. Zur Errichtung der Konzentrationslager 1933, Göttingen 2014, S. 117-140.

schen Kommunisten und Sozialdemokraten zu Verteilungskämpfen kam, bei denen das Schicksal von einzelnen Gefangenen auch in den Händen von Funktionshäftlingen lag, die Arbeitskommandos zusammenstellten, Essensrationen zuteilten oder eine Einweisung von Mitgefangenen in Krankenstationen anordneten, dann blieb die noch existierende Restsolidarität zwischen Kommunisten und Sozialdemokraten oft auf der Strecke. Bei der Postenvergabe und Postenbesetzung waren die Kommunisten in der Regel erfolgreicher und effizienter als die Sozialdemokraten, weil sie zahlenmäßig mehr Häftlinge stellten und untereinander in den Lagern gut funktionierende kommunikative Organisationsformen aufgebaut hatten, die als interne Netzwerke bei ihrer kollektiven Selbstbehauptung eine wichtige Rolle spielten. Hinzu kam die unter den Bedingungen der stets lebensbedrohenden KZ-Haft fortschreitende Selbstbezogenheit der beiden Parteigruppen. Sie blockierte die in dieser existenziellen Extremsituation eigentlich sinnvolle Umorientierung auf eine politische Einheitsfront von Kommunisten und Sozialdemokraten zusätzlich.[148]

Die sozialdemokratischen Reichstagsabgeordneten, die in der ersten reichsweiten Verhaftungswelle im Frühjahr 1933 festgenommen und anschließend in den unterschiedlich ausgebauten und durchorganisierten Konzentrationslagern überall in Deutschland eingeliefert wurden, waren für das NS-Regime politische Vorzeigehäftlinge, die man besonders hasste und deshalb auch besonders drangsalierte. Die demonstrativ zur Schau gestellte nationalsozialistische Rachsucht kann man am Beispiel der Verfolgungsbiografien dieser SPD-Abgeordneten in vielen Facetten beleuchten.

148 Vgl. dazu die Hinweise bei Wachsmann, Konzentrationslager, S. 151 ff.; Röll beleuchtet am Beispiel des Konzentrationslagers Buchenwald ausführlich das Verhältnis von Kommunisten und Sozialdemokraten. Er bewertet die unterschiedlichen und teilweise kontroversen Aussagen von Häftlingen nach 1945 und betont die Dominanz der KPD in der Häftlingsgesellschaft, wobei er auf die Binnendifferenzierungen zwischen intransigenten Lagerkommunisten und ihren Mitläufern mit einer über Parteigrenzen hinweg orientierten flexibleren kommunistischen Häftlingselite ebenfalls hinweist. Vgl. Röll, Sozialdemokraten, S. 231 ff.

Bereits ihre Ankunft im Lager war für sie ein traumatisches Erlebnis, das sich tief in ihre Erinnerung eingebrannt hat. Hier wurden sie häufig von einem SA- oder SS-Kommando in Empfang genommen, das sich am Primat des willkürlichen und wilden Terrors orientierte und diesen bei einer lageröffentlichen Zurschaustellung der prominenten Neuankömmlinge hemmungslos praktizierte. Nach der Einweisung in ihre menschenunwürdigen Quartiere wurden sozialdemokratische Spitzenpolitiker in der Regel zu besonders schweren und entwürdigenden Arbeitseinsätzen abkommandiert. Dabei nahm man keine Rücksicht auf ihren Gesundheitszustand oder ihr Alter, wenn man sie in Steinbrüchen, beim Straßenbau, beim Holzfällen, beim Torfstechen im Moor oder beim Entleeren der Lagerlatrinen beschäftigte, um sie exemplarisch zu demütigen. Einige ausgewählte Beispiele können dies verdeutlichen.

Seine verbrecherische Gnadenlosigkeit demonstrierte das NS-System an den von ihm verhafteten drei prominenten SPD-Reichstagsabgeordneten Friedrich Ebert, Ernst Heilmann und Franz Künstler[149] besonders extrem, als diese nach ihrer Verhaftung im Juni 1933 am 8. und 9. August in das Konzentrationslager Oranienburg gebracht wurden. Friedrich Ebert, der älteste Sohn des 1925 verstorbenen ersten Reichspräsidenten der Weimarer Republik, hatte von 1928 bis 1933 den Wahlkreis Potsdam im Reichstag vertreten. Gemeinsam mit Ernst Heilmann und Franz Künstler stellte man ihn nach seiner Einlieferung in das Konzentrationslager Oranienburg ostentativ zur Schau. Die Wachmannschaften des Lagers zwangen die drei »Volksverführer«, vor den geschlossen angetretenen Häftlingen des Lagers sich ihrer Kleidung zu entledigen. Ihre Anzüge verteilte man an kommunistische Häftlinge, von denen einige dieses »Geschenk« angeekelt ablehnten, während andere es begeistert annahmen. Anschließend ließ man den drei Abgeordneten die Haare scheren und zog ihnen Lumpen an, mit denen sie mehrere Tage lang herumlaufen mussten. Hinzu kam ihre politisch-moralische Aburteilung auf dem Appellhof des Lagers. Hier ließ sie ein SA-Standartenführer vor der

149 Vgl. zu den Biografien von Heilmann und Künstler auch Kap. III.

Gefangenenfront antreten, um sie als »Lumpenhunde«, »Gauner« und »rote Schweine« unflätig zu beschimpfen, wobei er sie »wie gefährliche Tiere im Zoo« vorführte.[150] Kommunistische Häftlinge, die den ziemlich unbemerkt in das Lager gebrachten Franz Künstler erkannt hatten, attackierten ihn zudem noch gezielt, um dadurch die SA-Mannschaften auf ihn demonstrativ aufmerksam zu machen. Gemeinsam mit Ebert und Heilmann wurde er dann zum Opfer der brutalen Begrüßungszeremonie in Oranienburg, die keiner der drei Abgeordneten in der Folgezeit vergessen konnte.[151]

Ebert blieb trotz eines Bittschreibens seiner Mutter an Reichspräsident Hindenburg[152] bis Ende Dezember 1933 inhaftiert, zunächst in Oranienburg, dann ab 13. September 1933 im KZ Börgermoor im Emsland, wo er gemeinsam mit Ernst Heilmann als einer der neuen Häftlinge in einem von Schlägen und Tritten begleiteten Triumphzug noch brutaler als zuvor in Oranienburg »begrüßt« wurde. Er musste zu seiner »Identifizierung« rufen: »Mein Vater war der Volksverführer«. Anschließend hatte er in diesem Lager unter schärfster Bewachung und schlechtester Ernährung Schwerstarbeit im Moor zu leisten. Eine Entlassung aus Börgermoor lehnte die Gestapo in einem Schreiben an Reichskanzler Hitler mit der Begründung ab, Ebert habe sich als sozialdemokratischer Funktionär und als Redakteur »in besonders gehässiger Weise gegen den erstarkenden nationalen Willen des deutschen Volkes gewandt« und dabei ein »ungewöhnliches Maß verhetzender Demagogik« praktiziert.[153] Eberts dritte Haftstation war anschließend bis Ende Dezember 1933

150 So Wachsmann, Konzentrationslager, S. 56.

151 Vgl. zum Ablauf dieser knapp zusammengefassten Zurschaustellung weitere Einzelheiten bei Schumacher, MdR, S. 102 ff. (Friedrich Ebert); S. 175 ff. (Ernst Heilmann) und S. 268 ff. (Franz Künstler); Zu Künstlers Biografie nach seiner Entlassung aus der Lagerhaft vgl. Kap. III. Vgl. auch Wortmann, Konzentrationslager, S. 55 ff. Ausführlich hat Gerhart Seger, der 1934 aus dem KZ Oranienburg fliehen konnte, die Einlieferung der drei Abgeordneten beschrieben: Oranienburg. Erster authentischer Bericht eines aus dem Konzentrationslager Geflüchteten, Karlsbad 1934, S. 41 ff.

152 Das Schreiben vom 14. Juli 1933 ist bei Schumacher, MdR, S. 103 als Faksimile abgedruckt.

153 Zit. n. Schumacher, MdR, S. 102.

das KZ Lichtenberg, das in einem ehemaligen Schloss in Sachsen-Anhalt eingerichtet worden war. Nach seiner Entlassung war es ihm verboten, nach Brandenburg zurückzukehren.

Heilmanns Leidensweg führte von Oranienburg, wo man ihn als »Latrinendirektor« entwürdigt und wochenlang dazu gezwungen hatte, die Abortanlage zu säubern, im September 1933 gemeinsam mit Ebert in das KZ Börgermoor. Auch seine Ankunft war dort von Misshandlungen begleitet. Er musste rufen: »Ich habe Sekt und Kaviar von den Groschen der Arbeiter gefressen!« Bereits in der ersten Nacht im Lager wurde er schwer misshandelt und auf eine Schubkarre zur Abfallgrube gefahren und dann in sie hineingeworfen, um dort mit anderen jüdischen Häftlingen eine »Fraktionssitzung« abzuhalten. Auch in der Folgezeit musste Heilmann unmenschliche Qualen erdulden. Ende September 1933 schoss ein Wachtposten Heilmann bei einem vermeintlichen Fluchtversuch ins Bein, wobei ungeklärt geblieben ist, ob Heilmann tatsächlich hatte fliehen wollen oder ob die Fluchtszene von der SS inszeniert worden war.[154] Bei einem Verhör der Gestapo in Berlin, dorthin hatte man ihn nach seiner Genesung im Krankenhaus Papenburg hingebracht, machte Heilmann auf Besucher den Eindruck »eines gebrochenen Mannes«. Seine Freilassung erfolgte aber weder aus dem KZ Esterwegen – in dem er dann seit Oktober 1935 inhaftiert war und von dem Völkerbundkommissar Carl Jacob Burckhardt besucht wurde – noch aus dem KZ Dachau, in das er im Februar 1937 eingeliefert wurde. Hier verhöhnte man ihn einmal mehr als »ungekrönten König von Preußen«.[155]

Auch nach seiner Überführung in das KZ Buchenwald während der Sudentenkrise im September 1938 war Heilmann erneut den besonderen Schikanen seiner Bewacher ausgesetzt. Man registrierte ihn als »politischen Juden« und brachte ihn in den überfüllten

154 Wachsmann (Konzentrationslager, S. 66) schreibt, Heilmann habe sich, »den Körper zerschunden und die Seele gebrochen«, das Leben nehmen wollen und sei deshalb »wie ein Schlafwandler« an der Postenkette aus dem Lagerbereich heraus gewankt. Mehrere Schüsse hätten in nicht getroffen, bis ihn eine Kugel zu Boden streckte. Zu weiteren Quellen vgl. Schumacher, MdR, S. 175 f.

155 Vgl. dazu die in Kap. III beleuchteten Hintergründe.

Baracken für jüdische Häftlinge unter. Heilmann wurde zunächst einem Transportkommando zugewiesen, das schwere Lasten befördern musste. Ab Mai 1939 war er dann zeitweise dem Stubendienst zugeteilt. Nach dem Kriegsbeginn im Herbst 1939 rechnete er selbst damit, dass man ihn bald ermorden werde. Dies war dann auch am 3. April 1940 der Fall, als an die Lagerkommandantur gemeldet wurde, Heilmann sei in den frühen Morgenstunden an »Herzschwäche« verstorben. In Wahrheit hatte man ihn mit einer Giftinjektion ermordet.[156] Als seine Familie den Tod von ihm in einer Anzeige der renommierten Frankfurter Zeitung öffentlich machen wollte, erhielt sie von der Geschäftsstelle der Zeitung die Antwort »Anzeige kann nicht angenommen werden«.[157]

Auch Paul Löbe, der von 1919 bis 1933 sozialdemokratischer Reichstagsabgeordneter gewesen war und 1919 als Vizepräsident der Verfassunggebenden Nationalversammlung und von 1920 bis 1933 als Reichstagspräsident amtiert hatte, zählte zu den ausgewählten sozialdemokratischen »Prominenten«, an denen sich die Nationalsozialisten besonders rächen wollten. In seinem Fall traf dies einen derjenigen SPD-Politiker, die bis zum Parteiverbot im Juni 1933 auf eine Weiterexistenz der Sozialdemokratie gesetzt und nach der Bildung des Exilvorstandes der Partei sich von dessen Widerstandspolitik scharf distanziert hatten. Löbes von Anfang an illusionäre Hoffnung auf ein legales Überleben der SPD zerschlug seine Verhaftung am 23. Juni 1933 in Berlin, einen Tag nach dem Parteiverbot, dann endgültig. Anschließend war er bis Anfang August 1933 in verschiedenen Berliner Gefängnissen inhaftiert.

Am 5. August 1933 folgte seine Einlieferung in das KZ Dürrgoy in seinem Breslauer Wahlkreis, den er seit 1919 ununterbrochen im Reichstag vertreten hatte. Hier hatte die Lagerleitung bereits Vor-

156 Vgl. dazu mit weiteren Einzelheiten Röll, Sozialdemokraten, S. 89-102; Schumacher, MdR, S. 175 ff.; Wachsmann, Konzentrationslager, S. 222 f.

157 Zit. n. Siegfried Heimann, Ernst Heilmann – geboren am 13. April 1881 in Berlin und ermordet am 3. April 1940 im KZ Buchenwald, in: Bernd Faulenbach/Alexander Behrens (Hg.), Menschen, Ideen, Wegmarken, Berlin 2013, S. 127-135, Zitat S. 135. Vgl. auch die Literaturangaben zu ihm in Kap. III.

bereitungen für seine »festliche Begrüßung« getroffen, die Löbe in seinen Erinnerungen folgendermaßen schilderte:

> »Als das Tor sich öffnete, standen die etwa 600 Häftlinge in Reih und Glied zu beiden Seiten der Lagerstraße. Im freien Gang dazwischen musste der Wagen halten. Auf den Dächern der Baracken waren Fotografen postiert, um die Szene aufzunehmen. Dann kam von der anderen Seite her eine Schalmeienkapelle von verhafteten Kommunisten, dahinter der ehemalige SPD-Reichstagsabgeordnete Bürgermeister Mache mit einem Strauß von Brennnesseln und Kartoffelkraut mit schwarzrotgoldener Schleife.«[158]

Als »Begrüßungsredner« habe der ebenfalls bereits inhaftierte sozialdemokratische Landtagsabgeordnete Hermann Lüdemann auftreten müssen, bevor man ihn selbst »standesgemäß« auf einem Fußboden »zwischen zwei schweren Jungen« untergebracht hätte.[159]

Begründet wurde seine Verhaftung mit der Feststellung, Löbe sei »von jeher als entschiedener Gegner der Wehrhaftigkeit des deutschen Volkes« aufgetreten« und habe sich »stets als überzeugter Pazifist« profiliert. Ferner habe er »immer dem linken, in Wahrheit auf die Diktatur des Proletariats hinarbeitenden Flügel der Sozialdemokratie« angehört und »als erster maßgeblicher Führer der Mehrheitssozialdemokratie den Gedanken der Einheitsfront mit dem Kommunismus« vertreten. Von diesen an den Haaren herbeigezogenen Unterstellungen konnte nur der Hinweis auf dessen Pazifismus einen nachweisbaren Wahrheitsgehalt beanspruchen, weil Löbe sich stets für einen Ausgleich mit Polen ausgesprochen und zu den Gründungsmitgliedern der Paneuropa-Union gehört hatte.

Ende Dezember 1933 wurde Löbe aus dem KZ Dürrgoy, in dem er schwer misshandelt worden war, im Rahmen einer Amnes-

---

158 Dies war der ebenfalls in Dürrgoy inhaftierte ehemalige SPD-Reichstagsabgeordnete Karl Mache, der während der »Aktion Gewitter« erneut verhaftet wurde im Oktober 1944 im KZ Groß-Rosen ums Leben kam.

159 Zit. n. Schumacher, MdR, S. 293. Vgl. auch Paul Löbe, Der Weg war lang. Lebenserinnerungen, Berlin 1949, S. 150 ff; dort auch die folgenden Zitate.

tie entlassen. Nach seiner Freilassung lebte er zurückgezogen in Berlin, wo er ab 1942 über Wilhelm Leuschner und Julius Leber in Kontakt mit der Widerstandsgruppe um Carl Goerdeler kam. Die Verschwörer des 20. Juli 1944 sahen ihn nach dem Sturz Hitlers als einen der künftigen Reichsminister vor. Diese Verbindung Löbes zum Kreisauer Kreis wurde der Gestapo jedoch nicht bekannt. Aber man nahm ihn dennoch am 23. Juli 1944 nach dem Attentat auf Hitler fest[160], inhaftierte ihn zunächst bis Dezember 1944 im Gestapo-Gefängnis in Breslau und anschließend noch mehrere Wochen im schlesischen KZ Groß-Rosen. Paul Löbe überlebte das Kriegsende und setzte sein politisches Engagement in der SPD bis zu seinem Tod im August 1967 fort. Als Mitglied des Parlamentarischen Rates 1948/49 und als Alterspräsident des Bundestages von 1949 bis 1953 war Paul Löbe bis zu seinem Tod im August 1967 einer der angesehensten Politiker in der frühen Bundesrepublik.[161]

Vergleichbare »Begrüßungsrituale« für SPD-Reichstagsabgeordnete kann man auch für andere Konzentrationslager nachzeichnen. In Württemberg wurde das erste Konzentrationslager im März 1933 auf dem Truppenübungsplatz Heuberg auf der Schwäbischen Alp errichtet.[162] In diesem formal dem Württembergischen Landespolizeiamt unterstellten Lager hat man dann zwischen März und November 1933 zeitweise mehr als 2.000 Häftlinge, vorwiegend Kommunisten und Sozialdemokraten aus Württemberg, gefangen gehalten. Zu ihnen zählten auch die sozialdemokratischen Reichstagsabgeordneten Erich Rossmann und Kurt Schumacher. Beide hatten ihre Parteikarriere als Journalisten begonnen und im Ersten Weltkrieg der Generation der Frontkämpfer angehört. Schumacher

160 An diesem Tag wurde auch Gustav Dahrendorf verhaftet. Vgl. Kap. III. Zur »Aktion Gewitter« s. Kap. V.

161 Über Löbes Lebensweg und seine Rolle in der Sozialdemokratie erschienen nach seinem Tod am 3. August 1967 zahlreiche Gedenkartikel im Sozialdemokratischen Pressedienst. Vgl. Walther G. Oschilewski, Paul Löbe, Ein großes Beispiel, in Die Neue Gesellschaft, Jg. 23, 1976, S. 7-13; zu seiner Nachkriegsrolle s. auch Kap. VI.

162 Vgl. dazu Markus Kienle, Das Konzentrationslager Heuberg bei Stetten am kalten Markt, Ulm 1998.

wurde bereits im Dezember 1914 schwer verwundet und verlor anschließend seinen rechten Arm, der amputiert werden musste. Rossmann engagierte sich nach seinen Erfahrungen an der Front zwischen 1915 und 1918 nach dem Ersten Weltkrieg als Mitbegründer des Reichsbundes der Kriegsbeschädigten. Gemeinsam machten beide in den Jahren der Weimarer Republik zunächst auf der landespolitischen Ebene Karriere, bevor Rossmann 1924 und Schumacher 1930 für württembergische Wahlkreise als SPD-Abgeordnete in den Reichstag einzogen und sich dort als engagierte Republikaner profilierten.

Schumacher ließ nach der Revolution von 1918/19 keinen Zweifel daran aufkommen, dass er sich als einen streitbaren Republikaner verstand. Er gehörte zu den Gründungsmitgliedern des Reichsbanners Schwarz-Rot-Gold und lehnte den Rechtsextremismus der NSDAP ebenso entschieden ab wie den Stalinismus der KPD.[163] Rossmann machte sich als Haushaltsexperte der Reichstagsfraktion in der Weimarer Republik einen Namen. Er trat außenpolitisch für eine deutsch-französische Verständigung ein, plädierte aber – anders als Schumacher – für einen Kurs des vorsichtigen Abwartens, wenn es um die Strategie einer kämpferischen Konfrontation mit der NSDAP ging, für die sich Schumacher in der SPD besonders engagiert einsetzte.

Erich Rossmann hatte im Reichstag gegen das Ermächtigungsgesetz gestimmt und wurde auch deshalb Ende März 1933 sofort aus politischen Gründen als Direktor des Hauptversorgungsamtes Stuttgart in den einstweiligen Ruhestand versetzt. Im April 1933 folgten bei ihm eine Hausdurchsuchung und die Beschlagnahme seiner Bibliothek. Am 10. Juni 1933 kam er im Polizeigefängnis Stuttgart in Schutzhaft. Von dort wurde er zwei Wochen später in einem Sammeltransport mit 60 Kommunisten in das Konzentrationslager auf dem Heuberg überführt, nachdem ihn die SS im Hof der ehemaligen Karlsschule in Stuttgart vor der Abfahrt öffentlich zur Schau gestellt und »unflätigen Beschimpfungen« ausgesetzt hatte,

163 Vgl. dazu Volker Schober, Der junge Kurt Schumacher 1895–1933, Bonn 2000.

wie er in seinen Erinnerungen betont. Auf dem Heuberg habe er gemeinsam mit den zwei gleichzeitig eingelieferten sozialdemokratischen Landtagsabgeordneten Albert Pflüger und Johannes Fischer warten müssen, bis die gesamte Wachmannschaft der SA versammelt gewesen sei, um ein johlendes Spalier zu bilden, durch das die drei Neuankömmlinge in ihre Unterkünfte marschieren mussten. Hierzu stellte Rossmann rückblickend fest:

> »Unsere Ankunft im Lager war in sensationeller Weise angekündigt. Es wurden am Tage vor unserer Einlieferung förmliche Stubenversammlungen abgehalten, die den Zweck verfolgten, vor allem die kommunistischen Häftlinge zu Demonstrationen und Tätlichkeiten gegen uns aufzustacheln. Gefangenen, die sich besonders hervortun würden, war die alsbaldige Entlassung in Aussicht gestellt worden. Die Vorstellung begann jedes Mal mit den Worten: ›Hier sind Eure Bonzen, der Landtagspräsident Pflüger und der Direktor Rossmann und der Schriftsteller Fischer, denen ihr es zu verdanken habt, dass ihr auf dem Heuberg sitzt. Für jeden von ihnen erhalten fünf von euch die Freiheit‹«.

Doch weder die kommunistischen noch andere Häftlinge hätten sich aufhetzen lassen, weil sie sich nicht gegen die drei neuen Mitglieder der Haftgemeinschaft missbrauchen lassen wollten.

Anschließend seien sie zwei Stunden lang von den SA-Männern mit Beschimpfungen, Fußtritten und Faustschlägen von Bau zu Bau und von Stube zu Stube getrieben worden. Den bespuckten, mit Straßendreck überzogenen drei Sozialdemokraten habe man je einen Brennnesselstrauch in die Hand gedrückt. Doch kein Mithäftling hätte sich gegen sie aufwiegeln lassen. Durch die Solidarität der anderen Gefangenen sei den Bewachern sogar »eine Abfuhr erteilt« worden. Denn einer der bereits Inhaftierten habe ihnen die Brennnesselsträuße aus den Händen gerissen und dann ihren Peinigern vor die Füße geworfen, die daraufhin wortlos weggegangen seien. Anschließend hätten sich kommunistische Mithäftlinge »mit rührender Fürsorge« um ihn gekümmert und ihm erstmals nach

26 Stunden aus ihren eigenen kärglichen Vorräten sogar ein kleines Abendessen zubereitet.

Rossmann betont in diesem Rückblick, das Leben auf dem Heuberg, wo er bis Oktober 1933 inhaftiert war, sei zu dieser Zeit »noch in keine so satanische Ordnung gebracht« worden, wie er sie dann nach seiner zweiten Verhaftung im Rahmen der »Aktion Gewitter« von Ende August 1944 bis Ende Oktober 1944 im Konzentrationslager Sachsenhausen habe erdulden müssen.[164] Doch »das System des Quälens, der Einschüchterung, der Demütigung, der körperlichen und seelischen Misshandlung« sei bereits in der Gründungsphase der Konzentrationslager »schon stark ausgebildet« gewesen.[165] Nach seiner Entlassung aus dem Konzentrationslager Sachsenhausen im Oktober 1944 im tauchte Rossmann unter. Nach dem Zweiten Weltkrieg setzte er seine politische Karriere im Süddeutschen Länderrates fort. Er engagierte sich als Generalsekretär der Europa-Union und als erster Intendant von Radio Stuttgart bis zu seinem Tod im September 1953 für die europäische Einigung.

Kurt Schumacher war derjenige sozialdemokratische Reichstagsabgeordnete, der sich den besonderen Hass der Nationalsozialisten auf exemplarische Art und Weise zugezogen hatte. Anlass dafür war die erste Reichstagsrede des 36-jährigen Abgeordneten, die er am 23. Februar 1932 hielt. Nachdem die beiden NSDAP-Abgeordneten Goebbels und Strasser in dieser Parlamentssitzung die SPD als die Partei der Deserteure bezeichnet hatten, ergriff Schumacher als persönlich diffamierter Kriegsinvalider das Wort. Er attackierte die NSDAP in einer bis dahin unbekannten Schärfe und warf den Nationalsozialisten vor, auf einem »Niveau moralischer und intellektueller Verlumpung und Verlausung zu kämpfen«. Und er prophezeite, das deutsche Volk werde »Jahrzehnte brauchen«, um »von den Wunden zu gesunden, die ihm diese

164 Vgl. zur »Aktion Gewitter« das Kap. V.

165 So Erich Rossmann in seinen Erinnerungen: Ein Leben für Sozialismus und Demokratie, Tübingen 1946, S. 63 ff. Vgl. dazu auch die weiteren bei Schumacher, MdR, S. 405 ff. zitierten Quellen; Gedenkbuch, S. 420 f.

Art Agitation geschlagen« habe. Dem schloss er die nach dem Ende des NS-Systems viel zitierte Bemerkung an: »Die ganze nationalsozialistische Agitation ist ein dauernder Appell an den inneren Schweinehund im Menschen.« Anschließend attestierte er den Nationalsozialisten noch, ihnen sei »zum ersten Mal in der deutschen Politik die restlose Mobilisierung der menschlichen Dummheit gelungen«. Seine kurze, von vielen Zwischenrufen und von zwei Ordnungsrufen des Reichstagspräsidenten Löbe unterbrochene spektakuläre Stegreifrede schloss Schumacher mit folgendem Satz an die »Herren Nationalsozialisten« ab: »Sie können tun und lassen, was sie wollen; an den Grad unserer Verachtung werden sie niemals heranreichen.«[166]

Für Schumacher wurde die Machtübertragung an die Nationalsozialisten zum Beginn eines langen Leidensweges, den er fast nicht überlebt hätte. Vor der Reichstagssitzung vom 23. März 1933 war er an der Ausarbeitung der Rede von Otto Wels zum Ermächtigungsgesetz beteiligt gewesen. Nach dem Nein der SPD-Fraktion zu diesem Gesetz musste er erleben, dass die württembergische Parteiführung um Wilhelm Keil und Erich Rossmann sich auf dem Kompromisskurs bewegte, der am 17. Mai in der Zustimmung der sozialdemokratischen Rumpffraktion zur »Friedensresolution« Hitlers mündete. Er selbst führte unter den 65 Abgeordneten hingegen die Gruppe von 17 Abweichlern an, die dafür votierten, dieser Sitzung demonstrativ fernzubleiben.[167]

Am 1. Juni 1933 funkte die Politische Polizei Württembergs an alle Polizeibehörden, der SPD-Abgeordnete Schumacher – Kennzeichen »einarmig« – sei in »Schutzhaft« zu nehmen. Viele Freunde und Verwandte rieten ihn nun zur Emigration und boten an, ihm auf diesem Weg zu helfen. Wie andere militante Sozialisten, etwa Carlo Mierendorff und Theodor Haubach, lehnte er dieses Angebot ab und votierte für den illegalen Kampf in Deutschland. Am 6. Juli 1933

166 Die Rede ist abgedr. in: Klaus Schönhoven/Hans-Jochen Vogel (Hg.), Frühe Warnungen vor dem Nationalsozialismus. Ein historisches Lesebuch, Bonn 1998, S. 245-248.
167 Vgl. dazu Kap. III.

spürte ihn die Gestapo in seinem Berliner Versteck auf. Wenige Tage später jubelte der Stuttgarter NS-Kurier, einer der »schamlosesten sozialdemokratischen Hetzer ganz Deutschlands« sei unschädlich gemacht worden. Dessen Angriffe auf die »nationalsozialistische Freiheitsbewegung« seien so »abgrundtief gemein« gewesen, dass er nicht mehr erwarten könne, als politischer Gegner behandelt zu werden. Man werde ihn »nur noch kriminell« bewerten.[168]

Schumacher verbrachte nach einer Gefängnishaft in Berlin und Plötzensee anschließend neun Jahre und neun Monate lang in Konzentrationslagern, zunächst bis April 1935 in den beiden württembergischen Lagern auf dem Oberen Heuberg und auf dem Oberen Kuhberg, anschließend acht Jahre im KZ Dachau. Zeitweise war er auch noch ab Herbst 1939 als Häftling im KZ Flossenbürg, als das KZ Dachau vorübergehend geschlossen wurde. Bei seiner Entlassung aus Dachau am 16. März 1943 hatte er bei einer Körpergröße von 1,80 Meter nur noch ein Gewicht von 42 Kilo. Die Gestapo entließ ihn als einen Todgeweihten, wies ihm aber Hannover als künftigen Aufenthaltsort zu, weil sie sich nicht sicher war, was seine Rückkehr in seine politische Heimat Württemberg dort bewirken könnte. In Hannover organisierte Schumacher bereits wenige Tage vor Kriegsende die Wiedergründung der SPD und verkündete den künftigen Mitgliedern und Funktionären der Partei: »Wir setzen alle Kräfte ein für ein neues Leben mit neuem Inhalt«.[169]

Auf seinen fast zehnjährigen Leidensweg durch vier verschiedene Konzentrationslager wurde Schumacher immer wieder mit unmenschlichen Haftbedingungen konfrontiert und in jedem dieser Lager besonders schikaniert. In seinem Fall verzichtete man allerdings

168 So der in Stuttgart erscheinende NS-Kurier am 11. Juli 1933. Zit. n. Silvester Lechner, Das KZ Oberer Kuhberg und die NS-Zeit in der Region Ulm/Neu-Ulm. Vorgeschichte, Verlauf, Nachgeschichte, Stuttgart 1988. Die hier nur knapp geschilderten Verfolgungserfahrungen Schumachers im Frühjahr 1933 behandelt ausführlich Peter Merseburger, Der schwierige Deutsche. Kurt Schumacher, Stuttgart 1995, S. 150 ff.; seine Befunde zum Schicksal Schumachers während der NS-Zeit werden im Folgenden immer wieder herangezogen.

169 Zit. n. Merseburger, Der schwierige Deutsche, S. 194; dort auch ausführliche Hinweise auf die Rolle Schumachers als erster Nachkriegsvorsitzender der SPD.

darauf, ihn – wie Rossmann – vor seiner Einlieferung in das KZ auf dem Oberen Heuberg in der württembergischen Landeshauptstadt Stuttgart demonstrativ zu »verabschieden«. Man befürchtete, dass eine öffentliche Zurschaustellung des prominenten Sozialdemokraten und Kriegsinvaliden in der Bevölkerung nicht auf ungeteilten Beifall stoßen könnte. Auf dem Heuberg jagte man ihn dann bei glühender Hitze auf dem Kasernenhof herum und ließ ihn sinnlose Arbeiten verrichten. Im KZ auf dem Oberen Kuhberg in der ehemaligen Bundesfestung Ulm war er anschließend in einer feuchten und finsteren Kasematte eingekerkert und wurde mit Strafmärschen gequält. Die Wachmannschaften ließen ihn stundenlang auf dem Appellplatz strammstehen und verprügelten ihn regelmäßig. Er trat zeitweise in einen Hungerstreik, der ihn in Lebensgefahr brachte. Als er sich beim Kommandanten des Lagers beschwerte, ließ dieser ihn mehrere Wochen lang in den unterirdischen Strafbunker werfen, der mit einer eisernen Tür nahezu luftdicht abgeschlossen war. Hier gab es keine Heizung und keine Decken. Das einzige »Mobiliar« war ein Strohsack und ein Eimer für die Notdurft. Schumachers Essensration reduzierte man auf die Hälfte.[170]

Im April 1935 verlegte man ihn nach der Schließung des Lagers auf dem Oberen Kuhberg in das KZ Dachau, wo er die nächsten acht Jahre bis auf den mehrmonatigen Zwischenaufenthalt im KZ Flossenbürg im Winter 1939/40 verbringen musste. In dem streng geregelten und militärisch geordneten Mikrokosmos des Terrors in Dachau zwang man den Einarmigen dazu, schwere Steine zu schleppen, wobei seine Bewacher den Tod des Invaliden und »nutzlosen Essers« sicherlich einkalkulierten.[171] Durch diese Arbeit wurde Schumacher so sehr geschwächt, dass er erneut in einen Hungerstreit trat, der fast sein Ende bedeutet hätte. Wichtig für sein Überleben war während dieser lebensbedrohenden Situa-

170 So sein Mithäftling Julius Schätzle in seinen Erinnerungen: Stationen zur Hölle. Konzentrationslager in Baden und Württemberg 1933–1945. 2. verb. Aufl., Frankfurt a. M. 1980, S. 36 f.; Merseburger, Der schwierige Deutsche, S. 169 ff.

171 Vgl. dazu Hammer, Hohes Haus, S. 90.

tion, aber auch anschließend, die Solidarität seiner Mitgefangenen über alle alten Parteigrenzen hinweg. Obwohl er selbst wie ein Einzelgänger lebte und kaum jemand an sich herankommen ließ, war er auf die Hilfe dieser Mithäftlinge im Lageralltag angewiesen, die seine unbeugsame Haltung besonders beeindruckte.

Ab Herbst 1935 war er von schwerer körperlicher Arbeit befreit und erhielt den Posten als Leiter der Lagerbücherei in Dachau. Hier baute Schumacher in der Folgezeit ein Zentrum für den Informationsaustausch zwischen seinen Mitgefangenen auf. Diese Bibliothek wurde von ihm »zu einer Zelle des sozialdemokratischen Widerstands« in Dachau geformt, in der Schumacher viele Kontakte zu seinen Gesinnungsgenossen unterhielt.[172] Zu den Kommunisten, die ansonsten in der Dachauer Häftlingsselbstverwaltung die wichtigsten Schlüsselpositionen besetzten, hielt Schumacher jedoch Distanz, weil er die Rolle der KPD bei der Zerstörung der Weimarer Republik nicht vergessen konnte und von einem antifaschistischen Schulterschluss der Arbeiterparteien prinzipiell nichts wissen wollte. Obwohl er sich stets am Rande des körperlichen Zusammenbruchs bewegte, prägte ein selbstbewusster und furchtloser Eigensinn Schumachers Verhalten. Hinzu kamen sein persönlicher Mut und eine fast religiöse Gesinnungstreue zu den Idealen der Sozialdemokratie, die seine Märtyrerrolle ebenso charakterisierten. Nach seiner Entlassung aus dem KZ Dachau im März 1943 teilte er anderthalb Jahre lang das Schicksal der Bewohner Hannovers während der zahlreichen Bombenangriffe auf die Stadt bis zu seiner erneuten Verhaftung im Rahmen der »Aktion Gewitter« am 24. August 1944.[173] Nochmals wurde er vier Wochen lang in einem Konzentrationslager inhaftiert. Dieses Mal war es das KZ Neuengamme bei Hamburg. Niemand hätte dem von der Haft schwer gezeichneten Schumacher zugetraut, dass er den politischen Neubeginn der SPD bereits im Mai 1945

172 So Torsten Seela, Die Lagerbücherei im KZ Dachau, in: Dachauer Hefte, 7. Jg. 1991, S. 34-46, Zitat S. 40; vgl. Merseburger, Der schwierige Deutsche, S. 184 ff.

173 Vgl. dazu Kap. V.

von Hannover aus steuern und dann als Gründungsvorsitzender der Nachkriegssozialdemokratie die Schlüsselrolle spielen würde.

Wie Kurt Schumacher zählte auch Ernst Reuter in der Spätphase Weimarer Republik zur Garde der jüngeren SPD-Politiker, auf die man in den Reihen der überzeugten und kämpferischen Republikaner große Hoffnungen setzte. Sein politischer Lebensweg war bis dahin alles andere als gradlinig verlaufen. Als Bürgersohn aus einem puritanischen Elternhaus hatte er sich bereits in jungen Jahren vor dem Ersten Weltkrieg für die SPD engagiert, womit ihm eine staatliche Anstellung als Lehrer verbaut blieb. Nach seiner Einberufung zum Militärdienst im März 1915 geriet er im August 1916 schwer verwundet in russische Kriegsgefangenschaft. In der Folgezeit unterstützte Reuter die Bolschewiki, weshalb ihn Lenin im Mai 1918 zum Volkskommissar für wolgadeutsche Angelegenheiten ernannte. Der russische Revolutionsführer bescheinigte seinem deutschen Genossen nach dessen Rückkehr in die Heimat im Dezember 1918, er sei »ein brillanter und klarer Kopf«, aber »etwas zu unabhängig«.[174]

In der Tat war Reuter in den folgenden Jahren als einer der Wortführer und Spitzenfunktionäre der KPD und der USPD ein eigenwilliger politischer Aktivist, der sich nicht bevormunden lassen wollte und nur schwer unterordnen konnte. 1922 führte ihn sein politischer Weg zurück in die SPD, in der er sich in der Folgezeit als ein ebenso energischer wie einfallsreicher Kommunalpolitiker profilierte. Seine Wahl zum Magdeburger Oberbürgermeister im April 1931 und sein Einzug in den Reichstag im Juli 1932, in den er für den Wahlkreis Magdeburg im März 1933 dann erneut gewählt wurde, erschlossen ihm neue nationale Betätigungsfelder. Dass Reuters facettenreicher politischer Lebensweg, der ihn als sowjetischen Volkskommissar, als KPD-Organisator und Mitglied der kommunistischen Parteizentrale, als Redakteur des Zentralorgans der USPD und schließlich als kommunalpolitisch profilierten Repräsentanten der sozialdemokratischen Reichstagsfraktion auswies,

174 Vgl. dazu die monumentale Biografie von Willy Brandt und Richard Löwenthal, Ernst Reuter. Ein Leben für die Freiheit, München 1957, S. 121.

auf die NSDAP wie der Steckbrief eines Schwerverbrechers wirkte, sollte sich 1933 sofort zeigen.

Am 11. März 1933 stürmten SA-Mitglieder das Magdeburger Rathaus, um Reuter in »Schutzhaft« zu nehmen. Dies konnte durch einen Polizeimajor noch verhindert werden, nicht aber Reuters Entlassung als Oberbürgermeister der Stadt. Seine Prophezeiung, dass die Deutschen »nun einmal gründlich sind« und auch »bei dieser Diktatur gründliche Arbeit machen werden«[175], sollte sich auch für ihn selbst in der Folgezeit bewahrheiten. Am 9. Juni 1933 wurde er wegen seiner »staatsfeindlichen Aktivitäten« als KPD- und SPD-Funktionär im Polizeigefängnis Magdeburg in Einzelhaft genommen. Dem folgte am 11. August 1933 seine Überführung in das KZ Lichtenberg, in dem er nach einer noch erträglichen Behandlung im Polizeigefängnis nun das ganze Ausmaß des nationalsozialistischen Terrors am eigenen Leib ertragen musste. Er war hier nicht der einzige »Prominente« aus den Reihen der Sozialdemokratie. Zu dieser Gruppe kamen in den folgenden Monaten auch der Reichstagsabgeordnete Carlo Mierendorff, der hessische Gewerkschaftsführer Wilhelm Leuschner, der schlesische Oberpräsident Hermann Lüdemann sowie die in diesem Kapitel bereits biografisch vorgestellten Reichstagsabgeordneten Franz Künstler und Friedrich Ebert hinzu.

Reuter wurde zum Stubenältesten dieser Gruppe von »Prominenten« ernannt, die ihre Bewacher im Lageralltag mit Schreib-, Rauch- und Besuchsverboten schikanierten. Die gemeinsam eingesperrten Sozialdemokraten hatten die schmutzigsten, unangenehmsten und anstrengendsten Arbeiten zu verrichten. Sie wurden nur unzureichend ernährt und mussten auf dünnen strohgefüllten Säcken schlafen. Eines Nachts quälten betrunkene SS-Leute Reuter und inszenierten für ihn auf dem Hof eine Scheinerschießung. Seine Parteifreunde und er selbst erhielten schon für kleinste Vergehen

175 Zit. n. Brandt/Löwenthal, S. 277. Dort weitere Informationen zum Verfolgungsschicksal Reuters, bis zu seiner Emigration nach Großbritannien und dann in die Türkei, die hier nur knapp referiert werden können (S. 277-293); s. auch Rainer Möckelmann, Wartesaal Ankara. Ernst Reuter. Exil und Rückkehr nach Deutschland, Berlin 2013.

willkürlich verhängte »Lagerstrafen«, deren Bandbreite von »Ehrenrunden« auf dem großen Hof des Lagers bis zu einem mehrtägigen Arrest in feuchten und kalten Haftzellen, in denen es nur Wasser und Brot gab, reichte. In den Arrestzellen wurden die Gefangenen von den Wachmannschaften noch furchtbar verprügelt, weshalb man sie anschließend als »koloriert« bezeichnete, wenn sie grün und blau geschlagen wieder aus dem Arrest entlassen wurden. Reuter hat die Standfestigkeit seiner Lagergefährten in der Trostlosigkeit im KZ Lichtenburg rückblickend besonders betont:

> »So wenig ich die Schreie der Geschlagenen in der Nacht vergessen werde, so wenig werde ich aus meiner Erinnerung auslöschen können, wie meine Kameraden aufrecht und ungebrochen vor ihren Peinigern gestanden haben und ihnen immer noch Respekt einflößten, wenn sie auch wehrlos waren«.[176]

Reuter wurde überraschend Anfang Januar 1934 aus dem KZ Lichtenberg entlassen, nachdem sich seine Frau bei britischen Zeitungskorrespondenten und prominenten Politikern in London, bei deutschen Fürsprechern, hier vor allem beim katholischen Bischof von Meißen, um seine Entlassung bemüht hatte. Von britischen Quäkern eingeladen, konnte er nach der Haftentlassung einen zweiwöchigen Erholungsurlaub im Taunus verbringen. Seinen Gastgebern erschien der 45-Jährige wie ein alter Mann, in dessen Gesicht sich die Spuren der furchtbaren Erlebnisse im Konzentrationslager tief eingegraben hatten. Anschließend nahm Reuter Verbindungen zu zuverlässigen Parteifreunden in der SPD auf und traf sich mit wichtigen Kontaktleuten im Widerstand, zu denen auch der Gewerkschaftsführer und ehemalige hessische Ministerpräsident Wilhelm Leuschner gehörte. Diese Aktivitäten blieben den Verfolgungsbehörden jedoch nicht verborgen, die deswegen am 16. Juni 1934 Reuters erneute Einlieferung in das KZ Lichtenburg veranlassten.

176 Zit. n. Brandt/Löwenthal, S. 283; dort auch die Quellenhinweise zum Folgenden.

Die Haftbedingungen waren für ihn während dieser zweiten dreimonatigen Inhaftierung in Lichtenburg noch belastender als während seiner ersten Haftzeit in diesem Konzentrationslager. Über Einzelheiten dieses Lageraufenthaltes äußerte er sich später in Briefen aus der Türkei, wohin er Anfang Juni 1935 nach seiner geglückten Emigration nach Zwischenaufenthalten in den Niederlanden und England übergesiedelt war: »Die absichtliche Inhaftierung unter Berufsverbrechern, die Verwendung zur Kloakenreinigung und alle erdenklichen Teufeleien« hätten nur dem Ziel gedient, ihn innerlich zu zerbrechen. Ihm war der Kontakt zu politischen Mithäftlingen verboten und er musste zeitweise in Einzelhaft oder Dunkelhaft verbringen. Seine Frau konnte eine Besuchserlaubnis durchsetzen und mit ihm eine »Unterredung« führen. Über ihre Eindrücke schrieb sie in einem Brief an Viktor Schiff, einem ehemaligen Kollegen Reuters als sozialdemokratischer Journalist: »Als mein Mann vorgeführt wurde und mich sah, brach er zusammen. Abgesehen vom Äußeren (alte Schupo-Kleidung, kahl geschoren) sah er sehr verändert aus, wie ein Mensch der wochenlang nicht geschlafen hat«. Er selbst schilderte rückblickend diese Begegnung mit seiner Frau in den Worten: »Ich wurde hinaufgelassen und kam wohl in einem etwas gespenstischen Zustand aus dem Kellerloch heraus«. Er habe seiner Frau wegen »der äußerst strengen Bewachung« jedoch »nicht ein einziges Wort über das sagen« können, »was wirklich vor sich ging, denn ich hätte es auszubaden gehabt und man hat in solchen Momenten wenig Neigung, sein eigenes ungewisses Los noch mit neuen Hypotheken zu belasten«.[177] Nach seiner Entlassung aus diesem zweiten KZ-Aufenthalt im September 1934 kehrte Reuter als kranker Mann nachhause zurück. In einem Brief, in dem er Ende 1945 über Diskussionen unter den Gefangenen im Lager berichtete, schrieb er, er hätte nie von einem Tag der Rache geträumt und zu seinen Kameraden gesagt: »Zur

177 Zit. n. Brandt/Löwenthal, S. 287.

Rache werden wir niemals fähig sein, denn wir können es diesen Bestien nicht nachmachen.«[178]

Der Titel, den Willy Brandt und Richard Löwenthal der von ihnen gemeinsam verfassten Biografie Reuters gegeben haben, trifft sein politisches Handeln und sein programmatisches Denken sehr präzise: »Ein Leben für die Freiheit«. Nach seiner Rückkehr aus dem türkischen Exil nach Deutschland im Herbst 1946 wurde Reuter bereits im Frühsommer 1947 zum Oberbürgermeister von Berlin gewählt. Dieses Amt konnte er jedoch erst nach der endgültigen Teilung der ehemaligen Reichshauptstadt nur im Westteil der Stadt ausüben, nachdem ein sowjetisches Veto ihn daran gehindert hatte, der Oberbürgermeister aller Berliner zu sein. Sein Kampf für ein freies Berlin und sein demonstrativer Widerstandswille, den er während der Blockade der Zufahrtswege nach Berlin durch die sowjetischen Besatzungstruppen zwischen Juni 1948 und Mai 1949 bekundete, ließen ihn den folgenden Jahren in vielen Ländern der Welt zu einer Symbolfigur der Demokratie und der Freiheit werden.

Fritz Henßler gehörte der Generation von sozialdemokratischen Reichstagsabgeordneten an, die nach der Jahrhundertwende ihre politische Karriere im Wilhelminischen Deutschland auf der lokalen Ebene begonnen hatten, bevor sie nach dem Ersten Weltkrieg, in dem sie zum Kriegsdienst einberufen worden waren, diese auch überregional kontinuierlich fortsetzen konnten. Seine Parteiheimat war der SPD-Bezirk Westliches Westfalen, in dem er sich während der Weimarer Republik vor allem in den Ruhrgebietsgemeinden als Kommunalpolitiker profilierte, bevor er 1930 als Reichstagsabgeordneter seinen Wirkungsbereich auch auf die nationale Ebene ausdehnen konnte.

Die Machtauslieferung an die Nationalsozialisten markierte auch in seinem persönlichen und politischen Leben eine tiefe Zäsur. Nach einer dreitägigen »Schutzhaft« im April 1933 folgte zwei Tage nach

178 Zit. n. Brandt/Löwenthal, S. 290. Vgl. zur KZ-Haft Reuters. Hans G. Lehmann, Ernst Reuters Entlassung aus dem Konzentrationslager, in: Archiv für Sozialgeschichte, Jg. 13, 1973, S. 483-508.

dem Verbot der SPD seine zweite Haftzeit, die er vom 24. Juni 1933 bis zum 5. September 1933 in der »Steinwache« in Dortmund, einem berüchtigten Foltergefängnis der Gestapo, verbringen musste. Nach seiner Entlassung nahm er Verbindung zu verschiedenen Widerstandsgruppen auf, für die eine von seiner Frau in Dortmund betriebene Leihbücherei eine wichtige Anlaufstelle war. Am 25. April 1936 wurde Henßler erneut verhaftet und blieb mehr als ein Jahr lang in Untersuchungshaft im Gerichtsgefängnis Dortmund. Da man den ihm vorgeworfenen Hochverrat nicht konkret nachweisen konnte, verurteilte ihn am 3. Mai 1937 das Oberlandesgericht Hamm wegen eines juristisch fragwürdig konstruierten Verstoßes gegen das »Gesetz gegen die Neubildung von Parteien« zu einem Jahr Gefängnis. Obwohl diese Strafe eigentlich durch seine Haftzeit in der Untersuchungshaft bereits verbüßt war, lieferte die Gestapo ihn nach der Gerichtsverhandlung dennoch am 7. Juni 1937 in das Konzentrationslager Sachsenhausen ein. In seinem Schlusswort vor dem Oberlandesgericht hatte er nämlich bekannt: »Ich war und bin demokratischer Sozialist in der festen Überzeugung, dass letzten Endes jede Gewaltpolitik durch sich selbst gestraft wird und an sich selbst zugrunde geht.«[179]

Dieses erst 1936 errichtete Lager spielte als eines der Mordzentren des Nationalsozialismus eine Schlüsselrolle in dessen System des totalen Terrors. Es war der Ausbildungsort für die Kommandanten und für das Bewachungspersonal in den Konzentrationslagern im gesamten NS-Machtbereich. Die in Sachsenhausen in der Zeit bis 1945 untergebrachten 200.000 Häftlinge wurden zumeist als Zwangsarbeiter von deutschen Konzernen in der Rüstungsindustrie ausgebeutet. Die Häftlinge waren in Einzelhaft oder in Massenunterkünften untergebracht, konnten im Dunkelarrest gefangen gehalten werden, mussten in einem Erdbunker besonders brutale Strafen erdulden und ihnen drohte der Tod in einer Massenerschießungs-

179 Zit. n. Karl Lauschke, Henßler, Fritz (1886–1953). Der Einheit und sozialen Gerechtigkeit verpflichtet, in: Siegfried Mielke (Hg.), Gewerkschafter in den Konzentrationslagern Oranienburg und Sachsenhausen. Biografisches Handbuch, Bd. 1, Berlin 2002, S. 78-84, Zitat S. 81.

anlage. In diesem Lager war Henßler fast acht Jahre lang der Willkür der Wachmannschaften ausgesetzt, die er trotz aller Strapazen und physischen Belastungen überlebte.[180]

Die Evakuierung des Lagers durch die SS begann am 21. April 1945, als Verbände der Roten Armee nur noch wenige Kilometer von Sachsenhausen entfernt standen. Henßler gehörte zu den 36.000 Häftlingen, die nun von den Wachmannschaften nach Nordwesten in Marsch gesetzt wurden. Auf diesem Marsch, der für viele zum Todesmarsch wurde, brach er mehrmals entkräftet zusammen und wurde immer wieder von Mithäftlingen vor der Erschießung durch die SS-Begleiter bewahrt. In der Nähe von Schwerin fand er schließlich einen Unterschlupf, in dem er das Kriegsende versteckt überlebte, bevor er im Juni 1945 nach Dortmund zurückkehren konnte. Hier setzte er ohne Rücksicht auf seinen geschwächten Gesundheitszustand sofort sein Engagement in der Gewerkschaftsbewegung und in der Sozialdemokratie fort. Von Ende Oktober 1946 bis zu seinem Tod amtierte er als Oberbürgermeister von Dortmund und war neben Kurt Schumacher eine der unbestrittenen Führungspersönlichkeiten in der Nachkriegssozialdemokratie. Henßler starb am 4. Dezember 1953 im Alter von 67 Jahren an einem Nierenleiden, das eine Spätfolge seiner langen KZ-Haft war.[181]

Die in diesem Kapitel ausführlicher geschilderten Verfolgungsschicksale von prominenten Sozialdemokraten, die alle bis auf den zunächst emigrierten Josef Felder bereits während der ersten Verhaftungswelle 1933 festgenommen worden sind und den totalitären Terror des NS-Regimes dann in den frühen Konzentrationslagern in seiner zügellosen Brutalität sofort am eigenen Leib zu spüren bekamen, ließen sich noch durch weitere biografische Beispiele ergänzen. Denn von den 39 Reichstagsabgeordneten der SPD,

180 Das Lager Sachsenhausen steht immer wieder im Zentrum der Untersuchung von Wachsmann, Konzentrationslager.

181 Vgl. zu seiner Rolle in der SPD nach 1945: Stefan Mühlhöfer, Fritz Henßler – sein Wirken als Landes und Bundespolitiker in der Nachkriegszeit, in: Beiträge zur Geschichte Dortmunds und der Grafschaft Mark, Bd. 104, 2013, S. 145-166; s. zu seiner Biografie auch Schumacher, MdR, S. 185 f.; Gedenkbuch, S. 228.

die zwischen 1933 und 1945 KZ-Häftlinge waren, wurden 23 Abgeordnete bereits 1933 inhaftiert. Die zahlreichen Einzelschicksale, die entweder in diesem oder schon in den vorangegangenen Kapiteln ausführlicher beleuchtet worden sind, weisen trotz aller individuellen und situativen Unterschiede eine Reihe von Gemeinsamkeiten auf.

Vor allem ist hier zunächst die totalitäre Macht der SA- oder SS-Kommandos zu nennen, der sich die sozialdemokratischen Abgeordneten nach ihrer Verhaftung recht- und schutzlos ausgeliefert sahen. Diese rechtsradikalen Rabauken konnten ihre ungezügelte Gewalt nach Lust und Laune austoben, weil niemand diesen brutalen Schlägertrupps in den Arm fiel und weil die reguläre Justiz entweder die Augen verschloss oder eingestehen musste, dass ihre Handlungsmöglichkeiten an den Toren der Konzentrationslager endeten. Denn diese hatte das NS-Regime als ein exterritoriales Gelände vom normalen Staatsgebiet abgeschottet. Für die verhafteten SPD-Parlamentarier gab es sofort nach ihrer Festnahme nirgendwo Rechtsschutz durch die überkommene Polizei- und Gerichtsgewalt, als sie von den nationalsozialistischen Greifkommandos in Triumphzügen öffentlich zur Schau gestellt und durch die Straßen getrieben wurden, bevor man sie anschließend in die oft erst provisorisch eingerichteten Konzentrationslager brachte, in denen katastrophale hygienische Verhältnisse bestanden und die Häftlinge in feuchten Kasematten, kalten Festungsräumen oder schnell errichteten Holzbaracken um ihr Überleben kämpfen mussten.

In diesen Lagern wurden sie bei ihrer Ankunft als sozialdemokratische »Bonzen« den Mitgefangenen demonstrativ vorgeführt. Das perfide Kalkül ihrer Bewacher, dass Kommunisten und Sozialdemokraten sich gegenseitig sofort als Todfeinde wahrnehmen und deshalb aufeinander losgehen würden, erwies sich allerdings in dieser extremen Form nicht als realistisch. Im Mikrokosmos der Lager gab es in der Alltagswelt der Opfer nämlich viele Konkurrenz- und Konfliktsituationen, wenn es im täglichen Umgang miteinander um die Vergabe von Posten und Positionen in der Lagerselbstverwaltung oder um die Verteilung der sehr unterschiedlich anstrengenden oder gefährlichen Arbeitsaufträge ging. Außerdem hatte der persönliche Selbsterhaltungstrieb im Kampf um das Überleben oft den Vorrang. Eine gemeinsame Frontstellung von kommunistischen und sozialdemokratischen Häftlingen gegen die NS-Wachmannschaften blieb daher die Ausnahme.

Doch die Bedrohung durch die schrankenlose Gewalt der Täter war im täglichen Häftlingsleben in den Konzentrationslagern eine permanente existenzielle gemeinsame Bedrohung sowohl für die kommunistischen wie auch für die sozialdemokratischen Gefangenen. Schon deshalb eskalierten die prinzipiellen Differenzen zwischen den beiden Parteigruppen nicht bis zu einem offenen Konflikt mit unabsehbaren Folgen für beide Seiten. Dies spiegelt sich in den unterschiedlich akzentuierten Aussagen von ehemaligen Häftlingen nach 1945 wider. Benedikt Kautsky, der Sohn des SPD-Theoretikers Karl Kautsky, der selbst als Häftling des Nationalsozialismus zwischen 1938 und 1945 in Dachau, Auschwitz und Buchenwald gefangen gehalten wurde und dort Zwangsarbeit leisten musste, hat die Strategien, Verhaltensweisen und Gewohnheiten, die sich im Inferno der Konzentrationslager zwischen den Häftlingen entwickelten, rückblickend differenziert beschrieben. Er unterschied zwischen ideologisch geprägten Dogmatikern und Fanatikern auf der einen Seite und den aufrechten und human denkenden Antifaschisten auf der anderen Seite, die »ohne Unterschied der Partei, der Nation oder Konfession« sich gegenseitig geholfen hätten.[182]

Die Konzentrationslager waren aber nicht nur Orte der grenzenlosen Gesetzlosigkeit. Sie waren auch Orte, in denen der Terror und die gnadenlose Ausbeutung perfekt organisiert wurden.

182 Vgl. dazu Benedikt Kautsky, Teufel und Verdammte. Erfahrungen und Erkenntnisse aus sieben Jahren in deutschen Konzentrationslagern, Zürich 1946, S. 285. Ähnlich wie Kautsky argumentierte auch Eugen Kogon, der sechs Jahre Häftling in Buchenwald war, in seiner bereits 1946 erstmals erschienenen bahnbrechenden Studie: Der SS-Staat. Das System der deutschen Konzentrationslager, Frankfurt a. M. 1946. Vgl. dazu auch die Analysen von Röll (Sozialdemokraten, S. 231 ff.), auf der Basis von Aussagen weiterer ehemaliger Häftlinge.

Der Vernichtungswille und die Zerstörungskraft, mit denen die Häftlinge als Sklavenarbeiter in diesen Laboratorien der Gewalt konfrontiert wurden, waren Teil eines durchdachten Systems, dessen Zweck die völlige Auslöschung ihrer Individualität war.[183] Von Anfang an galt hier das Prinzip, dass jeder Häftling arbeiten musste. Man fasste die Lagerinsassen in Arbeitskommandos zusammen und nominierte einen Funktionshäftling als Kapo, der die Weisungen der nationalsozialistischen Kommandoführer durchzusetzen hatte. Oft musste sich dieser Funktionshäftling zwischen den Fronten bewegen, sofern er sich nicht ausschließlich als verlängerter Arm der SS oder der SA verstand. Entscheidend für die Überlebenschancen der Häftlinge war, welche Arbeit sie zugeteilt bekamen und zu erledigen hatten. Hier reichte die Bandbreite von schwerster körperlicher Ausbeutung in Steinbrüchen, Kiesgruben oder bei der Kultivierung von Mooren bis hin zu weniger anstrengenden Arbeiten im Häftlingsrevier oder in der Lagerbücherei, wie das Beispiel von Kurt Schumacher dokumentiert. Wer vor seiner Verhaftung einen handwerklichen Beruf ausgeübt hatte, konnte manchmal in seinem erlernten beruflichen Fachgebiet als Schlosser, Schreiner oder Maurer arbeiten, während Angestellte und Beamte, die Angehörigen intellektueller Berufe sowie natürlich auch die prominenten Politiker der Weimarer Republik wie die sozialdemokratischen Parlamentarier den Quälereien ihrer Bewacher häufiger schutzlos ausgeliefert waren, weil sie in deren Augen auch im Konzentrationslager nutzlose Parasiten blieben.

In den Anfangsjahren des NS-Regimes, als überwiegend deutsche Häftlinge in die Konzentrationslager eingeliefert wurden, in denen auf dem Oberen Heuberg oder auf dem Oberen Kuhberg, in Oranienburg oder Lichtenburg keine geregelten Arbeitsmöglichkeiten bestanden, drangsalierte man die Häftlinge mit sinnlosen, aber kraftraubenden Beschäftigungen, die diese oft auch noch im Laufschritt zu erledigen hatten, was sie zusätzlich belasten und

183 Vgl. dazu die grundsätzlichen Überlegungen von Wolfgang Sofsky, Die Ordnung des Terrors: Das Konzentrationslager, Frankfurt a. M. 1993.

gesundheitlich schädigen sollte. Wer in die Emslandlager an der holländischen Grenze kam, hatte zumeist härteste Arbeit in Börgermoor oder Esterwegen als »Moorsoldat« zu leisten, mit der gerade ehemalige »Geistesarbeiter« körperlich völlig überfordert wurden. Nach dem Ausbau des Lagersystems und der Ansiedlung von Rüstungsbetrieben im näheren Umfeld der verschiedenen Haftstätten zwang das NS-Regime die Inhaftierten dann zur »produktiven« Arbeit in der Waffenherstellung. Nun stand nicht mehr die sinnlose Quälerei im Vordergrund, sondern die gezielte Ausbeutung bei einer im wahrsten Sinne erschöpfenden Tätigkeit in den Fabriken. Für diese Art von Arbeit waren natürlich gelernte Facharbeiter, die in die Fänge des NS-Systems geraten waren, besser geeignet als die handwerklich »ungeschulten« Parlamentarier der SPD, die sich oft als Redakteure in der Parteipresse einen Namen gemacht hatten oder in die Gruppe der politischen Beamten auf den verschiedenen Verwaltungsebenen im Reich, den Ländern oder den Kommunen während der Weimarer Republik aufgestiegen waren.

Hermann Langbein, der als kommunistischer Widerstandskämpfer die Jahre zwischen 1941 und 1945 in Dachau, Auschwitz und Neuengamme in verschiedenen Positionen als Funktionshäftling überlebte, hat rückblickend festgestellt:

> »Es war für die Überlebenschance jedes Häftlings entscheidend, welchem Arbeitskommando er zugeteilt wurde, ob er im Freien – jedem Wetter ausgesetzt – schwere körperliche Arbeit verrichten musste oder ob er unter Dach arbeiten konnte; ob sich bei der Arbeit eine Möglichkeit bot, etwas zu essen zu beschaffen – zum Beispiel bei landwirtschaftlichen Arbeiten, im Schlachthaus oder in einer Küche – oder ob man in einem Steinbruch oder in einer Kiesgrube keine Möglichkeit hatte, sich etwas Essbares zu organisieren. Entscheidend war auch, ob im Arbeitskommando geprügelt wurde oder nicht. Bei unqualifizierter Arbeit im Freien, wo jeder ständig beobachtet werden konnte, sollten Prügel das Arbeitstempo beschleunigen, dafür sorgte die SS. War jemand an einer Maschine als qualifizierter Facharbeiter eingesetzt, dann waren Prügel keine

geeignete Methode, um eine Beschleunigung der Arbeit durchzusetzen.«[184]

Langbein betonte ferner, dass handwerkliche Berufskenntnisse in der Regel bessere Chancen boten, wenn es um das Überleben im Lager ging, während Akademiker und Intellektuelle keinen besonderen Schutz erwarten konnten. Diese wählten SA und SS bevorzugt als Objekt und Opfer ihrer Erniedrigungen aus. Schon das Tragen einer Brille habe ausgereicht, um den Brillenträger deswegen gezielt zu misshandeln. Bei den politischen Häftlingen aus den Reihen der Sozialdemokratie kam zu diesen berufsbedingten Nachteilen noch hinzu, dass sie zwar oft aus Arbeiterfamilien stammten und nur selten einen intellektuellen Familienhintergrund besaßen. Aber namentlich die Reichstagsabgeordneten der SPD zählten zur Gruppe der Aufsteiger, die ihre erlernten Berufe schon längere Zeit nicht mehr ausgeübt hatten. Sie waren vor ihrer Wahl als Reichstagsabgeordnete in der SPD oder den Gewerkschaften als Partei- oder als Gewerkschaftssekretäre hauptamtlich beschäftigt gewesen, hatten ihren politischen Aufstieg als kaufmännische Angestellte, als Lehrer und als Journalisten begonnen oder waren während der Weimarer Republik zu politischen Beamten ernannt worden, bevor sie ein Reichstagsmandat erhielten.[185]

Im KZ-Alltag lebten die Häftlinge immer in einem Ausnahmezustand, der von Angst und Schrecken überschattet war. Der strikt reglementierte Tagesablauf begann mit einem frühen Morgenappell oft noch vor Tagesanbruch, der oft mit stundenlangem Stehen verbunden war, und er endete mit dem Zapfenstreich am Abend nach

184 Zit. n. Hermann Langbein, Arbeit im KZ-System, in: Dachauer Hefte, 2. Jg. 1986, Heft 2, S. 3-12, Zitat S. 3. Vgl. dazu auch das Dachauer Heft 16 von November 2000 (16. Jg. 2000), das sich mit den Dimensionen der Zwangsarbeit beschäftigt, nachdem sich das Deutsche Reich zu Beginn des Zweiten Weltkrieges endgültig zu einem Sklavenhalterstaat entwickelt hatte, der Millionen von Häftlingen überall im vom NS-Regime okkupierten Europa gnadenlos ausbeutete.

185 Vgl. dazu die Angaben zur sozialen und beruflichen Herkunft der in Buchenwald inhaftierten Sozialdemokraten bei Röll, Sozialdemokraten, S. 191 ff.

Sonnenuntergang, bei dem erneut das Antreten in Reih und Glied zu einer qualvollen Prozedur für die Gefangenen wurde. Anschließend mussten die Häftlinge in Stockbetten, in denen sie nebeneinander gestapelt wurden, die Nacht verbringen. Dazwischen hatten sie in den verschiedenen Arbeitskommandos Schwerstarbeit zu verrichten und standen den ganzen Tag lang unter der Kontrolle der Bewacher. Sie ließen den Häftlingen kaum einen persönlichen Freiraum und fanden immer wieder Gelegenheiten, um Gefangene zu misshandeln. Wer unter diesen Bedingungen seine eigene Identität behaupten wollte, dem konnte dies in der Regel nur dann gelingen, wenn er Kontakte zu Gleichgesinnten aufrechterhielt, die sich gegenseitig in ihrem Überlebenswillen bestärkten und sich unterstützten, wenn Hunger und Krankheiten sie entmutigten und schwächten.

Kommunisten, aber auch die Sozialdemokraten, brachten noch die besten Voraussetzungen mit, um diese Solidarität in einer Gesinnungsgemeinschaft mit ihren Parteigenossen zu praktizieren.[186] In den Häftlingswelten der verschiedenen Konzentrationslager besaßen auch viele sozialdemokratische Reichstagsabgeordnete – wie das Beispiel von Kurt Schumacher besonders eindrucksvoll zeigt – den unbedingt erforderlichen individuellen Überlebenswillen, der sie auch dann nicht verließ, wenn sie vom NS-Regime zwischen 1933 und 1945 mehrmals verhaftet wurden. Das Beispiel Kurt Schumachers zeigt aber auch, dass ohne die Solidarität von Mitgefangenen eine individuelle Selbstbehauptung nicht möglich gewesen wäre.

186 Vgl. zu den »Häftlingswelten« in den Konzentrationslagern die facettenreichen Beobachtungen und Analysen von Wachsmann, Konzentrationslager, S. 144 ff., S. 155 ff., S. 187 ff., S. 200 ff.; s. auch die zahlreichen Erinnerungsberichte von Buchenwald-Häftlingen zum Lagerleben und zu den Lagerstrafen, zu den Arbeitskommandos, zur Krankenstation des Lagers und zu Sonderaktionen, zu denen gezielte Tötungen von Gefangenen und Massenmorde gehörten, und zum »Schlemmerleben« und der Korruption der SS, in: David A. Hackett, Der Buchenwald-Report. Bericht über das Konzentrationslager Buchenwald bei Weimar, München 1996.

Kapitel V

# Weiterhin im Visier der Verfolger: Die Verhaftungswellen während des Zweiten Weltkrieges

Mit seiner Feststellung, das NS-Regime habe sich in Deutschland, vor allem in der Phase seiner Kriegserfolge in einen »Volksstaat« und in eine »Gefälligkeitsdiktatur« verwandelt, hat Götz Aly eine provokante These formuliert, die in der zeithistorischen Forschung eine kontroverse Debatte auslöste.[187] Denn in seinen Befunden und Analysen bleibt weitgehend ausgeblendet, mit welchen terroristischen Mitteln und Methoden die Nationalsozialisten nicht nur in den Anfangsjahren ihrer Herrschaft, sondern auch in deren Endphase ihre politischen Widersacher verfolgten. Im Falle der beiden Arbeiterparteien verloren sie diese Widersacher nie aus dem Blick. Für die Repräsentanten der kommunistischen und der sozialdemokratischen Arbeiterbewegung war die NS-Diktatur deshalb zu keiner Zeit eine »Gefälligkeitsdiktatur«, sondern blieb bis zu ihrem Ende eine Schreckensherrschaft, die ihre linken Gegner 1933 politisch entmachtet hatte und dann zwölf Jahre lang gnadenlos

187 Diese Begriffe hat Götz Aly in einem viel diskutierten Buch geprägt: Hitlers Volksstaat. Raub, Rassenkrieg und nationaler Sozialismus. 4. Aufl., Frankfurt a. M. 2005. Vgl. dazu aus kritischer Distanz Klaus Schönhoven, War die NS-Diktatur eine »Gefälligkeitsdiktatur«? Rückblick auf eine Historikerdebatte, in: Ursula Bitzegeio/Anja Kruke/Meik Woyke (Hg.), Solidargemeinschaft und Erinnerungskultur im 20. Jahrhundert. Beiträge zu Gewerkschaften, Nationalsozialismus und Geschichtskultur, Bonn 2009, S. 459-479.

verfolgte. Natürlich gehörten zu dieser Gruppe der Gefährdeten und von der Geheimpolizei permanent Überwachten alle ehemaligen sozialdemokratischen Reichstagsabgeordneten, sofern sie Deutschland nicht verlassen hatten, um sich im Exil in Sicherheit zu bringen. Auch während der Kriegsjahre konzentrierte sich die rabiate und kompromisslose Verfolgungspolitik des NS-Regimes auf die noch in Deutschland lebenden Parlamentarier der SPD. Und einmal mehr entzog sich der Unrechtsstaat der Nationalsozialisten jeder juristischen Kontrolle, wenn es um die vorbeugende Bekämpfung von potenziellen Gegnern ging.

Dies dokumentieren zwei gezielte Verfolgungswellen. Dies waren die bereits längerfristig geplante Verhaftungsaktion unmittelbar nach dem deutschen Überfall auf Polen am 1. September 1939 sowie die nach dem am 20. Juli 1944 gescheiterten Attentat auf Hitler unter dem Namen »Aktion Gewitter«[188] reichsweit durchgeführten Festnahmen von ehemaligen Spitzenpolitikern der Weimarer Republik. Zu den verfolgten Abgeordneten, die mehrmals verhaftet wurden, also zumeist bereits 1933 ihre ersten Verfolgungserfahrungen hatten machen müssen, um nach einer vorübergehenden Freilassung bei Kriegsbeginn im September 1939 oder dann im Sommer 1944 erneut festgenommen zu werden, zählte ein Viertel der 1933 gewählten SPD-Parlamentarier. Sie erlebten die zwölf Jahre der NS-Diktatur als ein Terrorsystem, vor dem sie nie sicher waren. Einige von ihnen, die ihre erste Inhaftierung 1933 überlebt hatten, wurden in der Endphase des Regimes noch zu seinen Mordopfern. Oder sie kamen auf den »Todesmärschen« kurz vor ihrer Befreiung aus dem Konzentrationslager um. Manche verstarben nach Kriegsende an den Folgen der während ihrer Haftzeit erlittenen Qualen.

188 Für diese Verfolgungswelle wird in der Forschung manchmal auch der Name »Aktion Gitter« verwendet. Dieser ist aber auch die Bezeichnung für eine Verhaftungsaktion im März 1939, als in der Nacht nach der Besetzung der Tschechoslowakei 6.000 Personen, vorwiegend tschechische Kommunisten, durch deutsche Truppen inhaftiert wurden.

Bei der Verhaftungsaktion unmittelbar nach dem Überfall auf Polen im September 1939 stützte sich die Gestapo bei ihren Festnahmen auf die sogenannte »A-Kartei«, in der Personen verzeichnet waren, die das NS-Regime als besonders gefährliche Gegner einschätzte. Im Fokus dieser in der Mitte der 1930er-Jahre begonnenen Datensammlung standen vor allem politische Aktivisten von KPD und SPD, die man nicht aus den Augen verlieren wollte, selbst wenn es bei den erfassten Personen keine konkreten Anhaltspunkte für Widerstandsaktivitäten gab. Den Zweck dieser Kartei hatte Heinrich Himmler in einem Geheimvortrag vor Wehrmachtsoffizieren im Januar 1937 folgendermaßen definiert: Im Falle eines Krieges müsse man »eine recht erhebliche Zahl unsicherer Kantonisten« verhaften und in die Konzentrationslager bringen, wenn man »nicht den Nährboden für höchst unangenehme Entwicklungen« während der Kriegszeit schaffen wolle. Im Krieg werde man nicht nur auf dem Lande, im Wasser und in der Luft kämpfen müssen, sondern auch auf einem »vierten Kriegsschauplatz«, der »Innerdeutschland« sei.[189]

Die von Himmler hier angesprochenen Maßnahmen bereitete dann Reinhard Heydrich, der Chef der Sicherheitspolizei, systematisch vor. Er legte bereits im September 1938 in einer Weisung an die Staatspolizeistellen in insgesamt 58 Städten fest, welche Personen aus der »A-Kartei«, die im Reichssicherheitshauptamt in Berlin zentral geführt wurde, im Kriegsfall sofort vor Ort zu verhaften seien. Die in die Kartei aufgenommenen »Feindgruppen« setzten sich hauptsächlich aus Kommunisten, Sozialdemokraten und prominenten Repräsentanten des politischen Katholizismus zusammen. In seiner Weisung dekretierte Heydrich, dass die

189 Diese Geheimrede enthüllte der im Exil erscheinende »Neue Vorwärts« erstmals im September 1937 der internationalen Öffentlichkeit. Die Zitate sind der Darstellung von Röll, Sozialdemokraten, S. 124 entnommen, dessen Charakterisierung der Sonderaktion von 1939 im Folgenden knapp zusammengefasst wird. Vgl. zur Entstehung der »A-Kartei« Johannes Tuchel/Reinhold Schattenfroh, Zentrale des Terrors. Prinz-Albrecht-Str. 8: Das Hauptquartier der Gestapo, Berlin 1987, S. 128 ff.

Festgenommenen zunächst in Polizei- und Gerichtsgefängnissen untergebracht werden sollten und dann so bald wie möglich in die Konzentrationslager Buchenwald und Sachsenhausen zu überstellen seien. Ein Blitztelegramm der Gestapo informierte deshalb bereits in den Nachtstunden des 31. August 1939 die örtlichen Staatspolizeistellen, wer von den »Feindgruppen« nach dem Überfall auf Polen am 1. September ab sieben Uhr morgens festzunehmen sei.

Wie viele Personen bei dieser gezielt geplanten Sonderaktion verhaftet wurden, ist nicht exakt überliefert. Die einschlägige Forschung geht davon aus, dass es mehrere Tausend waren, die sich bis 1933 zumeist als Funktionäre der KPD oder der SPD engagiert hatten. Fast 9.000 von ihnen wurden im September und Oktober 1939 in das KZ Buchenwald verbracht. Man hatte sie bei Kriegsbeginn verhaftet und dann im Laufe des ersten Kriegsmonats vom Rheinland im Westen bis nach Oberschlesien im Osten Deutschlands sowie vom 1938 in das Deutsche Reich »heimgeholte« Österreich im Süden bis an die an die Nord- und Ostsee angrenzenden Gebiete auf den Transport in dieses thüringische Konzentrationslager geschickt. Jeder der Festgenommenen musste hier zunächst die Einlieferungsprozedur überstehen, d. h., er hatte seine Zivilkleidung gegen die Häftlingskleidung auszutauschen; anschließend folgte ein oft stundenlanges Strammstehen auf dem Appellplatz, bevor die kahl geschorenen und mit einer Häftlingsnummer gekennzeichneten Neuankömmlinge in den Baracken des Lagers untergebracht wurden. Diese »Aktionshäftlinge« wurden bei ihrer Aufnahme in die Lager zumeist nicht misshandelt, weil bereits in den Staatspolizeistellen im gesamten Reichsgebiet ihre erkennungsdienstliche Erfassung mit allerlei Schikanen erfolgt war.

Im Konzentrationslager trafen dann auch die bereits hafterfahrenen Abgeordneten der Arbeiterparteien auf eine in vielerlei Hinsicht veränderte Situation. Sie war nunmehr nicht nur durch den alltäglichen Terror der Wachmannschaften geprägt, sondern wurde durch die besonderen Probleme noch verschärft, die im Zusammenhang mit der bei Kriegsbeginn einsetzenden Masseneinlieferung von ausländischen Häftlingen in die Konzentrationslager entstanden.[190]

Zu den »Aktionshäftlingen«, die parallel zum deutschen Überfall auf Polen festgenommen wurden, gehörten auch fünf der im März 1933 gewählten sozialdemokratischen Reichstagsabgeordneten. Einer von ihnen war Erich Lübbe, der bis 1933 der Vorsitzende des Gesamtbetriebsrates der Siemens-Werke in Groß-Berlin gewesen war, von 1930 bis 1933 dem Hauptvorstand der IG Metall angehört und seit November 1932 die SPD im Reichstag vertreten hatte. Er war von der Nationalsozialistischen Betriebszellen-Organisation im März 1933 nach der Besetzung des Betriebsratsbüros von Siemens entlassen worden. Anschließend versuchte Lübbe seine Gewerkschaftsarbeit illegal bei vertraulichen Treffen mit ehemaligen Kollegen in Berlin fortzusetzen, obwohl er einem enormen Verfolgungsdruck und häufigen Hausdurchsuchungen durch die NSDAP ausgesetzt war. Zunächst konnte er sich durch zahlreiche Reisen immer wieder dem Zugriff der Polizei entziehen, bis er zwischen 1934 und 1936 unter strikter Überwachung stand und sich täglich auf dem für ihn zuständigen Polizeirevier in Berlin melden musste. Seine Angehörigen wussten an keinem Tag, ob er von dort wieder nach Hause zurückkehren würde. Am 1. September 1939 wurde er ohne Haftbefehl an seinem Arbeitsplatz wie rund 70 andere Gewerkschafter festgenommen, weil sein Name in der »A-Kartei« stand. Anschließend verbrachte man ihn am 4. September 1939 gemeinsam mit einigen prominenten Kollegen in das Konzentrationslager Sachsenhausen, wo er bis kurz vor Kriegsende inhaftiert blieb. Während seiner Haftzeit arbeitete er im Küchendienst, in einer Elektrowerkstatt der Deutschen Ausrüstungswerke und zuletzt in Mecklenburg in einem Steinabladekommando. Lübbe wurde noch auf den Todesmarsch der Häftlinge im April 1945 in Richtung Schwerin geschickt, den er überlebte. Nach seiner Befreiung setzte

190 Vgl. dazu die bei Röll, Sozialdemokraten, S. 132 ff. abgedruckten Auszüge aus Erinnerungsberichten von »Aktionshäftlingen«. s. auch die statistischen Angaben in: Buchenwald-Report, S. 146.

er seine Gewerkschaftsarbeit in der IG Metall fort, zu deren Wiederbegründern er unter dem Dach des FDGB in Ost-Berlin zählte. Nach seinem Austritt aus der SED und seiner Übersiedlung in die Bundesrepublik leitete er bis 1954 die Abteilung Mitbestimmung im Bundesvorstand des DGB.[191]

Zwei der im September 1939 verhafteten Reichstagsabgeordneten der SPD überlebten ihre gezielte Inhaftierung bei Kriegsbeginn nicht: Franz Petrich und Michael Schnabrich.

Franz Petrich wurde zum ersten Todesopfer dieser Sonderaktion aus den Reihen der sozialdemokratischen Parlamentarier. Er war seit 1910 im Deutschen Metallarbeiterverband und in der SPD aktiv gewesen und hatte als Mitarbeiter verschiedener Partei- und Gewerkschaftsblätter gearbeitet. Nach dem Ersten Weltkrieg gehörte er als Parteiredakteur und als Dozent an der Heimvolkshochschule der SPD in Gera zu den führenden Funktionären der SPD in Thüringen. Mitglied des Reichstags war er für den Wahlkreis Thüringen vom Juli 1932 bis zum Parteiverbot der SPD im Juni 1933. Nach einer mehrmonatigen »Schutzhaft« im Jahr 1933 schlug er sich zunächst als Versicherungsvertreter durch, bevor er 1935 eine Anstellung beim Reichsministerium für Ernährung und Landwirtschaft in Berlin fand. Im Zuge der Septemberaktion von 1939 wurde er erneut verhaftet. Er war an der Gründung der Widerstandsgruppe »Deutsche Volksfront« beteiligt gewesen, die sich als überparteiliche antifaschistische Plattform in Berlin gebildet hatte. Im Juli 1940 folgte seine Verurteilung zu acht Jahren Zuchthaus wegen der »Vorbereitung zum Hochverrat«. Die folgenden Jahre musste er seine Haft im Zuchthaus Sonnenburg verbüßen. Hier gehörte er zu einer Gruppe von 819 Gefangenen, die in der Nacht

191 Vgl. zu seiner Biografie den Artikel von Arnd Groß, in: Siegfried Mielke (Hg.), Gewerkschafter in den Konzentrationslagern Oranienburg und Sachsenhausen. Biografisches Handbuch, Bd. 1, Berlin 2002, S. 234 f.; Schumacher, MdR, S. 298 f.; Gedenkbuch, S. 210.

vom 30. auf den 31. Januar 1945 kurz vor der Ankunft der Roten Armee erschossen wurden.[192]

Michael Schnabrich hatte seine Karriere in der sozialdemokratischen Arbeiterbewegung im Zentralverband der Schumacher im Wilhelminischen Deutschland begonnen und sich zugleich als lokaler Parteifunktionär der SPD in Hanau auch kommunalpolitisch engagiert. Von 1924 bis 1933 vertrat er die SPD für den Wahlkreis Hessen-Nassau im Reichstag. Im März 1933 verurteilte ihn ein bereits dem NS-Regime angepasstes Strafgericht in Kassel wegen der verleumderischen Beleidigung der NSDAP im Reichstagswahlkampf zu sechs Wochen »Schutzhaft«. Nach seiner Haftentlassung aus dem Kasseler Polizeigefängnis im Mai 1933 mussten er und seine Familie mehrfach Haudurchsuchungen und Vernehmungen über sich ergehen lassen. Seinen Lebensunterhalt verdiente er in der Folgezeit als Geschäftsführer eines Kinos in Kassel. Am 1. September 1939 verhaftete ihn die Gestapo in Kassel im Rahmen der Sonderaktion. Obwohl er an einer Herzkrankheit litt und eigentlich haftunfähig war, lieferte man ihn Mitte September 1933 in das KZ Sachsenhausen ein. Am 7. Oktober 1939 misshandelte ein SS-Oberscharführer Schnabrich beim morgendlichen Zählappell. Zunächst blieb er vor ihm stehen, lachte höhnisch und rief mit Blick auf die angetretenen Gefangenen aus: »Der ist an allem schuld, dass Ihr so schlecht ausseht! Der hat Euch alles weggefressen!« Damit spielte der SS-Mann auf die krankheitsbedingte Korpulenz von Schnabrich an. Anschließend trat er diesem in den Unterleib und hörte erst auf, als ihm selbst die Luft wegblieb. Die Mithäftlinge von Schnabrich trugen den Gepeinigten nach dem Appell in seinen Block, weil er nicht in der Krankenbaracke aufgenommen wurde. Aber die SS-Wachen zwangen ihn, auch weiterhin an den Appellen teilzunehmen. Zu diesen musste er wegen seiner inneren Verletzungen von Mitgefangenen hingetragen werden. Zwei Tage

192 Vgl. dazu Lukas Greber, Der SPD-Reichstagsabgeordnete Franz Petrich, in: Das Konzentrationslager und Zuchthaus Sonnenburg, Jg. 2015, S. 141-143; Schumacher, MdR, S. 361; Gedenkbuch, S. 384.

nach der Mordattacke seines Peinigers verstarb Schnabrich. Als Todesursache ist in der Sterbeurkunde verzeichnet, er sei an einer Verkalkung der Herzkranzgefäße verstorben. Seine Angehörigen durften seinen Leichnam nur aus einer größeren Entfernung sehen, bevor er auf behördliche Anordnung eingeäschert wurde. Der Täter, der zur Tatzeit 21 Jahre alt war, wurde 1959 vom Schwurgericht beim Landgericht Bonn wegen »Mordes in 46 Fällen und des versuchten Mordes in 8 Fällen« zu lebenslangem Zuchthaus verurteilt.[193]

Die zweite Welle von Massenverhaftungen während des Zweiten Weltkrieges löste das NS-Regime mit der »Aktion Gewitter« einen Monat nach dem gescheiterten Attentat auf Hitler am 20. Juli 1944 aus. Unmittelbar nach diesem Anschlag konzentrierte sich die Rache des Regimes zunächst auf die Verschwörer, die das Attentat geplant hatten, sowie auf ihr familiäres Umfeld. Nach der Verhaftung des Attentäters Graf Stauffenberg wurden in den folgenden Wochen mehr als 600 Männer und Frauen festgenommen, unter ihnen 180 Familienmitglieder der militärischen und zivilen Widerstandskämpfer, die man im Zuge dieser reichsweiten Aktion in »Sippenhaft« nahm.

Der erste sozialdemokratische Reichstagsabgeordnete, der sofort nach dem Attentat auf Hitler verhaftet wurde, war Gustav Dahrendorf. Er hatte vom November 1932 bis Juli 1933 als 32-Jähriger und damit als jüngstes Mitglied der SPD-Fraktion dem Reichstag angehört. Zunächst im März und dann im Mai 1933 wurde er bereits zweimal verhaftet. Nach seiner Festnahme im Mai 1933 hielt man ihn drei Monate lang im KZ Fuhlsbüttel gefangen. Nach seiner Entlassung war er zunächst arbeitslos, bevor es ihm 1934 gelang, sich im Kohlengroßhandel eine neue Existenz aufzubauen. Seine Beschäftigung anfangs als Volontär, dann als Prokurist und schließlich als Direktor eines in Berlin, Nürnberg und München vernetzten Handelsunternehmens des Krupp-Konzerns nutzte er, um Kontakte zu Widerstandskreisen zu knüpfen, in denen er für Julius Leber und Wilhelm Leuschner zu einem wichtigen Ansprechpartner wurde. Er unterstützte den Kreisauer Kreis um Carl Goerdeler, der ihn

193 Vgl. zu den einzelnen Angaben: Schumacher, MdR, S. 431 f.; Gedenkbuch, S. 446.

als kommissarischen Bürgermeister Hamburgs und als Zivilbevollmächtigten in seiner geplanten Regierung vorsah. Nachdem ein verschlüsseltes Telegramm von Goerdeler oder Graf Stauffenberg an ihn in die Hände der Gestapo gefallen war, wurde Dahrendorf am 23. Juli 1944 verhaftet und anschließend im KZ Ravensbrück gefangen gehalten. Mit ihm waren zur gleichen Zeit dort auch die sozialdemokratischen Widerstandskämpfer Julius Leber, Hermann Maass und Theodor Haubach inhaftiert. Ende September 1944 überführte man Dahrendorf nach Berlin in das Hausgefängnis der Gestapo. Am 20. Oktober 1944 verurteilte der »Volksgerichtshof« ihn »wegen Nichtanzeigens eines hochverräterischen Unternehmens« zu sieben Jahren Zuchthaus. Im Prozess standen mit ihm gemeinsam auch Julius Leber, Adolf Reichwein und Hermann Maass vor dem von Roland Freisler geleiteten »Volksgerichtshof«. Sie wurden alle zum Tod verurteilt und anschließend hingerichtet. Bis zu seiner Befreiung am 29. April 1945 war Dahrendorf im Zuchthaus Brandenburg-Görden inhaftiert. Während der Haftzeit hatte seine Gesundheit stark gelitten, was ihn aber nicht davon abhielt, sich in den Nachkriegsjahren in führenden politischen Positionen zunächst im Zentralausschuss der SPD in Berlin und dann in der Hamburger Bürgerschaft zu engagieren. Er überlebte seine Befreiung aus der Konzentrationslagerhaft acht Jahre lang, in denen er beim Neuaufbau der Sozialdemokratie nach dem Zweiten Weltkrieg eine führende Rolle spielte. Als »praktischer Idealist« war er eine der zentralen Initiatoren bei der Reorganisation der Konsumgenossenschaften. Dahrendorf verstarb am 30. Oktober 1953 im Alter von 53 Jahren während eines Kuraufenthalts.[194]

Den Kreis der Festzunehmenden, an denen das Regime ein Exempel statuieren wollte, weitete die NS-Führung in der Zeit nach dem 20. Juli 1944 mehr und mehr aus. Am 14. August 1944 notierte

194 Vgl. zu seiner Verfolgungsbiografie Schumacher, MdR, S. 84; Gedenkbuch, S. 111 f.; Hammer, Hohes Haus, S. 39; ferner Walther G. Oschilewski, Gustav Dahrendorf. Ein Kämpferleben, Berlin 1955; Edda Müller, Ein praktischer Idealist, in: Gustav Dahrendorf, Norderstedt 2005, S. 38-46.

sich Himmler nach einer Unterredung mit Hitler, dass auch die »Verhaftung S.P.D. u. K.P.D. Bonzen« in dieser Zusammenkunft ein Thema gewesen sei. Eine entsprechende Absicht hatte Hitler bereits zwei Jahre vorher angekündigt, als er im April 1942 betonte, im Falle einer Meuterei werde er mit »Sofortmaßnahmen« reagieren und »alle leitenden Männer gegnerischer Strömungen« verhaften und exekutieren lassen.[195]

Am 17. August 1944, drei Tage nach der Besprechung mit Hitler, ordnete Heinrich Müller, der Chef der Gestapo, an, alle früheren zwischen 1919 und 1933 aktiven Reichstags- und Landtagsabgeordneten der KPD und der SPD festzunehmen, wobei es gleichgültig sei, »ob diesen im Augenblick etwas nachgewiesen ist oder nicht«.[196] Diese Verhaftungen erfolgten unter dem Decknamen »Aktion Gewitter« dann schlagartig und reichsweit koordiniert am 22. August 1944, wobei die Festnahmen vor allem auf die in der »A-Kartei« erfassten ehemaligen Mandatsträger der beiden Parteien und auf Gewerkschaftsfunktionäre zielten. Aber auch prominente Politiker der katholischen Zentrumspartei wie Konrad Adenauer oder Karl Arnold gehörten zu den Verhafteten. Ihre Festnahme wurde von führenden Repräsentanten der katholischen Kirche wie dem Freiburger Erzbischof Conrad Gröber öffentlich kritisiert und in Kreisen der bekenntnistreuen Bevölkerung mit Unverständnis zur Kenntnis genommen. Man missbilligte, dass nun auch christliche Politiker in das Visier des NS-Regimes gerieten, die willkürlich und schuldlos mit dem Umsturzversuch vom 20. Juli 1944 in Verbindung gebracht worden seien.

Bereits am 28. August 1944 stellte der Gestapo-Chef Heinrich Müller wohl auch deshalb fest, die »Aktion Gewitter« habe nicht die gewünschte Wirkung erzielt. Denn »bei der Festnahme der kommunistischen, sozialistischen und schwarzen Funktionäre« sei man »offensichtlich verschiedentlich recht formal vorgegangen«, ohne

195 Vgl. dazu Winfried Meyer, Aktion »Gewitter«. Menschenopfer für Macht und Mythos der Gestapo, in: Dachauer Hefte, Jg. 2005, S. 3-20.

196 Zit. n. Röll, Sozialdemokraten, S. 171; dort auch weitere Hinweise zum Folgenden.

»die seitherige Haltung des Festgenommenen und seines Familienkreises in Betracht« zu ziehen. Deshalb solle man die Festnahmen nochmals überprüfen und ihm eventuell »Entlassungsvorschläge« unterbreiten. Eine definitive Entscheidung über die Entlassung ehemaliger Reichstags- und Landtagsabgeordneter wollte Müller persönlich treffen.[197] Diese Entlassungen erfolgten dann allerdings unsystematisch und willkürlich.

Genaue Angaben über alle im Rahmen der »Aktion Gewitter« verhafteten ehemaligen Politiker der Weimarer Republik lassen sich nicht machen. Rund 5.000 der aus unterschiedlichen politischen Gründen im August 1944 Festgenommen, die zumeist aus der Arbeiterbewegung kamen, wurden in die Konzentrationslager Dachau, Buchenwald, Neuengamme, Sachsenhausen und in das Frauen-KZ Ravensbrück eingeliefert. Unter ihnen befanden sich auch 24 Abgeordnete, die der im März 1933 gewählten Reichstagsfraktion der Sozialdemokratie angehört hatten. Drei SPD-Abgeordneten gelang es, vor ihrer Verhaftung unterzutauchen: Margarethe Starrmann, die nach dem 20. Juli 1944 unter falschem Namen in einer Kaserne als Küchenhilfe arbeitete; Carl Severing, der als ehemaliger preußischer und Reichsinnenminister schon im März 1933 verhört und verhaftet worden war, anschließend dann in Bielefeld lebte, konnte sich nach dem 20. Juli 1944 zeitweise in Gütersloh verstecken.[198] Und auch Otto Grotewohl, der die SPD zwischen 1925 und 1933 im Reichstag vertreten hatte, im August 1938 und im November 1939 zweimal wegen Hochverrat verhaftet worden war und nach 1945 zu den Staatsgründern der DDR gehörte, konnte seiner Verhaftung im Rahmen der »Aktion Gewitter« in einem Versteck im Schwarzwald entgehen.[199]

Die meisten der im August 1944 verhafteten 24 Mitglieder der SPD-Reichstagsfraktion hatten seit 1933 schon immer wieder

197 Zit. n. Meyer, Aktion »Gewitter«, S. 13.

198 Zu den Verfolgungsschicksalen von Starrmann und Severing zu Beginn der NS-Herrschaft vgl. die Angaben in Kap. I.

199 Vgl. zu seinem Lebensweg Dierk Hoffmann, Otto Grotewohl (1894–1964). Eine politische Biografie, München 2009.

Bekanntschaft mit dem nationalsozialistischen Verfolgungsterror gemacht. Sie waren permanent polizeilich überwacht worden, hatten Entlassungen aus dem Staatsdienst oder als Gewerkschaftsfunktionäre hinnehmen müssen, waren deshalb oft zu einem improvisierten Berufswechsel gezwungen worden, mussten mehrfach ihren Wohnort wechseln, wenn sie sich eine neue Existenz aufbauen wollten, und blieben dennoch stets im Visier des NS-Regimes.[200]

Alle im Zuge der »Aktion Gewitter« inhaftierten SPD-Abgeordneten befanden sich zudem mittlerweile in einem Lebensalter, in dem eine Verhaftung nicht nur eine physische Belastung, sondern auch eine psychische Herausforderung darstellte. Hinzu kam, dass sich die Haftverhältnisse in den Konzentrationslagern während der Kriegsjahre grundlegend verändert hatten. Die Zahl der KZ-Häftlinge war seit 1939 überall sehr stark angestiegen, und die Lagergesellschaften wurden nun von ausländischen Gefangenen dominiert. Im KZ Buchenwald waren im Jahr 1944 beispielsweise über 82.000 Häftlinge im Stammlager auf den Ettersberg und in den etwa 70 seit Kriegsbeginn nach und nach entstandenen Außenlagern untergebracht. Im Vergleich zum Kriegsbeginn hatte sich in Buchenwald die Häftlingszahl in den folgenden fünf Jahren verzehnfacht. Den größten Häftlingsanteil stellten hier mittlerweile Russen, Polen und Franzosen, während der Anteil der deutschen Lagerinsassen nur noch etwa ein Zwölftel der Gesamtzahl betrug.[201]

Inzwischen war aus der oft sinnlosen Sklavenarbeit, wie sie das NS-Regime in den ersten 1933 gegründeten Lagern praktiziert hatte, eine geordnete und straff organisierte Kriegsarbeit in zahl-

200 In diesem Kontext sind auch die in den vorangegangenen Kapiteln bereits ausführlicher vorgestellten Verfolgungsschicksale von Lore Agnes, Maria Ansorge, Nikolaus Bernhard, Julius Finke, Paul Löbe, Erich Rossmann, Kurt Schumacher und Wilhelm Weber zu nennen. Hinzu kamen Richard Partsch, Gustav Schumann und Fritz Ulrich, die seit dem März 1933 ebenfalls immer wieder Hausdurchsuchungen und Verhaftungen hatten erdulden müssen. Erstmals verhaftet wurden im Rahmen der »Aktion Gewitter« die SPD-Abgeordneten August Karsten, Karl Moltmann und Heinrich Richter.

201 Angaben nach Röll, Buchenwald, S. 177; vgl. auch die Ausführungen von Wachsmann zur Lebenssituation in diesen »entfesselten Lagern«, S. 513 ff.

reichen Rüstungsbetrieben im Umfeld der Lager geworden. Hier wurden die Häftlinge mit dem zynisch kalkulierten Programm der Vernichtung durch Arbeit konfrontiert, das von einer beispiellosen Unmenschlichkeit geprägt war. Wer in diesem Inferno der rücksichtslosen Ausbeutung überleben wollte, war auf die Solidarität seiner Leidensgenossen angewiesen. Da viele der im August 1944 im Rahmen der »Aktion Gewitter« gezielt festgenommenen Häftlinge sich persönlich aus der gemeinsamen politischen Arbeit in der Arbeiterbewegung kannten, bemühten sie sich darum, in den Konzentrationslagern Anschluss an die dort von Sozialdemokraten oder Kommunisten bereits gebildeten Solidargemeinschaften zu finden. Für die im Sommer 1944 als Rückkehrer oder als Neulinge in diese während der Kriegsjahre völlig veränderte Häftlingswelt eingelieferten sozialdemokratischen Abgeordneten ging es jetzt vor allem auch darum, die ruinöse Zwangsarbeit zusammen mit lagererfahrenen Kollegen zu organisieren und – soweit dies überhaupt möglich war – miteinander diejenigen bei der Arbeitsverteilung zu schützen, die auf sich allein gestellt schnell zum Tod verurteilt gewesen wären.

Fünfzehn der im August 1944 festgenommen 24 SPD-Abgeordneten wurden entweder nach wenigen Haftwochen bereits im September und Oktober 1944 wieder entlassen oder mussten noch in den folgenden Monaten bis zum Jahresbeginn 1945 in Haft bleiben.[202] Aber auch sie waren nach dieser oft schon zweiten oder dritten Hafterfahrung während der NS-Zeit körperlich und seelisch schwer gezeichnet. Erich Rossmann beschrieb die dreieinhalb Wochen seiner Haft nach der »Aktion Gewitter« im KZ Sachsenhausen mit folgenden Worten: Er hätte nie geglaubt, »dass es ein Mensch länger als ein paar Tage in derartigen Verhältnissen aushalten würde«. Rückblickend erinnerte er sich:

202 Dies waren Lore Agnes, Marie Ansorge, Nikolaus Bernhard, Louis Biester, Julius Finke, August Karsten, Paul Löbe, Karl Moltmann, Richard Partsch, Heinrich Richter, Erich Rossmann, Kurt Schumacher, Gustav Schumann, Fritz Ulrich und Wilhelm Weber.

»Alles vollzog sich in einem Gewimmel, als ob ein Knäuel von Würmern durcheinander kröche. Dantes Höllenvisionen verblassen dagegen. Es war eine nicht abreißende Kette von Aufregungen und der ständigen grauenvollen Angst, selbst der Nächste zu sein, die die beste Gesundheitsverfassung untergraben mussten«.[203]

Zu den im Zuge der »Aktion Gewitter« im August 1944 verhafteten SPD-Abgeordneten, die während der Herrschaftszeit des Nationalsozialismus nicht mehr entlassen wurden, gehörte Otto Witte. Er hatte 1933 als hessischer Landesrat ein Berufsverbot erhalten und stand dann in den folgenden Jahren permanent unter Polizeiaufsicht und musste immer wieder Hausdurchsuchungen hinnehmen. Insgesamt wurde er 22 Mal verhaftet und 1937 schließlich aus seinem Wahlkreis Hessen-Nassau ausgewiesen, den er von 1926 bis 1933 für die SPD im Reichstag vertreten hatte. Anschließend lebte er in Hamburg. Seine letzte Haftzeit verbrachte er ab dem 22. August 1944 im KZ Fuhlsbüttel, aus dem der 60-Jährige im April 1945 von den Siegermächten befreit wurde.[204] Diese Befreiung erlebten vier der im August 1944 festgenommenen SPD-Abgeordneten nicht mehr. Sie starben in den letzten Kriegsmonaten während der Haft. Dies waren Hermann Tempel, Paul Gerlach, Jakob Weimer und Ernst Schneppenhorst.

Hermann Tempel gehörte von 1925 bis 1933 dem Reichstag für den Wahlkreis Weser-Ems als SPD-Abgeordneter an, wo er sich als kämpferischer Republikaner, der die Kommunisten und Nationalsozialisten gleichermaßen attackierte, einen Namen machte. Ab März 1933 geriet er in das Visier der SA, die mehrmals Hausdurchsuchungen bei ihm durchführte. Im Sommer 1933 floh er nach dem Erlass eines Haftbefehls nach Holland und engagierte sich dort in den folgenden Jahren aktiv im Widerstand gegen das NS-Regime. Im Mai 1940 tauchte er nach der Besetzung des Landes durch deutsche Truppen unter. Als man seinen Amsterdamer Vermieter festnahm,

203 Zit. n. Meyer, Aktion »Gewitter«, S. 19.

204 Vgl. zu seinem Verfolgungsschicksal Schumacher, MdR, S. 563; Gedenkbuch, S. 527 f.

um von ihm das Versteck von Tempel zu erpressen, stellte Tempel sich freiwillig der Gestapo im Austausch zu seinem als Geisel festgenommenen Vermieter. Nach seiner Verhaftung in Amsterdam im Dezember 1940 verbrachte man ihn nach Deutschland und klagte ihn wegen der Vorbereitung zum Hochverrat an, weil er in Emigrantenkreisen illegal gegen Deutschland gearbeitet habe. Bis Ende 1943 war er in Osnabrück und Wolfenbüttel inhaftiert. Nach seiner Entlassung im Dezember 1943 übersiedelte Tempel Anfang 1944 nach Oldenburg. Hier verdiente er seinen Lebensunterhalt in den folgenden Monaten als staatenloser Hilfsarbeiter. Seine erneute Verhaftung im Rahmen der Aktion »Gitter« überlebte er nur kurze Zeit. Er starb am 27. November 1944 an einem Tumor und den Folgen von Misshandlungen, noch bevor man ihn als Ausgebürgerten in ein Ausländerlager einweisen konnte.[205]

Paul Gerlach, der im August 1944 ebenfalls im Zuge der »Aktion Gewitter« inhaftiert worden war, verstarb bereits zwei Monate nach seiner Festnahme. Der 1888 Geborene hatte sich noch im späten Kaiserreich der SPD angeschlossen und in den Jahren vor dem Ersten Weltkrieg als Redakteur ihrer lokalen Parteizeitung in Iserlohn gearbeitet. Nach drei Jahren Kriegsdienst, den er 1918 als Schwerstverwundeter beendete, begann er eine berufliche Laufbahn in der Öffentlichen Verwaltung, wo er sich ab 1922 in der Rheinprovinz als Landrat besonders intensiv in der Kriegsfürsorge und in der Arbeiterwohlfahrt engagierte. Von 1926 bis 1933 war er Vorsitzender des SPD-Bezirks Niederrhein; zwischen 1928 und 1933 vertrat er seine Partei auch im Reichstag. In den letzten Jahren der Weimarer Republik profilierte Gerlach sich im Reichsbanner Schwarz-Rot-Gold als entschiedener Gegner der NSDAP. Dieses Engagement brachte ihm nach einer Rede in einer Massenveranstaltung der »Eisernen Front« im Februar 1932 eine von Nationalsozialisten initiierte Anklage wegen Hochverrats ein. Sie wurde gerichtlich ebenso niedergeschlagen wie der Versuch, ihm ein Dienststrafverfahren anzuhängen. Ein Jahr

205 Vgl. Schumacher, MdR, S. 510 f.; Gedenkbuch, S. 324 f.; Hein Remmer, Der Reichstagsabgeordnete Hermann Tempel, Leer 1988.

später folgte dann die nationalsozialistische Rache: Im März 1933 beurlaubten die neuen Machthaber ihn als Landrat, im Mai 1933 entließen sie ihn endgültig.

Anschließend wurde Gerlach bis 1934 in den Konzentrationslagern Papenburg und Lichtenburg als »Schutzhäftling« gefangen gehalten. Ein Jahr später folgte nach einer Hausdurchsuchung und der Beschlagnahme seiner Privatbibliothek erneut eine mehrwöchige Haftzeit. Wie viele andere Abgeordnete zählte er dann nach dem gescheiterten Attentat vom 20. Juli 1944 zu den im Rahmen der »Aktion Gewitter« Verhafteten. Nach mehreren Zwischenstationen in verschiedenen Gefängnissen verlegte man ihn am 30. September 1944 trotz einer schweren Erkrankung in das Konzentrationslager Sachsenhausen, wo er am 10. Oktober 1944 im Krankenbau an einer »eitrigen Brustfellentzündung« verstarb, wie die Kommandantur des Lagers offiziell verlautbaren ließ.[206]

Kurze Zeit nach ihm kam Jakob Weimer ums Leben. Er hatte im Allgemeinen Deutschen Gewerkschaftsbund eine berufliche Karriere gemacht, bevor er 1927 für die SPD in den Württembergischen Landtag und im März 1933 in den Reichstag gewählt wurde. Nach der Gleichschaltung der Gewerkschaften zählte auch er zu den Anfang Mai 1933 verhafteten Gewerkschaftsfunktionären. Nach seiner Freilassung aus dem KZ Oberer Heuberg arbeitete er als Versicherungsangestellter. Im Rahmen der »Aktion Gewitter« wurde er dann im August 1944 erneut festgenommen. Obwohl Weimer an einem schweren Herzleiden litt und eigentlich nicht vernehmungsfähig war, misshandelten ihn Beamte der Gestapo bei einem Verhör nach seiner Verhaftung so schwer, dass er anschließend nicht transportfähig war und deshalb in das Stuttgarter Robert-Bosch-Krankenhaus zur Behandlung eingeliefert werden musste. Bis November 1944 konnten dort Ärzte seine Verlegung in ein Konzentrationslager verhindern, weil sie ihm keine Transportfähigkeit bescheinigten. Unter dem wachsenden Druck der Verfolger

206 Vgl. zu seiner Biografie Schumacher, MdR, S. 148 f.; Schröder, Parlamentarier, S. 463; Gedenkbuch, S. 176; Hammer, Hohes Haus, S. 48.

mussten die Ärzte schließlich im November 1944 nachgeben. Doch Weimar verstarb noch vor seiner Verlegung in ein Konzentrationslager am 21. November 1944 im Alter von 57 Jahren im Robert-Bosch-Krankenhaus an den Folgen der ihm bei den Verhören im August 1944 zugefügten Misshandlungen.[207]

Ernst Schneppenhorst, ein langjähriger Funktionär des Holzarbeiterverbandes, hatte sich während der Revolution von 1918/19 zunächst als radikaldemokratischer Verfechter der Bildung einer »Volkswehr« in Bayern einen Namen gemacht, bevor er als Minister für militärische Angelegenheiten in die von der SPD im Frühjahr 1919 gebildete parlamentarische Landesregierung eintrat. Während der Weimarer Republik engagierte er sich in Nürnberg als Vorsitzender der SPD und der Eisernen Front sowie als Reichstagsabgeordneter für den Wahlkreis Franken, den er vom Juli 1932 bis zum Sommer 1933 für seine Partei in Berlin vertrat. Als stadtbekannter Sozialdemokrat tauchte er Anfang 1933 unter, bevor SA-Männer sein Haus durchsuchten und seine Optikerwerkstatt schlossen. Er zählte zu den engsten Vertrauten Wilhelm Leuschners im gewerkschaftlichen Widerstand. Am 1. September 1938 wurde er festgenommen und in das Nürnberger Polizeigefängnis als Untersuchungshäftling eingeliefert. Seine Freilassung nach vier Wochen verdankte er offenkundig dem Umstand, dass man gegen ihn keine konkreten Beweise in Händen hielt. Am 22. August 1944 folgte im Rahmen der »Aktion Gewitter« seine erneute Verhaftung. Schneppenhorst lieferte man in das Gestapo-Gefängnis Lehrter Straße in Berlin ein, in dem nach dem Umsturzversuch vom 20. Juli 1944 mehr als 540 Gefangene inhaftiert worden waren. Viele von ihnen wurden vom »Volksgerichtshof« zum Tode verurteilt und zumeist im Strafgefängnis Berlin-Plötzensee hingerichtet.

Schneppenhorst gehörte zu einer Gruppe von Gefangenen, an der das NS-Regime zwischen dem 22. und dem 24. April kurz vor seinem Untergang seine »letzte Rache« vollzog. Zu diesen

207 Vgl. Gedenkbuch, S. 518. Weitere Angaben finden sich in: Kurt Leipner, Chronik der Stadt Stuttgart 1933–1945, Stuttgart 1982, S. 1009.

Ermordeten zählten auch die vom »Volksgerichtshof« zum Tode verurteilten Widerstandskämpfer Klaus Bonhoeffer, Hans John, Friedrich Justus Perels und Albrecht Haushofer, die im Rahmen der Bekennenden Kirche oder als konservative Gegner des NS-Regimes nach dem 20. Juli 1944 verhaftet worden waren. Schneppenhorst war einer der drei letzten dieser achtzehn Gefangenen, die man heimtückisch ermordete. Ihn holten SS-Angehörige in der Nacht zum 24. April 1945 gemeinsam mit zwei adligen Regimegegnern unter dem Vorwand aus dem Gefängnis, sie würden entlassen. Alle drei Gefangene, der Botschaftsrat Albrecht Graf von Bernstorff, ein Mitglied des bürgerlich-liberal orientierten Solf-Kreises, der bayerische Monarchist und Konservative Karl Ludwig Freiherr von und zu Guttenberg, der dem Kreisauer Widerstand nahestand, und der Sozialdemokrat Ernst Schneppenhorst wurden anschließend auf einem Ruinengrundstück von SS-Männern erschossen.[208]

Die genauen Umstände, die zwischen dem 22. und dem 24. April 1945 zur kaltblütigen Ermordung dieser Gefangenen aus der Gestapo-Sonderabteilung im Zellengefängnis Lehrter Straße in Berlin führten, sind mittlerweile sorgfältig rekonstruiert worden.[209] Dem zufolge traf am 21. April 1945 der Gestapo-Chef Heinrich Müller persönlich die Mordentscheidung und ordnete den Vollzug seines Befehls durch SS-Männer an, obwohl die Rote Armee schon im Stadtgebiet Berlins stand. Ein SS-Offizier, der seit dem 20. Juli 1944 der Sonderkommission zur Aufklärung des Hitler-Attentats angehörte und vorher ein Haupttäter bei Massenmorden an Juden in Osteuropa gewesen war, ließ sechzehn der zur Ermordung ausgesuchten Häftlinge am Abend des 22. April 1945 in zwei Gruppen aus dem Gefängnis führen, wobei man ihnen ihre Verlegung in das Strafgefängnis Plötzensee vortäuschte. Anschließend ermordete man diese Gefangenen in der Nacht zum 23. April 1945 durch Genick-

208 Vgl. zur Biografie von Schneppenhorst Schumacher, MdR, S. 435 f.; Gedenkbuch, S. 449; Hammer, Hohes Haus, S. 88 f.

209 Vgl. dazu die ausführliche Analyse der Abläufe in der Studie von Johannes Tuchel, »… und ihrer aller wartete der Strick«. Das Zellengefängnis Lehrter Straße nach dem 20. Juli 1944, Berlin 2014.

schüsse in der Nähe des Gefängnisses.[210] Die zurückgebliebenen Gefangenen – das waren Ernst Schneppenhorst, Albrecht Graf von Bernstorff und Karl Ludwig Freiherr von und zu Guttenberg – wurden in der folgenden Nacht vom 23. zum 24. April 1945 erschossen. Ihre Leichen verschwanden. Wahrscheinlich hat man sie mit anderen Kriegstoten in einem Bombentrichter auf einem nahen Friedhof verscharrt. Die strafrechtliche Verfolgung der Täter ist nach 1945 buchstäblich im Sande verlaufen.

Auf tragische Weise kam der Abgeordnete Max Richter nach seiner Befreiung aus der KZ-Haft ums Leben. Er war im Ersten Weltkrieg schwer verwundet worden, hatte sich dann als Mitglied des Volksrats für die Provinz Schleswig-Holstein und als Delegierter auf dem Reichsrätekongress im Dezember 1918 politisch besonders stark engagiert. Anschließend repräsentierte er als Mitglied der Verfassunggebenden Landesversammlung in Preußen und dann als Abgeordneter im Preußischen Landtag die SPD zunächst bis 1924 auf der regionalen Ebene. Von 1924 bis 1933 vertrat er dann als sozialdemokratischer Reichstagsabgeordneter den Wahlkreis Schleswig-Holstein in Berlin.

Nach dem Parteiverbot der Sozialdemokratie im Juni 1933 betrieb Richter als entlassener und arbeitslos gewordener Gewerkschaftssekretär in Neumünster einen Zigarrenladen und war ab 1937 – wie die anderen Reichstagsabgeordneten der SPD – in der »A-Kartei«, der Verfolgungskartei der Gestapo, erfasst. Vermutlich deshalb hat man ihn im Sommer 1943 kurzfristig verhaftet, bevor er dann ein Jahr später im Rahmen der »Aktion Gewitter« erneut festgenommen wurde. Die folgenden Monate bis zur Evakuierung des Lagers war er im KZ Neuengamme inhaftiert. Hier wurden zwischen 1938 und 1945 fast 100.000 Häftlinge aus ganz Europa gefangen gehalten. Unter ihnen betrug die Todesrate während des letzten Halbjahres des NS-Regimes monatlich 2.000 Personen, die erschlagen, ertränkt, öffentlich hingerichtet oder durch Giftgas ermordet wurden. Richter überlebte diesen Zeitraum. Doch wenige

210 Einer von ihnen überlebte schwer verletzt.

Tage vor dem Kriegsende, als die Nationalsozialisten das Lager evakuierten, gehörte er zu den Tausenden von Häftlingen, die man auf den ehemaligen Luxusdampfer »Cap Arcona« brachte, der manövrierunfähig in der Lübecker Bucht lag. Der Dampfer war nun ein schwimmendes Konzentrationslager, in dem die Häftlinge halb verrückt vor Hunger und Durst vor sich hinvegetierten. Am 3. Mai 1945 attackierten britische Tiefflieger das Schiff und brachten es zur Explosion. Von den mehreren Tausend Häftlingen, die auf der »Cap Arcona« eingesperrt waren, verbrannten und ertranken die meisten oder wurden bei den Schusswechseln von deutschen oder britischen Maschinengewehrschützen getötet. Max Richter gehörte nicht zu den wenigen Überlebenden. Er kam auf der Cap Arcona am 3. Mai 1945 zu Tode. Mit ihm starben zahlreiche Häftlinge, unter ihnen auch andere sozialdemokratische Politiker.[211] Das tragische Schicksal, nur kurze Zeit nach der Konzentrationslagerhaft zu sterben, teilten mit ihm Fritz Soldmann, Franz Metz und Friedrich Puchta.

Fritz Soldmann war vom NS-Regime seit 1933 immer wieder inhaftiert und jahrelangen Schikanen ausgesetzt worden. Hierzu zählten neben wiederholten Hausdurchsuchungen auch Haftzeiten in verschiedenen Gerichtsgefängnissen und im KZ Sachsenhausen, die er bis Februar 1941 immer wieder überstanden hatte. Dreieinhalb Jahre nach seiner Entlassung aus diesem Konzentrationslager, in das er nach der Sonderaktion bei Kriegsbeginn im September 1939 gebracht worden war, nahm ihn die Gestapo im Rahmen der »Aktion Gewitter« im August 1944 erneut fest. Dieses Mal lieferte man ihn nach Gefängnisaufenthalten in Nordhausen und in Erfurt Mitte Oktober 1944 in das KZ Buchenwald ein. Hier wurde er nach seiner Einweisung zunächst mit den katastrophalen Verhältnissen im restlos überfüllten »Kleinen Lager« konfrontiert, in dem entkräftete

211 Vgl. zu seiner Biografie Schumacher, MdR, S. 395; Gedenkbuch, S. 412 f.; Zum KZ Neuengamme und den dort herrschenden Zuständen bei Kriegsende s. Werner Johe, Neuengamme. Zur Geschichte des Konzentrationslagers in Hamburg, 4. Aufl., Hamburg 1984; zum Untergang der Cap Arcona s. Stefan Ineichen, Cap Arcona 1927–1945. Märchenschiff und Massengrab, Zürich 2015; Gedenkbuch, S. 379.

Häftlinge wegen der völlig unzureichenden Unterbringung, der mangelhaften Ernährung und den miserablen Hygieneverhältnissen besonders litten und dem Tod schutzlos ausgeliefert waren. Seine Verlegung in das »Große Lager«, in dem die Überlebenschancen deutlich besser waren, hatte er zweifellos anderen politischen Häftlingen aus den Reihen der Arbeiterbewegung zu verdanken, die als »Rückfällige« bereits ähnliche Verfolgungsschicksale wie er erlitten hatten und sich gegenseitig halfen, wo immer sie dies konnten. Unmittelbar vor der Befreiung des Lagers durch amerikanische Truppen verfasste Soldmann handschriftliche Aufzeichnungen, die überliefert sind.[212] Im Fazit dieser Notizen stellte er fest:

> »Die Nazi-Herrschaft, der SS-Terror haben ihr Ende erreicht, alles atmet frei auf. Jeder weiß, dass er noch Tage oder Wochen hierbleiben wird, aber das wird trotz Stacheldraht [und] Lagerumzäunung nicht mehr als eine Beraubung der Freiheit empfunden. Buchenwald im schlechten Sinne ist nicht mehr, die Amerikaner mussten die Freiheit bringen, wozu die deutsche Arbeiterklasse auf absehbare Zeit wohl nie in der Lage gewesen wäre.«

Der 67-jährige Soldmann hatte die letzten Tage vor der Befreiung Buchenwalds durch amerikanische Truppen gesundheitlich stark geschwächt überstanden. Von den Amerikanern wurde er sofort in das im ehemaligen SS-Bereich des Lagers eingerichtete Hospital gebracht. Er gehörte auch zu den 42 Unterzeichnern des am 13. April 1945 von Hermann Brill im KZ Buchenwald verlesenen »Manifest der demokratischen Sozialisten des ehemaligen Konzentrationslagers Buchenwald«. Nach seiner Befreiung lebte er aber nur noch wenige Wochen in Freiheit. Nach einer fünfwöchigen Pflege im Hospital des Lagers Buchenwald wurde er von den Amerikanern am 17. Mai 1945 förmlich entlassen und kehrte zu seiner Familie nach Wernrode bei Nordhausen zurück. Hier verstarb er zwei Wochen später am

212 Vgl. den Abdruck des Faksimiles einer Seite dieser Notizen bei Röll, Sozialdemokraten S. 189; ebd. das folgende Zitat.

31. Mai 1945 an den Folgen der vielen Verhaftungen und gesundheitlichen Belastungen, die er seit 1933 hatte erdulden müssen.[213]

Eine der zentralen Regisseure in der illegalen Metallarbeiterbewegung ist nach 1933 Franz Metz gewesen. Er hatte für die SPD dem Reichstag von 1928 bis 1933 angehört und war zuletzt als Vorstandsmitglied des Metallarbeiterverbandes in Berlin angestellt. Wie viele andere hauptamtliche Gewerkschaftsfunktionäre wurde er am 2. Mai 1933 entlassen, nachdem er sich geweigert hatte, Kündigungsbriefe für seine alten Kollegen zu unterschreiben. Anschließend war er arbeitslos, bis er im Februar 1934 in Frankfurt gemeinsam mit seiner Tochter das Café »Metz« eröffnete, das sich in der Folgezeit in der Stadt zu einem Treffpunkt von sozialdemokratischen Regimegegnern entwickelte. Metz wurde im Rahmen der »Aktion Gewitter« am 22. August 1944 verhaftet und war dann bis Ende April 1945 im KZ Dachau inhaftiert. Nach der Evakuierung des Lagers durch die Nationalsozialisten zog er sich auf dem »Todesmarsch« der Häftlinge in Richtung Bad Tölz schwere Erfrierungen sowie eine Lungenentzündung zu, an der er im Alter von 66 Jahren am 13. Juni 1945 im Gästehaus einer ehemaligen Munitionsfabrik in Geretsried verstarb.[214]

Friedrich Puchta, der in der ersten großen Verhaftungswelle, die nach der Entmachtung der legalen bayerischen Landesregierung am 9. März 1933 überall im weiß-blauen Freistaat einsetzte, festgenommen und bis Juli 1933 zunächst in der Justizvollzugsanstalt St. Georgen in Bayreuth und dann im KZ Dachau in »Schutzhaft« gefangen gehalten worden war[215], geriet während der »Aktion Gewitter« ebenfalls nochmals in das Visier der Gestapo. Im August 1944 wurde er erneut in das KZ Dachau verbracht. Dort gehörte er zu den Zehntausenden von Häftlingen, die das NS-Regime unmittelbar vor der Befreiung des Lagers durch amerikanische Truppen Ende April 1945 auf einem

213 Soldmanns Verfolgungsbiografie ist bei Röll, Buchenwald, S. 185 ff. nachgezeichnet; vgl. dazu Schumacher, MdR, S. 482-484; Gedenkbuch, S. 467 f.

214 Vgl. Schumacher, MdR, S. 319.; Gedenkbuch, S. 344.

215 Vgl. zu seiner Verfolgungsbiografie auch Kap. II.

»Todesmarsch« in Richtung Alpen evakuierte. Puchta überlebte die mit diesem Marsch verbundenen Qualen nach seiner Befreiung nur kurze Zeit. Er starb im Alter von 57 Jahren am 17. Mai 1945 in einem Münchener Krankenhaus an den Folgen der Strapazen.[216]

Die in diesem Kapitel geschilderten Verfolgungsschicksale von sozialdemokratischen Reichstagsabgeordneten dokumentieren besonders eindringlich, dass keiner von ihnen während der zwölfjährigen Terrorherrschaft des Nationalsozialismus seines Lebens sicher sein konnte. Zugleich zeigen ihre Lebensläufe in den Jahren der NS-Zeit aber auch, dass die meisten von ihnen sich nach dem Verbot der SPD im Juni 1933 nicht in das Privatleben zurückgezogen hatten, sondern sich in der Folgezeit oft auch am Widerstand gegen das Regime beteiligten und deshalb wegen »Hochverrat« angeklagt und abgeurteilt wurden. Die Verhaftungswellen am Beginn des Zweiten Weltkrieges im Herbst 1939 und nach dem gescheiterten Attentat auf Hitler am 20. Juli 1944 zielten immer wieder vor allem auch auf Spitzenfunktionäre der politischen und gewerkschaftlichen Arbeiterbewegung und damit auch auf die Mandatsträger der SPD, die oft schon von der ersten Verhaftungswelle im Frühsommer 1933 erfasst worden waren und in den Folgejahren trotz permanenter Polizeiüberwachung wenigstens einige Jahre in Freiheit hatten leben können. Nun wurden sie nach dem Kriegsbeginn im September 1939 und im Spätsommer 1944 erneut in den verschiedenen Haupt- und Außenlagern des KZ-Systems inhaftiert. Hier waren vom NS-Regime im Laufe des Krieges Hunderttausende von Häftlingen aus ganz Europa zusammengepfercht worden, die in an die Konzentrationslager angeschlossenen Rüstungsbetrieben Sklavenarbeit zu verrichten hatten. Immer wieder rückten neue Häftlinge zu dieser Sklavenarbeit in die Außenlager aus und kehrten erst dann in das Stammlager zurück, »wenn sie tot waren oder im Sterben lagen«.[217]

Trotz des grenzenlosen Terrors, der in den Konzentrationslagern ausgeübt wurde, ließen sich viele Häftlinge nicht brechen, obwohl

---

216 Vgl. Schumacher, MdR, S. 399 f.

217 So Wachsmann, Konzentrationslager, S. 538.

sie von den Verbindungen zur Außenwelt weitgehend abgeschlossen und gleichzeitig ihren Peinigern schutzlos ausgeliefert waren. Ohne die gegenseitige solidarische Hilfe, wenn es darum ging, das Alltagsleben im Lager zu meistern, Nahrungsmittel zu organisieren, sich gemeinsam gegen Misshandlungen durch die Wachmannschaften zu schützen und den besonders Geschwächten und Gefährdeten weniger anstrengende Arbeitsmöglichkeiten zu verschaffen, hätten noch weniger von ihnen die KZ-Haft überlebt. Auf diesen solidarischen Zusammenhalt waren die als »Bonzen« vom NS-Regime angeprangerten Reichstagsabgeordneten der SPD während ihrer Haft in den Konzentrationslagern besonders angewiesen. Nur der enge Schulterschluss mit ihren – im buchstäblichen Sinn des Wortes – »Leidensgenossen« ermöglichte es diesen SPD-Parlamentariern, den auf sie als »Prominente« fokussierten Blick ihrer Bewacher zu entgehen, denen sie sonst wehrlos ausgeliefert gewesen wären.[218]

Diese Zugehörigkeit zu einer Gesinnungsgemeinschaft, die sich an den seit der Parteigründung der Sozialdemokratie im 19. Jahrhundert tief verwurzelten humanistischen und demokratischen Werten orientierte und deshalb dem Vernichtungswillen des Nationalsozialismus auch mentale Grenzen entgegensetzte, bildete die unverzichtbare Grundlage für den erfolgreichen Kampf um das individuelle Überleben. Namentlich für ältere Häftlinge, zu denen die meisten im Krieg verhafteten Reichstagsabgeordneten der SPD gehörten, hing ihre persönliche Selbstbehauptung von dieser gemeinsamen Wertbindung besonders stark ab. Dies wird auch dadurch dokumentiert, dass sie sich ab 1933 häufig auf lokaler und auch auf nationaler Ebene aktiv am Widerstand gegen das NS-Regime beteiligt hatten. Auch Kontakte zum gewerkschaftlichen Widerstand, zum Kreisauer Kreis und zu den Attentätern des 20. Juli 1944 lassen sich in ihren Biografien immer wieder finden.

218 Vgl. dazu den Beitrag von Falk Pingel (Widerstand in nationalsozialistischer Haft) und den Erinnerungsbericht von Werner Koch (Überleben in Sachsenhausen) in dem von Richard Löwenthal und Patrik von zur Mühlen herausgegebenen Sammelband Widerstand und Verweigerung in Deutschland 1933 bis 1945, Bonn 1982, S. 241-255 u. 256-262.

Diese Abgeordneten hatten die Zersplitterung und Zerklüftung der deutschen Arbeiterbewegung während und nach dem Ersten Weltkrieg in ein kommunistisches und ein sozialdemokratisches Lager hautnah miterlebt. Und oft waren sie in der Weimarer Republik an vorderster Front im ideologischen Zweikampf zwischen SPD und KPD gestanden. Nach der Niederlage beider Parteien gegen das NS-Regime und der sich ihr anschließenden und von den Mitgliedern und Anhängern beider Parteien gleichzeitig gemachten Erfahrung von Ohnmacht und Verfolgung näherten sich die politischen Repräsentanten der Sozialdemokratie und der Kommunisten in den Konzentrationslagern – wenn überhaupt – nur zögernd zu einem antifaschistischen Schulterschluss an. Diese bereits im vierten Kapitel dieser Studie getroffene Aussage lässt sich auch am Ende dieses Kapitels nochmals unterstreichen. Da sich die politischen und programmatischen Zukunftsvorstellungen der Sozialdemokraten nach wie vor in vielerlei Hinsicht prinzipiell von den am sowjetischen Vorbild orientierten stalinistischen Neuordnungsvorstellungen der Kommunisten unterschieden, entstand selbst unter den Extrembedingungen der KZ-Haft in den Monaten vor Kriegsende keine geschlossene Einheitsfront mit einvernehmlichen Konzepten für die Zeit nach der Zerschlagung der NS-Diktatur, auch wenn es einzelne Bestrebungen gab, eine gemeinsame programmatische Plattform zu finden.

So blieben auch die im Konzentrationslager Buchenwald seit 1942 geknüpften Kontakte zwischen Sozialdemokraten und Kommunisten ein Gedankenaustausch ohne prinzipielle Übereinstimmung. Dies dokumentiert die Entstehungsgeschichte des »Buchenwalder Manifestes«, das auf eine Initiative des thüringischen Sozialdemokraten Hermann Brill zurückging und das man als das eindrucksvollste Dokument der programmatischen Selbstbehauptung von sozialdemokratischen KZ-Häftlingen charakterisieren kann.[219] Brill

219 Die Entstehungsgeschichte des Buchenwalder Manifestes hat Röll, Sozialdemokraten, ausführlich dargestellt, der auch die Gruppe seiner 42 Unterzeichner politisch einordnete (S. 245-260).

hatte am 13. April 1945, zwei Tage nach der Befreiung des Lagers, auf dem Ettersberg eine »erste Parteiversammlung« von deutschen und österreichischen Sozialdemokraten organisiert, an der als Gäste ein Franzose, ein Holländer und ein Belgier teilnahmen.[220] Seine ursprüngliche Absicht, eine »Deutsche Volksfront« aus Vertretern aller in Buchenwald inhaftierten politischen Gruppen zu bilden, war zu diesem Zeitpunkt, als sich die Teilung Deutschlands bereits anbahnte, schon definitiv gescheitert.

Hermann Brill war von 1919 bis 1933 thüringischer Landtagsabgeordneter, zunächst für die USPD, dann für die SPD gewesen und hatte schließlich vom Juli bis November 1932 auch dem Reichstag als sozialdemokratischer Abgeordneter für den Wahlkreis Thüringen angehört. Während der NS-Zeit wurde gegen ihn zunächst ein Dienststrafverfahren eröffnet, um ihn als politischen Beamten und theoretischen Kopf der SPD kaltzustellen. Dem folgten zwischen Juni 1933 und Juli 1939 Hausdurchsuchungen und mehrere Verhaftungen, die mit dem Verdacht auf eine illegale Betätigung Brills erfolgten. Trotzdem unterhielt dieser Kontakte zum sozialdemokratischen Widerstand und zum sozialdemokratischen Exil. Im September 1938 wurde er dann endgültig festgenommen und im berüchtigten Gestapo-Gefängnis in der Prinz-Albrecht-Straße in Berlin inhaftiert. Der »Volksgerichtshof« verurteilte ihn Ende Juli 1939 wegen Vorbereitung zum Hochverrat zu zwölf Jahren Zuchthaus. Zunächst war er bis zum Dezember 1943 Häftling im Zuchthaus Brandenburg-Görden. Von hier wurde er dann – wie er selbst rückblickend feststellte – »als nicht besserungsfähiger Gefangener« in das Konzentrationslager Buchenwald überführt. Dort versteckten ihn Mithäftlinge seit Ende 1944 und retteten ihm auf diese Weise das Leben.[221]

220 So der Sozialdemokrat Ernst Thape, der der illegalen Lagerleitung angehörte, in seinem Buchenwalder Tagebuch. Zit. n. Röll, Sozialdemokraten, S. 245.

221 Vgl. dazu die 1946 erschienenen Erinnerungen von Hermann Brill: Gegen den Strom. Wege zum Sozialismus, Offenbach 1946; eine Neuauflage wurde 1995 in Erfurt publiziert; seinen Lebenslauf hat Manfred Overesch dargestellt: Hermann Brill in Thüringen 1895–1946. Ein Kämpfer gegen Hitler und Ulbricht, Berlin 1992; vgl.

Seit 1934 war Brill Mitglied der Widerstandsgruppe »Neu Beginnen« in Berlin; 1936 gründete er gemeinsam mit seinem Parteifreund Otto Brass die parteiübergreifende »Deutsche Volksfront«. Bereits 1936/37 entwarf Brill ein Zehn-Punkte-Programm für die Neuordnung Deutschlands nach dem Nationalsozialismus. Daran knüpfte dann sein Entwurf für das »Buchenwalder Manifest« an. Dieser Entwurf wurde nach der »Parteiversammlung« der Sozialdemokraten am 13. April 1945 im KZ Buchenwald in den folgenden Tagen von einem siebenköpfigen Redaktionskomitee deutscher und österreichischer Sozialdemokraten, die – wie Brill – auf eine langjährige Verfolgungszeit zurückblickten, beraten und überarbeitet, bis er schließlich am 16. April 1945 als »Aufruf und Programm der demokratischen Sozialisten von Buchenwald« verabschiedet wurde. 42 Sozialisten, unter ihnen 32 Deutsche, unterzeichneten das »Buchenwalder Manifest«. Zu diesen gehörten neben Hermann Brill auch der SPD-Reichstagsabgeordnete Fritz Soldmann sowie ehemalige sozialdemokratische Landtagsabgeordnete und weitere während der Weimarer Republik aktiv gewesene Mandatsträger und Funktionäre der Sozialdemokratie und der Gewerkschaften auf regionaler oder lokaler Ebene.[222] In Buchenwald gefangen gehaltene Kommunisten trugen diese Grundsatzerklärung nur vereinzelt mit. Sie waren, wie der Sozialdemokrat Ernst Thape am 22. April 1945 in seinem Buchenwalder Tagebuch festhielt, von der »Zielklarheit des Inhalts dieses Manifests« überrascht. Außerdem habe bei ihnen »eine große Unsicherheit über allerlei Fragen« bestanden, weil sie nicht gewusst hätten, »was Moskau will«, und auch nicht den Mut besessen hätten, »sich auf eigene Füße zu stellen.«[223]

An der Spitze des »Buchenwalder Manifests« stand eine Präambel, die einerseits die besonderen Verfolgungserfahrungen seiner Ver-

---

auch Renate Knigge-Tesche (Hg.), Hermann Louis Brill 1895–1959. Widerstandskämpfer und unbeugsamer Demokrat, Wiesbaden 2011; ferner: Schumacher, MdR, S. 66-68; Gedenkbuch, S. 86 f. sowie Röll, Sozialdemokraten, S. 247 ff., 256 ff. und passim.

222 Vgl. dazu die biografischen Angaben bei Röll, Sozialdemokraten, S. 246 u. S. 269 ff.

223 Zit. b. Röll, Sozialdemokraten, S. 254.

fasser als Gegner des Nationalsozialismus betonte und andererseits auf ihre sich daraus ableitende besondere Verantwortung für die Zukunft einging:

> »Wir haben Gefängnis, Zuchthaus und Konzentrationslager ertragen, weil wir glaubten, auch unter der Diktatur für die Gedanken und Ziele des Sozialismus und für die Erhaltung des Friedens arbeiten zu müssen. In Zuchthaus und Konzentrationslager setzten wir trotz täglicher Bedrohung mit einem elenden Tode unsere konspirative Tätigkeit fort. Durch diesen Kampf ist es uns vergönnt gewesen, menschliche, moralische und geistige Erfahrungen zu sammeln, wie sie in normalen Lebensformen unmöglich sind. Vor dem Schattengesicht der Blutzeugen unserer Weltanschauung, die durch die hitleristischen Henker gestorben sind, wie auch in der besonderen Verantwortung für die Zukunft unserer Kinder, halten wir uns deshalb für berechtigt und verpflichtet, dem deutschen Volke zu sagen, welche Maßnahmen notwendig sind, um Deutschland aus diesem geschichtlich beispiellosen Zusammenbruch zu retten und ihm wieder Achtung und Vertrauen im Rate der Nationen zu verschaffen.«[224]

Im Manifest werden dann sieben thematisch ausgerichtete Grundsatzpositionen formuliert, deren Bandbreite von der Forderung nach einer restlosen Vernichtung des Faschismus bis hin zum Wunsch nach einer sozialistischen Einheit des Weltproletariats reichte. In ihren hier gebündelten programmatischen Staats- und Gesellschaftsvorstellungen konzipierten die Autoren ihr Zukunftsbild eines Demokratischen Sozialismus, so wie sie es unter ihren persönlichen Erfahrungen von Haft und Verfolgung entworfen hatten. Zugleich knüpfte das Manifest auch an traditionelle programmatische Zielvorstellungen der Sozialdemokratie an, wenn es beispielsweise von

224 Ein Faksimile des Originaldrucks des Buchenwalder Manifests ist im Internet unter der Signatur https://www.buchenwald.de veröffentlicht. Vgl. auch Hermann Brill, Gegen den Strom. Wege zum Sozialismus, Heft 1, Offenbach 1946, S. 97 ff.

einem »neuen Typ des deutschen Europäers« spricht und damit eine programmatische Perspektive aufgreift, die schon im Heidelberger Programm der SPD von 1925 zu finden ist. Zugleich lassen sich auch ideelle Verbindungslinien zum »Prager Manifest« der SOPADE ziehen, in denen die Exilsozialdemokratie 1934 das Ziel ihres Widerstandes gegen den Nationalsozialismus so beschrieben hatte:

> »Gegen die faschistische Barbarei führen wir den Kampf für die großen und unvergänglichen Ideen der Menschheit. Wir sind die Träger der großen geschichtlichen Entwicklung seit der Überwindung der mittelalterlichen Gebundenheit, wir sind die Erben der unvergänglichen Überlieferungen der Renaissance und des Humanismus, der englischen und der französischen Revolution. Wir wollen nicht leben ohne Freiheit, und wir werden sie erobern, Freiheit ohne Klassenherrschaft, Freiheit bis zur völligen Aufhebung aller Ausbeutung und aller Herrschaft von Menschen über Menschen.«[225]

Beide programmatischen Texte, die im Prager Exil und im Buchenwalder Konzentrationslager formulierten »Manifeste«, knüpften mit dieser Wortwahl auch gezielt an das »Manifest der Kommunistischen Partei« von 1848 an, in dem Karl Marx und Friedrich Engels erstmals die Verwirklichung einer klassenlosen Welt gefordert hatten. Die programmatische Vision, in denen die Demokratie als Prinzip und als Ziel des Sozialismus definiert wird, findet sich in den Manifesten von Prag und Buchenwald wieder. Die grundsätzlichen Gemeinsamkeiten zwischen der Exilsozialdemokratie, die sich 1933 jenseits der deutschen Grenzen formierte und bis 1945 politisch und programmatisch stets »mit dem Gesicht nach Deutschland«[226]

225 Zit. n. dem Abdruck des Prager Manifests, in: Dieter Dowe/Kurt Klotzbach (Hg.), Programmatische Dokumente der deutschen Sozialdemokratie. 4. überarb. u. aktual. Ausg., Bonn 2004, S. 204-215, Zitat S. 215. In dieser Programmsammlung ist auch das Heidelberger Programm der SPD von 1925 abgedruckt: S. 194-203.

226 So der Titel der von Erich Matthias herausgegebenen und von Werner Link bearbeiteten Dokumentation über die sozialdemokratische Emigration, Düsseldorf 1968.

argumentierte, und den Sozialdemokraten, die sich in Deutschland dem sie gnadenlos verfolgenden NS-Regime zwölf Jahre lang entgegenstellten, waren nach dem Zweiten Weltkrieg eine tragfähige gemeinsame programmatische Basis für die von Kurt Schumacher angeführten Hannoveraner Parteigründer und dem aus London zurückkehrenden Exilvorstand der SPD. Die im August 1945 versandten Richtlinien zu einer »Reichskonferenz« der in Deutschland neu erstandenen SPD erschienen unter der Überschrift »Das Ziel: Sozialismus und Demokratie«.[227] Diese Zukunftsperspektive teilten auch die Rückkehrer der SPD aus der Emigration mit dem ehemaligen Reichstagsabgeordneten und langjährigen sozialdemokratischen KZ-Häftling Kurt Schumacher.

227 Abgedr. in: Dowe/Klotzbach, S. 233-263.

Kapitel VI

# Mit dem Gesicht nach Deutschland: Die sozialdemokratischen Gegner des Ermächtigungsgesetzes im Exil

In diesem Kapitel geht es nicht darum, nochmals die Geschichte des sozialdemokratischen Exils in allen seinen programmatischen Facetten und politischen Gruppierungen nachzuzeichnen. Dessen organisatorische und ideologische Binnendifferenzen und ihre Bedeutung bei der Anleitung und Unterstützung des sozialdemokratischen Widerstands in Deutschland sind in der mittlerweile breit aufgefächerten Spezialforschung zur Emigration bereits eingehend behandelt worden. Deshalb wird der Blick im folgenden Kapitel auf die Exilbiografien der sozialdemokratischen Reichstagsabgeordneten von 1933 konzentriert, deren Fluchtwege und deren Lebenssituation außerhalb Deutschlands während der NS-Zeit in dessen Mittelpunkt stehen. Alle 42 emigrierten Parlamentarier der SPD gehörten innerhalb der SOPADE als ehemalige nationale, regionale und lokale Führungspolitiker zur Elite der sozialdemokratischen Arbeiterbewegung im Exil. An ihren individuellen Schicksalen, die in der Exilforschung oft ausgeklammert blieben[228], lässt sich die

228 Lewis J. Edinger verwies in seinem 1955 erschienenen bahnbrechenden Werk über das sozialdemokratische Exil, dass diese Phase oft »als ein verhältnismäßig unwichtiges Vor-, Zwischen- oder Nachspiel« im Leben großer Männer behandelt werde; die »große Mehrheit der unglücklichen, nie prominent gewordenen Emigranten« sei von der Geschichtswissenschaft der Vergessenheit überantwortet worden«. Zit. n. der deutschen Ausgabe: Lewis J. Edinger, Sozialdemokratie und Nationalsozialismus.

persönliche Ohnmacht von Heimatlosen anschaulich nachzeichnen, die zuvor einflussreiche und angesehene nationale Repräsentanten der SPD gewesen waren. Zugleich dokumentiert ihr politisches Verhalten in der Emigration ihren Überlebenswillen als Gegner des Nationalsozialismus und ihren Glauben an das »andere Deutschland«. Gegen die NS-Diktatur und für ihre eigenen demokratischen und sozialen Grundwerte wollten sie nun »mit dem Gesicht nach Deutschland« kämpfen.[229]

Diese Maxime hatte Otto Wels als die Leitlinie des sozialdemokratischen Exils formuliert. An ihr orientierte sich auch Friedrich Stampfer, der im Exil einer der profiliertesten Spitzenpolitiker der SPD war. Er hatte von 1920 bis 1933 als Abgeordneter die SPD im Reichstag vertreten und zwischen 1916 und 1933 als Chefredakteur des »Vorwärts«, dem zentralen Parteiorgan, eine publizistische Schlüsselposition in der Sozialdemokratie innegehabt. Deren Selbstverständnis als demokratische Volkspartei prägte er in den Jahren der Weimarer Republik im Vorstand der Reichstagsfraktion und als Mitglied der Programmkommission der SPD entscheidend mit. Auf ihn richtete sich deshalb nach dem Machtwechsel vom 30. Januar 1933 auch sofort die Aufmerksamkeit der nationalsozialistischen Verfolger. Ihrem Zugriff konnte er sich nach dem Reichstagsbrand Ende Februar 1933 erfolgreich entziehen, als er mit der Hilfe von Freunden einige Tage lang in Berlin untertauchte. Die Aufhebung eines gegen ihn erlassenen Haftbefehls erreichte Stampfer bei Reichsaußenminister von Neurath, der seit Sommer 1932 im Amt war und zu diesem Zeitpunkt als Repräsentant des konservativen Deutschlands noch nicht der NSDAP angehörte. Stampfer nahm an der Reichstagssitzung am 23. März 1933 teil und stimmte gegen das Ermächtigungsgesetz. Anschließend blieb auch für ihn die

Der Parteivorstand der SPD im Exil von 1933–1945, Hannover/Frankfurt a. M. 1955, S. IX f.

229 Unter diesem Titel hat Erich Matthias eine Dokumentation über die sozialdemokratische Emigration herausgegeben, die sich auf den Nachlass von Friedrich Stampfer, ergänzt durch andere Überlieferungen, stützt. Bearb. v. Werner Link, Düsseldorf 1968.

Ausreise aus Deutschland Anfang Mai 1933 die letzte Möglichkeit, seiner drohenden Verhaftung durch das NS-Regime zu entgehen.

Gemeinsam mit dem Parteivorsitzenden Vogel reiste Stampfer aber am 16. Mai 1933 nochmals nach Berlin, um die Rumpffraktion der SPD im Reichstag davon zu überzeugen, dass sie unter den gegebenen Umständen nur durch ihr Fernbleiben in der Parlamentssitzung vom 17. Mai 1933, in der die »Friedensresolution« Hitlers zur Abstimmung stand, ihre Opposition gegen das NS-Regime zweifelsfrei dokumentieren könnte. Nachdem diese Mission gescheitert war, verließen die beiden Emissäre Vogel und Stampfer »tief erschüttert« Deutschland.[230] Am 18. Mai 1933 überquerten sie im Riesengebirge illegal die grüne Grenze zur Tschechoslowakei. Dort war ihr Ziel die Hauptstadt Prag, in der die SPD mittlerweile ihre Auslandszentrale unter dem Namen SOPADE eingerichtet hatte.

In den folgenden Jahren deckten sich bis 1940 die Zufluchtsorte Stampfers im Exil zumeist mit denen der meisten anderen Vorstandsmitglieder der SPD, die – wie er – Deutschland im Frühjahr 1933 ebenfalls Hals über Kopf hatten verlassen müssen. Auf Dauer konnte sich diese Führungsgruppe der Partei in keinem der europäischen Nachbarstaaten des zur Diktatur gewordenen Deutschen Reiches in Sicherheit bringen. Die Expansion des Nationalsozialismus vor und im Zweiten Weltkrieg erzwang mehrfach eine Verlagerung des Vorstandssitzes der SPD, der zunächst Ende April 1933 für kurze Zeit provisorisch im Saarland errichtet worden war, das bis 1935 unter der Verwaltung des Völkerbundes stand und damit dem direkten Zugriff der deutschen Behörden noch entzogen war. Im Mai 1933 etablierte sich Exilvorstand der SPD dann offiziell als Treuhänder der in Deutschland handlungsunfähig gewordenen Partei in der tschechoslowakischen Hauptstadt Prag, um von hier aus deren Umstellung auf einen kompromisslosen Kurs gegen den Nationalsozialismus zu koordinieren. Die folgenden fünf Jahre lebte auch Stampfer in Prag.

---

230 So Stampfer in seinen Erinnerungen: Erfahrungen und Erkenntnisse. Aufzeichnungen aus meinem Leben, Köln 1957, S. 271. Vgl. zum Verhalten der SPD-Fraktion in der Reichstagssitzung am 17. Mai 1933 Kap. III.

Als sich im Frühjahr 1938 mit der Sudetenkrise der Generalangriff des NS-Regimes auf den tschechoslowakischen Nachbarstaat anbahnte, verlagerte der sozialdemokratische Exilvorstand seinen Sitz aus dem immer unsicherer werdenden Prag nach Paris.

Doch auch die französische Metropole erwies sich nach dem deutschen Überfall auf Frankreich im Frühjahr 1940 als eine Stadt, in der die geflohenen Sozialdemokraten ihres Lebens nicht mehr sicher sein konnten. Das vom NS-Deutschland in wenigen Wochen militärisch niedergeworfene Land, das zuvor jahrzehntelang als das Gelobte Land der Exilierten in Europa gegolten hatte und nach 1933 zum wichtigsten Zufluchtsland der meisten deutschen Emigranten geworden war, vermochte den sozialdemokratischen Flüchtlingen nun auch keinen Schutz mehr zu bieten. Ende Mai 1940, zwei Wochen vor der kampflosen Übergabe der französischen Hauptstadt an die deutschen Invasoren, verließ Stampfer deshalb gemeinsam mit anderen sozialdemokratischen Spitzenpolitikern Paris, von wo aus gleichzeitig eine planlose »Massenflucht per Bahn, Auto oder zu Fuß nach Süden« einsetzte.[231] Zum nächsten Aufenthaltsort wurde für Stampfer und seine Familie die Kleinstadt Agen im Département Lot et Garonne. Diesen Ort hatten die französischen Behörden den aus Paris in das noch unbesetzte Südfrankreich geflohenen sozialdemokratischen Spitzenpolitikern zunächst als Wohnsitz zugewiesen. Doch schon am 20. Juni 1940 erhielten diese den Befehl, Agen zu verlassen, ohne dass jemand ihnen zu sagen vermochte, wohin sie nun gehen sollten, um sich in Sicherheit zu bringen. Auch Südfrankreich war nun für sie eine »Zone der Ungewissheit« geworden[232], in der ihnen die Verhaftung oder die Internierung in einem der für unerwünschte Ausländer eingerichteten Lager drohte.

Die weitere Flucht von Stampfer und anderen prominenten Politkern der SPD entwickelte sich deshalb zwischen Juni und September 1940 zu einer nervenaufreibenden Odyssee kreuz und

231 So Stampfer, Erfahrungen und Erkenntnisse, S. 276.
232 Vgl. dazu Jacques Grandjonc und Theresia Grundner (Hg.), Zone der Ungewissheit. Exil und Internierung in Südfrankreich 1933–1944, Reinbek 1993.

quer durch den Südwesten Frankreichs. Deren ständiger Begleiter waren Unsicherheit und die Angst vor einer Festnahme bei einem Vordringen der deutschen Okkupanten bis in diese militärisch noch nicht besetzte Region. Die französische Regierung hatte sich nämlich im deutsch-französischen Waffenstillstandsvertrag am 19. Juni 1940 verpflichten müssen, alle ihr von der deutschen Regierung namentlich genannten Personen an das NS-Regime auszuliefern. Durch diese Vereinbarung gerieten vor allem die politischen Flüchtlinge, auf die das besondere Augenmerk der Nationalsozialisten gerichtet war, in akute Lebensgefahr. Sie sahen sich fortan mit einer deutsch-französischen Doppelbedrohung konfrontiert, also der Kollaboration der Behörden des französischen Vichy-Regimes mit den deutschen Besatzern. Die Auslieferungsklausel im Waffenstillstandsvertrag raubte ihnen das Recht auf Asyl in Frankreich und ermöglichte es ihren deutschen Verfolgern gleichzeitig, im Land selbst aktiv zu werden. Stampfer hat die damit verbundenen Probleme rückblickend folgendermaßen charakterisiert:

> »Die Franzosen gehören zu den liebenswürdigsten Menschen und die französischen Bürokraten zu den schlimmsten Übeln der Welt. Da aber ein französischer Bürokrat immer zugleich auch ein Franzose ist, findet sich zumeist aus den Paragraphenschlingen ein rettender Ausweg in die Menschlichkeit.«[233]

Diese positive Erfahrung machten er und seine Familie dann bei ihrer weiteren Flucht noch mehrmals.

Welche Spannungen und Meinungsverschiedenheiten sich innerhalb der kleinen Gruppe aus rund 20 prominenten Sozialdemokraten während ihres gemeinsamen Herumirrens in Südfrankreich entwickelten[234], hat die sechzehnjährige Tochter Stampfers in einem

233 Stampfer, Erfahrungen und Erkenntnisse, S. 279. Vgl. dazu Bernd Kasten, »Gute Franzosen«. Die französische Polizei und die deutsche Besatzungsmacht im besetzten Frankreich 1940–1944, Sigmaringen 1993.

234 Zu diesem Tross der sozialdemokratischen Flüchtlinge gehörten u. a. der Parteivorsitzende Johann Vogel, sowie die Vorstandsmitglieder Erich Ollenhauer, Curt

eindrucksvollen Augenzeugenbericht anschaulich beschrieben.[235] Die sozialdemokratischen Spitzenpolitiker wurden in einem überfüllten Bus von Ort zu Ort gebracht, stritten untereinander über mögliche Fluchtrouten nach Spanien und Portugal, diskutierten über sichere Zufluchtsländer in Afrika oder Amerika, unternahmen verzweifelte und ausweglose Irrfahrten in den noch nicht besetzten Regionen des Landes, quälten sich mit Todesgedanken und hofften gleichzeitig auf Ausreisegenehmigungen aus Frankreich sowie auf Bürgschaften und Einreisepapiere, die ihnen den Transit in ein sicheres Land möglich machen sollten.

Für die Familie Stampfer endete die Flucht zunächst in der weltabgeschiedenen Provinzstadt Castres in der Region Midi-Pyrénées. Hier glaubte sie sich verloren und rechnete jederzeit mit ihrer Festnahme. Wochenlang wartete man gemeinsam mit anderen SPD-Politikern auf Einreisevisa in die USA, bis diese ihnen plötzlich »wie ein Wunder vom Himmel« erteilt wurden.[236] Die erforderlichen Dokumente und notwendigen Finanzmittel für ihre Aufnahme in den Vereinigten Staaten hatten für sie Freunde in der American Federation of Labor beschafft, die eine Namensliste mit Einreiseerlaubnissen an das amerikanische Generalkonsulat in Marseille schickten. Hier traf sich Stampfer mit dem amerikanischen Fluchthelfer Varian Fry, um die weiteren Etappen der Ausreise aus Frankreich zu organisieren. Dem Engagement von Fry war es zu verdanken, dass durch die von ihm organisierte Flüchtlingshilfe der USA während der NS-Zeit insgesamt mehr als 2.000 Flüchtlingen in Frankreich das Leben gerettet werden konnte.[237]

---

Geyer und Erich Rinner, ferner die Reichstagsabgeordneten Rudolf Breitscheid und Rudolf Hilferding sowie die Witwe von Otto Wels, der am 16. September 1939 in Paris verstorben war.

235 Dieses 1941 verfasste zeithistorische Schlüsseldokument hat Wolfgang Benz in einer deutschen Übersetzung herausgegeben: Marianne Loring, Flucht aus Frankreich 1940. Die Vertreibung deutscher Sozialdemokraten aus dem Exil, Frankfurt a. M. 1996.

236 So Stampfer, Erfahrungen und Erkenntnisse, S. 278.

237 Als Leiter des amerikanischen Emergency Rescue Comittee in Marseille beschaffte Fry auf legalen und auch auf illegalen Wegen Pässe, Visa und Finanzmittel für die

Unterstützt wurde Fry zeitweise auch von dem sozialdemokratischen Vorstandssekretär Fritz Heine, der 1938 von Prag nach Paris geflüchtet war, von wo aus er 1940 nach einer kurzen Internierung nach Marseille flüchten konnte. Dort organisierte er dann im Auftrag des Exilparteivorstandes der SPD in enger Zusammenarbeit mit Fry die Rettung von mehreren Hundert Flüchtlingen aus Deutschland. Gemeinsam unterstützen beide von Marseille aus auch viele sozialdemokratische Emigranten mit Geldmitteln und besorgten für sie die Sauf-conduits, mit denen man auch auf dem Landweg Frankreich verlassen konnte, nachdem der Seeweg mittlerweile auch im Mittelmeer versperrt war. Als das Vichy-Regime im Sommer 1941 Heines Auslieferung verlangte, floh dieser über Lissabon nach London.[238]

Mit den von Fry besorgten Passierscheinen wurde der sozialdemokratischen Fluchtgruppe um Stampfer der Weg über die französische Grenze geebnet, um anschließend mit Durchreiseerlaubnissen über Spanien und Portugal in die USA oder nach Großbritannien emigrieren zu können. Anfang September 1940 kam die Familie Stampfer schließlich in dem französischen Grenzort Cerbère an, der an der Bahnstrecke Paris-Barcelona lag. Von hier aus musste sie nicht – wie viele andere Flüchtlinge – zu Fuß die lebensgefährliche Kletterroute über die Pyrenäen wagen[239], um nach Spanien zu kommen, sondern konnte am 8. September 1940

---

Flüchtlinge und machte deren Ausreise aus Frankreich mit allen nur denkbaren Mitteln möglich. Vgl. dazu seine Erinnerungen: Auslieferung auf Verlangen. Die Rettung deutscher Emigranten in Marseille 1940/41. Hg. u. m. e. Anhang verseh. v. Wolfgang D. Elfe u. Jan Hans, Frankfurt a. M. 1995, S. 9. Vgl. zu seinem Engagement auch Anne Klein, Flüchtlingspolitik und Flüchtlingshilfe 1940–1942. Varian Fry und die Komitees zur Rettung politisch Verfolgter in New York und Marseille, Berlin 2007.

238 Vgl. ausführlich zur Exilbiografie von Fritz Heine: Stefan Appelius, Heine. Die SPD und der lange Weg zur Macht, Essen 1999; ferner die Edition von Stefan Appelius, »Der Teufel hole Hitler«. Briefe der sozialdemokratischen Emigration, Essen 2003, in der die Exilkorrespondenz von Heine abgedruckt ist (S. 73 ff.).

239 Vgl. dazu Patrik von zur Mühlen, Fluchtweg Spanien-Portugal. Die deutsche Emigration und der Exodus aus Europa, Bonn 1992. Stampfer hätte eigentlich auch den illegalen Weg über die Pyrenäen gehen sollen, aber erhielt nach einer amerikanischen

die Reise dorthin per Bahn antreten. Ebenfalls per Bahn reiste die Familie in den folgenden Wochen über Barcelona, Madrid und Valencia bis nach Lissabon, wo Stampfer gemeinsam mit seiner Frau und seiner Tochter schließlich Anfang Oktober 1940 ankam. Die Durchquerung dieser beiden nicht gerade demokratiefreundlichen Länder im Südwesten Europas, in denen in Spanien das Gesicht von General Franco überall »unaufhörlich und unabwendbar« auf sie herunterschaute, während sie anschließend in Portugal das autokratische Regime von Salazar und ein »emigrantenfeindlich« gesinnter amerikanischer Konsul nicht gerade freudig erwarteten[240], waren die beiden letzten Hürden, die Friedrich Stampfer und seine Familie noch überwinden mussten. Der Hafen in Lissabon wurde für sie schließlich der letzte Ort, von dem aus »man noch von Europa die übrige Welt erreichen« konnte.[241] Am 6. Oktober 1940 begann ihre achttägige Überfahrt nach New York, das in dieser Zeit für deutsch-jüdische Flüchtlinge, zu denen auch die Familie Stampfer gehörte, die »schönste Stadt der Welt« war.[242]

Diese exemplarische Beschreibung der Fluchtwege Friedrich Stampfers und seiner Familie aus dem nationalsozialistischen Deutschland steht stellvertretend für die Irrnisse und Wirrnisse, mit denen insgesamt 42 Mitglieder der im März 1933 gewählten sozialdemokratischen Reichstagsabgeordneten nach ihrem Exodus aus Deutschland immer wieder konfrontiert wurden. Für einige endeten ihre dramatischen Verfolgungsschicksale mit ihrer Gefangennahme im Exil und ihrer Auslieferung an das NS-Regime. Die Rückkehr

---

Intervention wegen seines schwachen körperlichen Zustandes die Erlaubnis zum Grenzübertritt mit der Bahn. Vgl. Stampfer, Erfahrungen und Erkenntnisse, S. 279.

240 So Loring, S. 120 und S. 128. Stampfer betont in seinen Erinnerungen, »unter den verängstigten Flüchtlingen« sei das Gerücht verbreitet gewesen, »dass ihnen in Spanien die Festnahme und Auslieferung drohte«. Vgl. Stampfer, Erfahrungen und Erkenntnisse, S. 279.

241 So Loring, S. 126.

242 Vgl. dazu Claudia Appelius, Die schönste Stadt der Welt. Deutsch-jüdische Flüchtlinge in New York, Essen 2003. Für Stampfer verkörperten die USA »Freiheit und Sicherheit. Geborgenheit mit Frau und Kind. Hilfsbereite Freunde.« So Stampfer, Erfahrungen und Erkenntnisse, S. 280.

von Geflüchteten wollten die Nationalsozialisten auch durch die Geiselnahme von Familienmitgliedern der Emigranten erzwingen, wie das Beispiel von Arthur Arzt zeigt.[243] Internationales Aufsehen erregte diese brutale Methode der »Sippenhaft«, als man die Frau und der Kinder von Gerhart Seger nach dessen spektakulärer Flucht aus einem Außenlager des Konzentrationslagers Oranienburg im Dezember 1933 in Deutschland festnehmen ließ. Auch Philipp Scheidemann, Johann Vogel und Kurt Uhlig wollte das NS-Regime im Exil mit der Verhaftung von Familienmitgliedern in Deutschland erpressen. [244]

Von den ins Exil geflohenen Reichstagsabgeordneten kehrte während der NS-Zeit lediglich Josef Felder wieder aus freien Stücken in sein Heimatland zurück[245]. In der Emigration verstarben mit Kurt Löwenstein, Philipp Scheidemann, Otto Wels, Johann Vogel vier der profiliertesten Sozialdemokraten; der Finanzexperte Rudolf Hilferding kam im Februar 1941 nach seiner Verhaftung in Paris ums Leben; der Fraktionsvorsitzende Rudolf Breitscheid, der nach seiner gemeinsamen Festnahme mit Hilferding in Frankreich

243 Der Abgeordnete Arthur Arzt, der sich Anfang 1933 nach einer schweren Operation zu einem Kuraufenthalt in Davos aufhielt, kehrte nicht nach Deutschland zurück. Daraufhin nahm das NS-Regime seine Ehefrau, seine Kinder und seine Schwiegertochter zwei Monate lang in Geiselhaft. Sie konnten ihm erst nach einer internationalen Pressekampagne ins Exil folgen. Vgl. zu seiner Biografie auch Kap. II.

244 Vgl. Segers Verfolgungsbiografie in Kap. II. Auch die Frau und das Kind von Karl Höltermann, der als einer der Begründer des Reichsbanners von der SA besonders intensiv gesucht wurde und deshalb 1933 in Berlin untertauchte, wurden im Mai 1933 in Geiselhaft genommen, weil man ihn selbst nicht festnehmen konnte. (Vgl. Schumacher, MdR, S. 209). Mit der Verhaftung von fünf Verwandten wollte die Gestapo den Anfang März 1933 emigrierten Republikgründer Scheidemann dazu zwingen, dass er seine publizistischen Angriffe auf das NS-Regime aus dem Exil einstellte. Zum Schicksal seiner Töchter während der NS-Zeit vgl. die Hinweise in Kap. II. Weitere Angaben zum Emigrationsleben von Scheidemann und Seger finden sich bei Herbert E. Tutas, NS-Propaganda und deutsches Exil 1933–1939, Meisenheim a. Gl. 1973, S. 166 ff., S. 188 ff. Ebenfalls in Geiselhaft genommen und in das KZ Dachau eingeliefert wurde 1934 der jüngste Sohn des SPD-Vorsitzenden Johann Vogel, der selbst 1933 emigriert war. Auch die Frau des emigrierten SPD-Abgeordneten Uhlig war zeitweise in Geiselhaft; vgl. Schumacher, MdR, S. 528.

245 Vgl. zu seiner Biografie Kap. IV.

als Gefangener nach Deutschland zurückgebracht wurde, starb im August 1944 bei einem Bombenangriff auf das KZ Buchenwald; die Abgeordneten Heinrich Becker und Hermann Tempel wurden ebenfalls im Exil gefangen genommen, nach Deutschland zurückgebracht und dort dann verurteilt. Nach dem Zweiten Weltkrieg kehrten 19 SPD-Abgeordnete aus dem Exil wieder in ihr Heimatland zurück; 14 Abgeordnete blieben in ihren europäischen Zufluchtsländern oder jenseits des Atlantiks in den USA.

Fast alle SPD-Reichstagsabgeordneten, die ins Exil gingen, flohen bereits 1933 in zwei Fluchtwellen aus dem Deutschen Reich. Von Ende Januar 1933 bis Ende März 1933 verließen elf Abgeordnete das Reichsgebiet.[246] Zu diesem Schritt drängte diese oft auch der sozialdemokratische Parteivorstand, weil sie als »Novemberverbrecher«, als streitbare Republikaner und als prominente Spitzenpolitiker der SPD persönlich akut gefährdet waren und deshalb als bei den Nationalsozialisten besonders verhasste Gegner um ihr Leben fürchten mussten.

Dass diese Einschätzungen des SPD-Parteivorstandes mehr als berechtigt waren, zeigt beispielsweise das Schicksal von Wilhelm Sollmann, der am 9. März 1933 in seinem Wahlkreis in Köln von lokalen Nazi-Aktivisten schwer misshandelt worden war und einen Tag später aus dem Gefängnislazarett zunächst in das Saarland und dann nach Luxemburg fliehen konnte, bevor er anschließend über Großbritannien in die USA emigrierte, von wo er nicht mehr nach Deutschland zurückkehrte. Ähnlich dramatisch verlief der Weg ins Exil auch bei Friedrich Wilhelm Wagner, der am 10. März 1933 nach seiner Verhaftung als Vorsitzender des Reichsbanners Schwarz-Rot-Gold in der Pfalz seinen Bewachern entkam und sich zunächst mit seiner Familie in der Schweiz in Sicherheit brachte. Seine zweite Exilstation war Straßburg, wo er 1935 eine Beratungs-

246 Zu dieser Gruppe, der Arthur Crispien, Wilhelm Dittmann, Otto Landsberg, Philipp Scheidemann, Rudolf Breitscheid, Rudolf Hilferding, Marie Kunert, Kurt Löwenstein, Toni Sender, Wilhelm Sollmann und Friedrich Wilhelm Wagner angehörten, vgl. auch die Angaben zu ihren Verfolgungsbiografien in Kap. II.

stelle für Flüchtlinge einrichtete. 1937 wurde Paris zu seinem neuen Wohnsitz, den er – wie Stampfer – nach dem deutschen Vormarsch auf die französische Hauptstadt sofort verlassen musste, weil sein Name in einer Verfolgungsliste der Gestapo erfasst war. Auch er erreichte über Spanien und Portugal das rettende Ufer in Lissabon, um dann von dort aus auf dem Seeweg in die USA zu emigrieren. Hier arbeitete Wagner bis zu seiner Rückkehr nach Deutschland im Jahr 1946 als Bibliothekar. [247]

Die zweite Fluchtwelle umfasste zwischen Ende März 1933 bis zum Jahresende 1933 insgesamt 26 Abgeordnete. Dies waren Siegfried Aufhäuser, Heinrich Becker, Otto Buchwitz, Georg Dietrich, Hans Dill, Josef Felder, Kurt Heinig, Paul Hertz, Wilhelm Hoegner, Karl Höltermann, Oskar Hünlich, Marie Juchacz, Emil Kirschmann, Karl Raloff, Anton Reißner, Heinrich Ritzel, Ernst Roth, Gerhart Seger, Friedrich Stampfer, Hans Staudinger, Fritz Tarnow, Hermann Tempel, Kurt Uhlig, Johann Vogel, Otto Wels und Mathilde Wurm. Keines dieser sozialdemokratischen Reichstagsmitglieder verließ grundlos und aus freien Stücken Deutschland. Sie alle flohen vor drohenden Verhaftungen oder konnten nach ihrer Entlassung aus der »Schutzhaft«, in der sie oft misshandelt worden waren, nach gezielten Hausdurchsuchungen, der Plünderung ihrer Wohnungen und der Beschlagnahme ihres Vermögens den Nationalsozialisten noch entkommen. Einige waren vor ihrer geplanten Festnahme bereits untergetaucht oder wurden steckbrieflich gesucht. Dabei schreckte das NS-Regime auch bei ihnen nicht davor zurück, Familienmitglieder in Geiselhaft zu nehmen.

Diese 26 Abgeordneten, die bis Ende 1933 noch flohen, entschlossen sich erst zur Emigration, nachdem sie die verschiedenen Formen der politischen Entmündigung, die im Parteiverbot der SPD im Juni 1933 dann ihre pseudolegale Rechtfertigung erhielt sowie eine bis dahin unvorstellbare persönliche Erniedrigung hatten erleben müssen. Ihre gezielte persönliche Bedrohung als Gegner des Nationalsozialismus in ihren Wohnorten und Wahlkreisen, die

---

247 Vgl. zu den Verfolgungsbiografien von Sollmann und Wagner auch Kap. II.

damit verbundenen Anfeindungen im privaten lokalen Umfeld, der Entzug ihrer materiellen Existenzgrundlagen als republikanische Beamte, als Redakteure von SPD-Zeitungen, als Partei- oder Gewerkschaftsangestellte sowie die barbarischen Verfolgungspraktiken des NS-Regimes haben diese Abgeordneten physisch und psychisch so zermürbt, dass sie in der Auswanderung die einzige Alternative für ein menschenwürdiges Weiterleben sahen. Jeder dieser SPD-Parlamentarier, deren individuelle Einzelschicksale hier nicht umfassend nachgezeichnet werden, trat wie seine bis Ende März 1933 bereits emigrierten Fraktionskollegen einen Weg ins Ungewisse an, der vom Exilvorstand der SPD kaum beeinflusst oder unterstützend begleitet werden konnte. Denn dieser bewegte sich selbst nach seiner improvisierten Übersiedlung von Saarbrücken nach Prag 1933 nur auf schwankendem Boden.

Die Entscheidung für den Weg in die Emigration trafen die am 5. März 1933 gewählten SPD-Reichstagsabgeordneten in einer Zeitphase, in der jede Möglichkeit für eine legale parlamentarische Opposition durch das NS-Regime zunichtegemacht worden war und in der sich auch alle Hoffnungen auf rechtsstaatliche Schutzmechanismen als illusorisch erwiesen hatten. Seit ihrem gemeinsamen Nein zum Ermächtigungsgesetz konnte keiner dieser Abgeordneten darauf hoffen, in Deutschland den nun gezielt auf sie gerichteten Terrormaßnahmen des NS-Regimes zu entgehen, das ihre berufliche und materielle Existenz, ihre persönliche Freiheit, ihr Privatleben und das ihrer Familien direkt bedrohte. Dies dokumentieren viele Befunde der einschlägigen Forschung, die in biografischen Handbüchern oder in Einzelstudien die verschiedenen Aspekte ihrer willkürlichen oder gezielten Verfolgung durch rechtsradikale Aktivisten, Instanzen des nationalsozialistischen Verfolgungsapparates und den von ihm instrumentalisierten Behörden nachgezeichnet hat.[248] Dass

248 Vgl. dazu die biografischen Dokumentationen und Bestandsaufnahmen von Schumacher, MdR sowie von Schröder, Parlamentarier; eine Reihe von Informationen enthält für die emigrierten sozialdemokratischen Reichstagsabgeordneten auch das Biographische Handbuch der deutschsprachigen Emigration nach 1933. 3 Bde.,

die meisten dieser Abgeordneten nach ihrer oft spontanen und unvorbereiteten Flucht Kontakte zu Gesinnungsfreunden im Ausland aufnahmen und sich engagiert an der Hilfe für andere Flüchtlinge und an der Organisation des sozialdemokratischen Widerstandes von außen beteiligten, ist ebenfalls in der einschlägigen Exilforschung bereits thematisiert worden.

Ein Beispiel hierfür ist die Exilbiografie von Hans Staudinger, der während der Weimarer Republik zu den republikanisch gesinnten Spitzenbeamten gehörte. Er hatte ab November 1932 ein Reichstagsmandat für die SPD in Hamburg wahrgenommen und entging im Frühjahr 1933 mehrfach einer Verhaftung. Im Juni 1933 wurde er gemeinsam mit Gustav Dahrendorf festgenommen und anschließend während einer einmonatigen »Schutzhaft« schwer misshandelt. Bei seiner Freilassung musste er einen Revers unterschreiben, dass ihm in der Haft »nichts Nachteiliges« zugestoßen sei.[249] Nach seiner Freilassung floh Staudinger im Juli 1933 nach Belgien, kehrte aber unter dem Druck der Gestapo aus Sorge um seine jüdische Ehefrau wieder nach Deutschland zurück. Ende 1933 gelang es ihm, endgültig mit seiner Familie über Belgien, Frankreich und Großbritannien in die USA zu emigrieren. Hier war er einer der Gründer der German Labour Delegation und engagierte sich in der Vermittlung von Arbeitsplätzen an Flüchtlinge. Im Frühjahr 1934 wurde Staudinger an der als University in Exile von einer Kerngruppe deutscher Sozialwissenschaftler in New York gegründeten »New School for Social Research« zum Professor für Wirtschaftswissenschaften ernannt. An ihr rief er gemeinsam mit dem religiösen Sozialisten Paul Tillich ein Komitee zur Unterstützung von verfolgten Wissenschaftlern und Intellektuellen ins Leben. 1940 nahm Staudinger die amerikanische Staatsbürger-

München 1980–83. Viele weitere Hinweise auf biografische Einzelstudien finden sich ferner in den Fußnoten zu dieser Studie.

249 So in seiner Autobiografie: Wirtschaftspolitik im Weimarer Staat. Lebenserinnerungen eines politischen Beamten im Reich und Preußen 1889 bis 1934. Hg. u. eingel. v. Hagen Schulze, Bonn 1982, S. 133.

schaft an. Nach dem Zweiten Weltkrieg kehrte er nicht mehr nach Deutschland zurück.[250]

Zwischen Januar 1934 und August 1935 gingen noch vier weitere sozialdemokratische Reichstagsabgeordnete ins Exil, in dem sich gemeinsam mit ihnen nunmehr 42 der 1933 gewählten SPD-Parlamentarier aufhielten. Dies waren Fritz Baade, Ernst Reuter, Hans Unterleitner und Anna Zammert. In ihren hier noch knapp skizzierten Biografien spiegelten sich ebenfalls typische Aspekte von Emigrationsschicksalen wider.

Baade, der von 1930 bis 1933 die SPD im Reichstag vertreten und sich als Mitverfasser des im Januar 1932 gemeinsam von Woytinski, Tarnow und ihm konzipierten gewerkschaftlichen WTB-Planes für eine aktive Konjunkturpolitik in der Krisenphase der Weimarer Republik einen Namen gemacht hatte, verlor 1933 alle seine beruflichen Positionen als Wirtschaftsexperte der sozialdemokratischen Arbeiterbewegung. Anschließend führte Baade einen landwirtschaftlichen Betrieb, bevor er im Dezember 1934 als Agrarberater der türkischen Regierung nach Ankara emigrierte. Dort stand er in engem Kontakt zu anderen deutschen Emigranten, hielt sich aber in der Öffentlichkeit politisch zurück. Dennoch verbannte ihn die türkische Regierung zwischen August 1944 und Dezember 1945 zu einem Zwangsaufenthalt im Landesinnern. Anschließend konnte Baade nach Deutschland zurückkehren, wo er in der Folgezeit als Wirtschaftsexperte der SPD in zahlreichen Institutionen Führungspositionen innehatte und dem Bundestag von 1949 bis 1965 angehörte.[251]

Baade ebnete für Ernst Reuter, der nach seiner KZ-Entlassung im September 1934 am Jahresbeginn 1935 zunächst in den Niederlanden und dann in England eine Zuflucht gefunden hatte, den Weg für dessen Übersiedlung als Emigrant in die Türkei. Hier arbeitete

250 Vgl. Schumacher, MdR, S. 494 f. Zur Rolle dieser Universität bei der Integration von Immigranten s. Benita Luckmann, Exil oder Emigration. Aspekte der Amerikanisierung an der »New School for Social Research« in New York, in: Wolfgang Frühwald/Wolfgang Schieder (Hg.), Leben im Exil. Probleme der Integration deutscher Flüchtlinge im Ausland 1933–1945, Hamburg 1981, S. 227-234.

251 Vgl. zu seiner Biografie Schumacher, MdR, S. 40.

Reuter ab Juni 1935 als Berater der türkischen Regierung im Wirtschafts- und dann im Verkehrsministerium. In der deutschen Exilgemeinde, die rund 1.000 Personen zählte, knüpfte er Verbindungen zu zahlreichen aus Wissenschaft und Politik emigrierten Gegnern des NS-Regimes und engagierte sich für die Bildung einer gemeinsamen Organisation aller Exilzentren in Europa und Übersee, die jedoch nicht zustande kam. Reuter konnte erst im November 1946 wieder aus dem »Wartesaal Ankara« nach Deutschland zurückkehren, nachdem er mit Unterstützung britischer Stellen die Erlaubnis zur Einreise erhalten hatte. Hier wurde aus dem Politiker im Wartestand in den folgenden Jahren die Symbolfigur des freien Berlin.[252]

Hans Unterleitner, der Schwiegersohn von Kurt Eisner, der 1918/19 dessen bayerischer Revolutionsregierung als Staatsminister für soziale Fürsorge angehört hatte und von 1920 bis 1933 Reichstagabgeordneter der USPD und der SPD gewesen war, wurde Ende Juni 1933 verhaftet und in das KZ Dachau deportiert, wo er bis Juli 1935 in »Schutzhaft« verbringen musste. Nach einer Intervention von Lord Cecil, dem Vorsitzenden der englischen Friedensgesellschaft, den Wilhelm Hoegner aus seinem Exil in der Schweiz eingeschaltet hatte, wurde er im September 1935 aus dem KZ Dachau auf Probe entlassen. Ende 1935 nutzte er diese »Freiheit« und flüchtete illegal in die Schweiz, wo er jedoch keine Arbeitserlaubnis erhielt. Im Oktober 1939 emigrierte Unterleitner über Genua in die USA. Hier engagierte er sich im German-American Council for the Liberation of Germany from Nazism, dem er als Vorstandsmitglied angehörte. Nach Deutschland kehrte Unterleitner nicht mehr zurück, obwohl Hoegner ihn als Minister für sein erstes Nachkriegskabinett in Bayern vorgesehen hatte.[253]

Anna Zammert, die als Gewerkschaftssekretärin wegen angeblich staatsfeindlicher Betätigung 1933 zweimal verhaftet worden war

252 Vgl. zu Reuters Verfolgungsbiografie auch Kap. IV. Sein Leben in der Türkei behandelt Rainer Möckelmann, Wartesaal Ankara. Ernst Reuter. Exil und Rückkehr nach Deutschland, Berlin 2013; vgl. dazu Brandt/Löwenthal, S. 290 ff.

253 Vgl. Schumacher, MdR, S. 536 f.

und anschließend zeitweise untertauchte, floh im August 1935 nach Dänemark, weil sie mit einer erneuten Verhaftung durch die Gestapo rechnen musste, die sie der »Weiterführung der sozialdemokratischen Parteiarbeit« bezichtigte. Ende April 1936 wurde Norwegen zu ihrer zweiten Exilstation. Nach der Besetzung Norwegens im April 1940 war sie vorübergehend gemeinsam mit ihrem Mann in Haft im Gestapo-Hauptquartier in Oslo. Im Juni 1940 nahmen schwedische Grenzhüter sie bei ihrer Flucht aus dem von deutschen Truppen besetzten Norwegen fest. Anschließend musste sie für drei Monate unter Polizeiaufsicht in Stockholm leben. Von April 1943 bis zum Kriegsende gehörte Anna Zammert als Vorstandsmitglied der Landesgruppe deutscher Gewerkschafter in Schweden an. 1946 kam sie nach Deutschland zurück und beteiligte sich an der Neugründung der Arbeiterwohlfahrt in Hannover. Im Sommer 1953 kehrte Anna Zammert wieder nach Schweden zurück, weil es ihr im Nachkriegsdeutschland nicht gelungen war, beruflich festen Fuß zu fassen.[254]

Anna Zammert war eine der dreizehn Frauen, die nach den Märzwahlen von 1933 als sozialdemokratische Parlamentarierinnen dem Reichstag angehörten. Wie sie standen auch die anderen weiblichen Mitglieder der SPD-Fraktion als Verfechterinnen und Vorkämpferinnen der Frauenemanzipation sofort auf den Verfolgungslisten der Nationalsozialisten. Fünf von ihnen gerieten schon vor der Verabschiedung des Ermächtigungsgesetzes in das Visier der NSDAP, wurden vom nationalsozialistischen Mob mit Mord bedroht, mussten untertauchen oder flohen nach Überfällen auf ihre Wohnungen panikartig ins Ausland, um weiteren Nachstellungen oder einer drohenden Verhaftung zu entgehen.[255]

---

254 Vgl. Birgit Hormann-Reckeweg, Anna Zammert (1898–1982). Die erste Frauensekretärin des Fabrikarbeiterverbandes, in: Angela Dinghaus (Hg.), Frauenwelten. Biographisch-historische Skizzen aus Niedersachsen, Olms u. a. 1993, S. 263-267; vgl. Schumacher, MdR, S. 568.

255 Dies waren Lore Agnes, Marie Ansorge, Marie Kunert, Toni Sender und Margarete Starrmann. Vgl. zu ihren Verfolgungsbiografien Kap. II. Weitere Angaben zum Schicksal aller anderen weiblichen SPD-Reichstagsabgeordneten finden sich bei

Auch Marie Juchacz, die im Februar 1919 als erste Frau in einem deutschen Nationalparlament das Wort ergriffen und dann Ende 1919 als Gründerin der Arbeiterwohlfahrt einen sozialpolitischen Meilenstein in der Geschichte der Weimarer Republik gesetzt hatte, verließ bereits im April 1933 Deutschland. Zunächst lebte sie bis 1935 im Saargebiet, wo sie ein kleines Restaurant eröffnete, das vielen Flüchtlingen aus dem Reichsgebiet als Anlaufstelle diente. Nach der Saarabstimmung im Januar 1935, bei der sich mehr als 90 Prozent der Stimmberechtigten für eine »Heimkehr« in das Deutsche Reich entschieden hatten, überquerte sie gemeinsam mit ihrem Schwager Emil Kirschmann, der ebenfalls bis 1933 als Abgeordneter der Reichstagsfraktion der SPD angehört hatte, die französische Grenze. Zunächst war das grenznahe Forbach im lothringischen Montanrevier der erste Zufluchtsort der beiden Abgeordneten. Ab 1935 wohnten sie dann in Mulhouse im französischen Elsass, das noch im deutschen Sprachraum lag. Da Flüchtlinge aus dem Saarland in Lothringen und im Elsass provisorische Aufenthaltsgenehmigungen und gültige französische Ausweise erhielten, fühlten sich Juchacz und Kirschmann hier relativ sicher und engagierten sich in der Fluchthilfe und im sozialdemokratischen Widerstand. Dies blieb der Gestapo und ihren Auslandsagenten natürlich nicht verborgen. Im Juni 1940 mussten die beiden Abgeordneten deshalb sofort nach Südfrankreich fliehen, um der ihnen nun unmittelbar drohenden Auslieferung durch die französischen Behörden an die deutschen Besatzer zu entgehen. Dort lebten sie zeitweise in einer kleinen Emigrantengruppe in der Nähe von Pau in den Pyrenäen, von wo aus sie ihre Ausreise in die USA vorbereiteten. Das rettende Notvisum für die Einreise in die USA erhielten sie wie bereits Stampfer vom amerikanischen Generalkonsulat in Marseille. Ende März 1941 begann diese letzte Etappe ihrer Emigration im Hafen von Marseille. Von hier aus konnten sie die Einreise über Casa-

---

Christl Wickert, Unsere Erwählten. Sozialdemokratische Frauen im Deutschen Reichstag und im Preußischen Landtag 1919 bis 1933, Göttingen 1986, S. 232 ff.

blanca und Martinique in die Vereinigten Staaten möglich machen. Im Mai 1941 erreichten beide das rettende Ufer in New York.[256]

Zwei am 5. März 1933 erneut in den Reichstag gewählte sozialdemokratische Parlamentarierinnen sahen im Weiterleben keinen Sinn mehr: Toni Pfülf entschied sich nach der Reichstagssitzung vom 17. Mai 1933 für den Freitod, verzweifelt über die Zustimmung der sozialdemokratischen Rumpffraktion zur »Friedensresolution« Hitlers.[257] Mathilde Wurm, die von 1920 bis 1933 die USPD und die SPD im Reichstag vertreten hatte, emigrierte im März 1933 in die Schweiz, wo sie finanziell auf Gelegenheitsarbeiten als Stenotypistin angewiesen war. Von dort übersiedelte sie im Februar 1934 nach London. Hier fand man sie am 1. April 1934 mit ihrer Freundin Dora Fabian in der gemeinsamen Wohnung vergiftet auf. Die genaueren Umstände des Todes der beiden Frauen konnten nie restlos aufgeklärt werden.

In einem Nachruf schrieb der SPD-Abgeordnete Paul Hertz, der selbst 1933 zunächst nach Saarbrücken und anschließend nach Prag geflohen war, bevor er 1938 nach Frankreich ging und von dort über Bordeaux in die USA emigrierte:

> »Die tiefere Schuld am Tode von zwei wertvollen Menschen liegt bei Adolf Hitler. Er raubte ihnen die Heimat, er raubte ihnen die Existenz. Er zerstörte ihren Lebensfaden, der in der Verbindung zu ihren Genossen in der Heimat lag. Er trieb sie ins Exil, wo auch die stärksten Menschen nicht immer über jene Kräfte verfügen, die

256 Die Verfolgungsbiografien von Marie Juchacz und Emil Kirschmann werden von Schumacher, MdR, S. 236 ff. u. S. 254 ff. mit vielen Hinweisen auf und Zitaten aus Quellen ausführlich behandelt. Vgl. auch Wickert, Unsere Erwählten, S. 261 ff.; Axel Redmer, Wer draußen steht, sieht manches besser. Biographie des Reichstagsabgeordneten Emil Kirschmann, Bielefeld 1987; Gisela Notz, »Sozialarbeit als Hilfe von Mensch zu Mensch organisieren«. Marie Juchacz, geb. Gohlke (1879–1956): Soziale Hilfstätigkeit im Exil, in: Hiltrud Häntzschel (Hg.), Politik – Parteiarbeit – Pazifismus in der Emigration, München 2010, S. 159-174.

257 Vgl. zu dieser Entscheidung von Toni Pfülf Kap. III.

ihnen in anderen Umständen einen sicheren Halt für die Überwindung aller Schwierigkeiten geben.«[258]

Diese Feststellung galt auch für die anderen sozialdemokratischen Emigranten, für die der Weg in das Exil zumeist ebenfalls eine Reise ins Unbekannte war. Dort waren sie nicht unbedingt willkommen. Ihr persönliches Leben wurde von materiellen Alltagssorgen, der Entwurzelung aus der ihnen vertrauten Heimat und aus der sozialdemokratischen Solidargemeinschaft in Deutschland überschattet.[259] Die permanente Sorge um im nationalsozialistischen Herrschaftsgebiet lebende Familienangehörige und Freunde begleitete sie überall hin. Zur persönlichen Hilflosigkeit und zu den vielfältigen Problemen bei der Suche nach einer sicheren Bleibe kam noch hinzu, dass die ehemaligen Abgeordneten in den verschiedenen »Gastländern«, die sie als Transitreisende durchqueren mussten, um sich vor den Nachstellungen der Nationalsozialisten zu retten, oft weder persönlich noch beruflich festeren Fuß zu fassen vermochten. Häufig befanden sie sich deshalb nicht nur in einer finanziell prekären Situation, sondern lebten zugleich auch in der ständigen Ungewissheit über ihr weiteres Schicksal. Dieses Gefühl der Ohnmacht und Verzweiflung teilten die Sozialdemokraten mit den meisten anderen Mitgliedern einer politisch und beruflich heterogenen Emigrantenkolonie, zu denen beispielsweise auch berühmte Schriftsteller wie Stefan Zweig oder Kurt Tucholsky gehörten. Deren Werke hatte man bei der Bücherverbrennung im

258 Veröffentlicht in: Neuer Vorwärts, Nr. 96 vom 14. April 1934. Vgl. zum Tod von Mathilde Wurm und Dora Fabian: Charmian Brinson, The strange case of Dora Fabian and Mathilde Wurm. A study of German political exiles in London during the 1930's, Bern 1996; Schumacher, MdR, S. 566 f. Zur Biografie von Paul Hertz s. Ursula Langkau-Alex, Paul Hertz (1888–1961). Realpolitiker im Dienste der sozialdemokratischen Utopie, in: Peter Lösche/Michael Scholing/Franz Walter (Hg.), Vor dem Vergessen bewahren. Lebenswege Weimarer Sozialdemokraten, Berlin 1988, S. 145-169.

259 Vgl. dazu Katharina Meyer, Keiner will sie haben. Exilpolitik in England, Frankreich und den USA zwischen 1933 und 1945, Frankfurt a. M. 1998; Daniel Azuélos (Hg.), Alltag im Exil, Würzburg 2011.

Mai 1933 in Deutschland auf den Scheiterhaufen geworfen. Beide entschieden sich während der Emigration für den Freitod. Zweig schrieb in seinem Abschiedsbrief, mit dem er im Februar 1942 in Brasilien diese Entscheidung begründete, seine Kräfte seien, nachdem die Welt seiner eigenen Sprache für ihn untergegangen sei und Europa sich selbst vernichte, durch die »langen Jahren heimatlosen Wanderns erschöpft«.[260]

Als heimatloses Wandern kann man das Exilleben von vielen aus Deutschland geflohenen SPD-Abgeordneten nur dann charakterisieren, wenn man berücksichtigt, dass es für sie eindeutige Präferenzen gab, in welche Länder sie emigrieren wollten. Sie hatten nämlich genaue Vorstellungen darüber, welche Staaten für sie als Asylstaaten nicht infrage kamen. Die für sie entscheidende prinzipielle Trennlinie bildete der Unterschied zwischen Demokratie und Diktatur. Keiner von ihnen flüchtete in die Sowjetunion, die zum wichtigsten Ziel der kommunistischen Emigranten aus Deutschland wurde. Das von Pilsudski diktatorisch regierte Polen wählte ebenfalls kein Reichstagsabgeordneter der SPD zu seinem Exilland, obwohl mancher von ihnen nach dem nationalsozialistischen Frontalangriff auf die Tschechoslowakische Republik nur auf dem Fluchtweg durch Polen einen Seeweg nach Westeuropa erreichen konnte. Ungarn, das sich in den 1930er-Jahren immer mehr an das nationalsozialistische Deutschland annäherte, und die instabilen Balkanstaaten waren ebenfalls keine Fluchtoption für die SPD-Abgeordneten. Das faschistische Italien, der spätere Achsenpartner des nationalsozialistischen Deutschland, wurde von allen gemieden. Und unter den autoritären Regimen in Österreich, Spanien und Portugal wollten die SPD-Abgeordneten nicht auf Dauer leben, auch wenn diese Staaten für sie zu wichtigen Durchgangsländern auf ihren Fluchtwegen in die Schweiz oder nach Großbritannien und in die USA wurden.

Politisch waren die sozialdemokratischen Abgeordneten nicht »heimatlos«, weil sie auch im Exil trotz ihrer programmatischen

260 Zit. n.: https://de.wikisource.org/Abschiedsbrief_Stefan_Zweigs.

Binnendifferenzen und persönlichen Animositäten eine vielfältig vernetzte Gruppe darstellten, die sich aus der gemeinsamen Parlamentsarbeit im Reichstag der Weimarer Republik kannte. Sie standen in den Zufluchtsländern miteinander in Verbindung und konnten sich auch gegenseitig unterstützen, soweit und sofern dies möglich war. Aber die emigrierten Politiker mussten, wie alle anderen Emigranten auch, sich überall da, wo sie entweder nur zeitweise oder auf Dauer lebten, an unterschiedliche rechtliche, politische und gesellschaftliche Rahmenbedingungen anpassen, die ihr Leben als Flüchtlinge kompliziert machten. In jedem Land waren sie zunächst Fremde. Sie wurden mit Lebensgewohnheiten und Mentalitäten konfrontiert, die ihnen nicht vertraut waren, hatten gegen ihre eigene »Sprachlosigkeit« anzukämpfen, weil sie sich in den jeweiligen Landessprachen oft nicht verständlich machen konnten, mussten immer wieder persönliche und politische Enttäuschungen im Mikrokosmos des Exils verarbeiten und wollten ihre deutsche Identität oft nicht einfach preisgeben. Die ihnen allen abgeforderte Anpassungsbereitschaft musste jeder SPD-Abgeordneter für sich selbst individuell verarbeiten. Mancher konnte sich relativ schnell in der Fremde einleben, während andere weiterhin nicht nur mit dem Gesicht, sondern auch mit dem Herzen nach Deutschland orientiert blieben und auf eine baldige Rückkehr in ihre alte Heimat hofften. Diese Rückkehr rückte jedoch in immer weitere Ferne, weil der Nationalsozialismus in den Jahren nach 1933 in Deutschland mehr Zustimmung fand, als es sich die SPD-Parlamentarier zuvor hatten vorstellen können.

Die von Lion Feuchtwanger als »Erbärmlichkeit und Größe des Exils« charakterisierten besonderen Umstände[261], die über eine geglückte ebenso wie über eine misslungene Integration entschieden, spiegelten sich auch in den unterschiedlichen Überlebenschancen wider, mit denen die SPD-Abgeordneten nach ihrer Flucht über die deutschen Grenzen konfrontiert wurden. In einer Reihe von

261 Vgl. dazu Ernst Loewy (Hg.), Literatur und politische Texte aus dem deutschen Exil 1933–1945. Erbärmlichkeit und Größe des Exils, Stuttgart 1979.

europäischen Ländern, die selbst von der Weltwirtschaftskrise stark betroffen waren, blieb den Flüchtlingen aus Deutschland der Zugang auf den Arbeitsmarkt erschwert oder völlig versperrt. Die sozialdemokratischen Emigranten nahm man in einigen Nachbarstaaten des Deutschen Reiches auch noch als politische Störenfriede wahr, von deren »mit dem Gesicht nach Deutschland« organisierten Widerstandsaktivitäten die Regierungen dieser Länder sich häufig distanzierten und sie zu unterbinden versuchten. Diplomatischen Konflikten mit dem aggressiven NS-Regime wollte man nämlich möglichst aus dem Wege gehen. Mancherorts arbeiteten die Polizei- und Ausländerbehörden in den Asylländern kollegial mit den nationalsozialistischen Verfolgungsinstanzen zusammen, deren Aktivitäten die Gestapo grenzüberschreitend koordinierte.

Die Emigranten waren wegen dieser grenzenlosen Bedrohung durch das NS-Regime überall in den Einwanderungsländern stets auf Schutz und Hilfe sowie auf die Solidarität von Gleichgesinnten angewiesen. Oft wurden sie nicht nur mit der gewöhnlichen Fremdenfeindlichkeit konfrontiert, wie sie immer und überall auf der Welt zu finden ist, sondern sie trafen auch auf eine ungewöhnliche Hilfsbereitschaft. Zum persönlichen und spontanen Engagement von politischen Sympathisanten kam auch die Unterstützung von kirchlichen oder caritativen Verbänden sowie die kontinuierliche Betreuung durch Hilfsorganisationen von Arbeiterparteien hinzu, die sich gezielt für sie einsetzten und darum bemühten, ihnen das Überleben in der Fremde zu erleichtern.[262] Gemeinsam wollte man sich dem Hauptfeind Nationalsozialismus entgegenstellen, dessen aggressive Eroberungspolitik seit den späten 1930er-Jahren bis auf die Schweiz alle Anrainerstaaten des Deutschen Reiches ins Visier genommen hatte.

262 Vgl. dazu die zahlreichen Einzelbefunde der Exilforschung, die in dem von Claus-Dieter Krohn, Patrik von zur Mühlen, Gerhard Paul und Lutz Winckler herausgegebenen Handbuch der deutschsprachigen Emigration 1933–1945. Darmstadt 1998 (Sonderausgabe 2008) zusammengefasst wurden; ferner: Wolfgang Frühwald/Wolfgang Schieder (Hg.), Leben im Exil. Probleme der Integration deutscher Flüchtlinge im Ausland 1933–1945, Hamburg 1981.

Seine aus Deutschland geflüchteten politischen Gegner hat das NS-Regime seit seiner Regierungsübernahme nie aus den Augen verloren. Er stellte ihnen durch Gestapo-Agenten systematisch nach und ließ sie auch von Mitarbeitern der diplomatischen Vertretungen des Deutschen Reiches, die als Gehilfen der Gestapo fungierten, im Ausland ausspähen. Man unternahm Bestechungsversuche in den Asylländern, um Denunzianten zu gewinnen, schleuste Spitzel unter die Flüchtlinge ein, erpresste diese zum Verrat von Schicksalsgenossen und schreckte auch vor kriminellen Methoden wie Entführung und Mord nicht zurück.[263] Aus der ideologischen Perspektive des NS-Regimes hatten die Emigranten die deutsche »Volksgemeinschaft« nämlich rechtswidrig verlassen und sich damit dem völkischen Herrschaftsanspruch des NS-Regimes entzogen. Sie waren keine »Volksgenossen« mehr, sondern wurden als »Reichsfeinde« und »Landesverräter« stigmatisiert, die man mit allen zur Verfügung stehenden Mitteln bekämpfte. Deshalb entwickelte sich die Emigrantenverfolgung zu einem eigenen Aufgabenfeld der Geheimen Staatspolizei, die vor allem die Aktivitäten von Kommunisten, Sozialdemokraten und Pazifisten im In- und Ausland umfassend zu beobachten suchte. Die dabei gewonnenen Informationen erfasste sie dann auch für die politischen Emigranten in ihren Datensammlungen über »führende Männer der Systemzeit« systematisch. Mit den hierin gesammelten Hinweisen ging man dann während des Zweiten Weltkrieges in den vom NS-Regime besetzten Ländern gezielt auf Menschenjagd.

Die permanente Observierung und planmäßige Verfolgung von Emigranten wurde durch das bereits am 14. Juli 1933 vom NS-Staat erlassene Ausbürgerungsgesetz »legalisiert«. Dieses »Gesetz über den Widerruf von Einbürgerungen und die Aberkennung der deutschen Staatsangehörigkeit« brach mit den Prinzipien der deutschen

263 Eine knappe Übersicht über die zahlreichen Einzelbefunde zu den Methoden und Praktiken der nationalsozialistischen Emigrantenverfolgung hat Gerhard Paul verfasst: Nationalsozialismus und Emigration, in: Handbuch der deutschsprachigen Emigration 1933–1945, S. 46-61.

Rechtstradition. Nun konnten in der Weimarer Republik vollzogene Einbürgerungen wieder rückgängig gemacht werden, falls man diese deutschen Neubürger als »nicht als erwünscht« ansah. Ergänzt wurde dieser auf die Realisierung der antisemitischen Prinzipien des Nationalsozialismus ausgerichtete Paragraf, der zunächst insbesondere auf jüdische Zuwanderer zielte, durch einen zweiten Paragrafen, in dessen Zentrum die Ausbürgerung von Emigranten stand. Gegen sie hegte man den Generalverdacht, im Ausland durch »ein Verhalten, das gegen die Pflicht zur Treue gegen Reich und Volk verstößt«, die »deutschen Belange« geschädigt zu haben. Damit hatte man einen juristischen Freibrief für die Expatriierung von politischen »Reichsfeinden« geschaffen, dessen Stoßrichtung sich zentral auch gegen die ins Exil geflohenen Sozialdemokraten richtete. Durch weitere Strafbestimmungen wurde dessen Wirkung noch verschärft: Frauen und Kinder der Ausgebürgerten konnten ebenfalls expatriiert werden, und das Vermögen der Betroffenen konnte man konfiszieren. Ab November 1937 wurden die Expatriierten zudem auch noch vom Erbrecht ausgeschlossen. Ferner strich man ihnen ersatzlos ihre Versorgungsansprüche als Beamte oder Rentner. Mit diesen drakonischen Methoden, in denen sich die rassistische und rachsüchtige Mentalität der Nationalsozialisten vielfach widerspiegelte, wurden zwischen dem 25. August 1933 und dem 7. April 1945 exakt 39.004 Deutsche ihrer Staatsbürgerschaft beraubt.[264]

Zu den auf diese Weise systematisch Attackierten gehörte auch die Mehrzahl der im März 1933 gewählten und anschließend ins Exil geflohenen Reichstagsabgeordneten der SPD. Sie wollte man mit

---

264 Deren Namen wurden in regelmäßig veröffentlichten Ausbürgerungslisten akribisch verzeichnet. Vgl. dazu die dreibändige Dokumentation dieser Listen: Die Ausbürgerung deutscher Staatsangehöriger nach den im Reichsanzeiger veröffentlichten Listen. 3 Bde. Hg. v. Michael Hepp, München 1985 ff. In Bd. 1 sind zwei informative Analysen abgedruckt: Hans Georg Lehmann, Acht und Ächtung politischer Gegner im Dritten Reich. Die Ausbürgerung deutscher Emigranten 1933–45, S. IX-XXIII; Michael Hepp, »Wer Deutscher ist, bestimmen wir ...«, ebd., S. XXV-XXXVIII.

allen Mitteln politisch kaltstellen, moralisch demütigen, ökonomisch ruinieren und lebenslänglich ächten. In den Ausbürgerungslisten des NS-Regimes sind die Namen von 34 Emigranten, die der letzten Reichstagsfraktion der Sozialdemokratie angehört hatten, verzeichnet. Für acht weitere ebenfalls emigrierte Fraktionsmitglieder sind keine Angaben zur Ausbürgerung überliefert, obwohl auch sie vor ihrer Flucht aus Deutschland verfolgt und verhaftet worden waren.[265]

Bereits auf der ersten Ausbürgerungsliste, die im August 1933 veröffentlicht wurde, standen die Namen von Rudolf Breitscheid, Philipp Scheidemann, Friedrich Stampfer und Otto Wels. Die »Ehre«, auf dieser ersten Proskriptionsliste verzeichnet zu sein, teilten diese vier sozialdemokratischen Spitzenpolitiker mit den prominenten Publizisten Alfred Kerr und Leopold Schwarzschild sowie mit dem Schriftsteller Heinrich Mann, die während der Weimarer Republik die Nationalsozialisten immer wieder in der Presse attackiert hatten. Ebenfalls bereits für August 1933 war auch die Ausbürgerung von Albert Einstein vorgesehen, dem das Innenministerium wegen seiner jüdischen Herkunft und seines politischen Engagements während der Weimarer einen »hohen Grad von Unerwünschtheit« bescheinigte. Dieses Vorhaben wurde nach Protesten des Auswärtigen Amt zunächst zurückgestellt. Dessen Einwand, man müsse die »nun einmal bestehende Weltgeltung« des Nobelpreisträgers berücksichtigen, führte jedoch nur zu einer Vertagung von Einsteins Expatriierung. Sie wurde dann im März 1934 vollzogen, nachdem das noch konservativ geführte Auswärtige Amt seinen anfänglichen Widerstand aufgegeben hatte.[266]

Die Namen der 30 weiteren SPD-Abgeordneten, die nach dem Auftakt der Ausbürgerung im August 1933 in den darauf folgenden Jahren bis 1941 auch noch expatriiert wurden, finden sich in den überlieferten amtlichen Listen für die Jahre 1934 bis 1941. Fast

265 Dies waren Fritz Baade, Marie Kunert, Ernst Reuter, Toni Sender, Hans Staudinger, Hans Unterleitner, Mathilde Wurm und Anna Zammert. Zu ihren Verfolgungsschicksalen vgl. die biografischen Angaben in den Kap. II–V.

266 Vgl. dazu weitere Einzelheiten bei Hepp, Wer Deutscher ist, S. XXVI ff.

alle hier Verzeichneten verloren ihre deutsche Staatsbürgerschaft noch vor dem Kriegsbeginn. Die völkerrechtlichen Folgen dieser Expatriierung bekamen diese zumeist bereits 1933 emigrierten Abgeordneten spätestens dann zu spüren, wenn ihre Pässe abgelaufen waren und sie keine anderen international anerkannten Legitimationsnachweise vorweisen konnten. Der Erwerb neuer Identitätspapiere gestaltete sich für sie in der Regel äußerst schwierig, weil sie vor der Zuteilung von Fremdenpässen oder ihrer Einbürgerung in andere Staaten hohe rechtliche Hürden zu überwinden hatten, was sie allein ohne die solidarische Hilfe aus den Asylländern kaum bewerkstelligen konnten.

Auch wenn die von ihnen erwartete Akkulturation in einer neuen und oft fremden Umwelt eine Abkehr von vertrauten Verhaltungsmustern und eine Anpassung an andere Lebensgewohnheiten voraussetzte, kam eine Rückkehr in das nationalsozialistische Deutschland – sieht man vom dem Sonderfall Josef Felder ab – für keinen der emigrierten SPD-Abgeordneten infrage. Was sie dort als prominente Gegner der NS-Diktatur zu erwarten hatten, hat Josef Felder durchleiden müssen, nachdem er im April 1934 aus der Tschechoslowakei nach Deutschland zurückgekehrt war. Ab Dezember 1934 musste er eine zweijährige KZ-Haft in Dachau erdulden, die ihn fast das Leben gekostet hat.[267]

Wie der Alltag unter dem Hakenkreuz aussah, wussten auch die emigrierten Reichstagsabgeordneten. Darüber konnten sich jederzeit in den vom SOPADE-Vorstand als Wahrheitsoffensive konzipierten Deutschland-Berichten informieren, die zwischen 1934 und 1940 mit vielen Einzelbeispielen die Stimmungslage in der NS-Diktatur analysierten. An dieser publizistischen Erkundung des Lebensalltags und der politischen Verhältnisse im NS-Regime waren zahlreiche sozialdemokratische Informanten in Deutschland beteiligt, die über ein Netz von Grenzsekretariaten mit dem Exil verbunden blieben. Ihre Berichte und Einschätzungen stellten auch für die mit dem Gesicht nach Deutschland orientierten Exilpolitiker eine wichtige

267 Vgl. zu seiner Verfolgungsbiografie Kap. IV.

Quelle bei der programmatischen und politischen Konzipierung ihrer Widerstandsarbeit dar.[268]

Die von Klaus Mann in seinen Erinnerungen formulierte Einsicht »Ohne Pass kann der Mensch nicht leben«[269], war eine Erfahrung, die auch alle emigrierten Reichstagsabgeordneten aus den Reihen der SPD auf ihren Fluchtwegen durch Europa machen mussten. Sie genossen zumeist keine Sonderrechte oder Privilegien als ehemals in Deutschland bekannte und manchmal auch auf der internationalen Bühne profilierte Politiker, sondern waren Teil des breiten Flüchtlingsstroms, der sich aus dem nationalsozialistischen Deutschland während der 1930er-Jahre hauptsächlich auf dessen Nachbarstaaten ergoss.

Bis 1935 wählte die Mehrzahl der das Reichsgebiet verlassenden sozialdemokratischen Abgeordneten das unter der Verwaltung des Völkerbundes stehende Saarland als ihr erstes Zufluchtsgebiet. Von hier aus wollten sie unter dem Motto »Schlagt Hitler an der Saar« ihren Widerstand gemeinsam mit ihren saarländischen Parteigenossen gegen den Nationalsozialismus fortsetzen.[270] Doch der Versuch, das Saarland zu einem Bollwerk gegen den Nationalsozialismus auszubauen, war nach dem für die Gegner des NS-Regimes katastrophalen Ergebnis der Volksabstimmung im Frühjahr 1935 definitiv gescheitert. Nun mussten alle im saarländischen Widerstand aktiv gewesenen Abgeordneten für sich möglichst schnell eine neue Bleibe suchen, weil ihr Leben im nunmehr in das Deutsche Reich »heimgekehrten« Saargebiet besonders gefährdet war.

Die zweite Station auf ihrer Flucht vor dem Nationalsozialismus wurde dann für viele von ihnen häufig Frankreich. Hier suchten

268 Diese unter der Bezeichnung »Grüne Berichte« in die Geschichte eingegangen Dokumente liegen in einer Gesamtedition vor: Klaus Behnken (Hg.), Deutschland-Berichte der Sozialdemokratischen Partei Deutschlands (Sopade) 1934–1940, 7 Bde., Salzhausen/Frankfurt a. M. 1980.

269 Klaus Mann, Der Wendepunkt. Ein Lebensbericht, Frankfurt a. M. 1952, S. 321.

270 Vgl. dazu Patrik von zur Mühlen, »Schlagt Hitler an der Saar«. Abstimmungskampf, Emigration und Widerstand im Saargebiet 1933–1935, Bonn/Berlin 1979; Schneider, Unterm Hakenkreuz, S. 966 ff.

in den Jahren bis zum Beginn des Zweiten Weltkrieges insgesamt 16 Emigranten aus der sozialdemokratischen Reichstagsfraktion ein sicheres Unterkommen und eine tragfähige Basis für ihre politische Arbeit.[271] Gleichzeitig scheiterten in Frankreich aber alle bis zum Kriegsbeginn unternommenen Versuche, eine parteiübergreifende Volksfront des »anderen Deutschland« zu errichten.[272] Zudem korrigierte die französische Regierung 1938, als sie sich der britischen Appeasement-Strategie während der Sudetenkrise anschloss, ihre liberale Flüchtlingspolitik und verschärfte die Bestimmungen für Aufenthaltserlaubnisse. Die unmittelbare Vorkriegszeit war für die sozialdemokratischen Emigranten in Frankreich deshalb vor allem vom Kampf um gültige Ausweise und gegen drohende Abschiebungen oder Ausweisungen geprägt. Nach der Kapitulation Frankreichs im Juni 1940 kam für sie schließlich nur noch die Flucht aus Frankreich infrage, wenn sie der Gefahr einer für sie lebensgefährlichen »Rückführung« nach Deutschland entkommen wollten. Die in Frankreich vollzogenen Einbürgerungen wurden nun von den Vichy-Behörden überprüft. Sie konnten die Emigranten mit einem Federstrich wieder zu Staatenlosen machen, die man internieren ließ. Bei der Suche nach einem neuen Aufnahmeland in ihrer verzweifelten Lage waren die Flüchtlinge auf finanzielle und politische Bürgschaften von Freunden vor allem in Großbritannien oder in den USA und auf die Unterstützung von Hilfsorganisationen angewiesen, um Frankreich mit einem gültigen Ausreisevisum und einer Einreisegarantie in andere Länder möglichst schnell verlassen zu können.[273]

271 Zur Bedeutung Frankreichs als dem wichtigsten Refugium des deutschen Exils während der Vorkriegszeit vgl. den die umfangreiche Forschungsliteratur zusammenfassenden Beitrag von Barbara Vormeier im Handbuch der deutschsprachigen Emigration, S. 213-250.

272 Vgl. dazu Ursula Langkau-Alex, Deutsche Volksfront 1932–1939. Zwischen Berlin, Paris, Prag und Moskau, 2 Bde., Berlin 2004.

273 Johann Vogel, der Parteivorsitzende der SPD, wurde in Paris im Juni 1940 interniert und konnte erst nach einer Intervention von Léon Blum seine Flucht aus Frankreich über die Pyrenäen nach Spanien und von dort nach Portugal antreten. Seine Ausreise in die USA scheiterte. Im Januar 1941 emigrierte Vogel dann nach London. Wie kompliziert und unkalkulierbar generell die Flucht aus Frankreich verlief, illustriert

Dies gelang zwar Friedrich Stampfer, aber nicht allen anderen nach Frankreich emigrierten SPD-Abgeordneten, wie das Beispiel von Heinrich Becker zeigt. Er hatte von 1924 bis 1933 für die SPD dem Reichstag angehört und war bis zu seiner Entlassung durch die Nationalsozialisten Bezirksleiter des Bergarbeiterverbandes in Herborn gewesen. Im Juni 1933 floh er von dort ins Saargebiet und beteiligte sich aktiv am Kampf gegen dessen Anschluss an das nationalsozialistische Deutschland. Nach der Volksabstimmung im Saarland emigrierte Becker 1935 nach Frankreich. Dort wurde er sofort nach dem Kriegsbeginn im September 1939 interniert. Im August 1941 folgte seine Auslieferung durch die französischen Behörden an das NS-Regime in Deutschland. Hier war er zunächst in Saarbrücken inhaftiert, von wo aus man ihn im Oktober 1942 in die Haftanstalt nach Berlin-Moabit überstellte. Im April 1943 folgte seine Verurteilung wegen »Vorbereitung zum Hochverrat« zu fünf Jahren Gefängnis. Bis zu seiner Befreiung im Alter von 68 Jahren durch sowjetische Soldaten Ende Mai 1945 war Becker im Zuchthaus Brandenburg-Görden inhaftiert.[274]

In den Jahren bis 1938 gehörte neben Frankreich auch die Tschechoslowakische Republik zu den wichtigsten Zufluchtszentren des sozialdemokratischen Exils. Die geografische Nähe des Landes zu Mittel- und Süddeutschland, die von dort aus auch leicht auch illegal zu passierende grüne Grenze in die ČSR sowie die liberalen Einreisebedingungen des Nachbarstaates sowie die engen politischen Beziehungen zwischen der Sozialdemokratie und ihrer tschechoslowakischen Bruderpartei, der Deutschen Sozialdemokratischen Arbeiterpartei, schufen geradezu ideale Voraussetzungen für eine deutschlandnahe Exilpolitik aus Prag. Diese organisierte dann die SOPADE nach ihrer Übersiedlung in die Hauptstadt der Tsche-

das ausführlicher behandelte Beispiel der Familie Stampfer. Willy Brandt, der sich zeitweise ebenfalls in Frankreich im Exil aufhielt, urteilte rückblickend: »Hilfsbereitschaft und Fremdenhass, Schlamperei und Hinterhältigkeit waren einander eng benachbart.« Vgl. Willy Brandt, Links und frei. Mein Weg 1930–1950, Hamburg 1982, S. 153 ff.; vgl. Schneider, In der Kriegsgesellschaft, S. 921 ff.

274 Vgl. Schumacher, MdR, S. 26.

choslowakei im Mai 1933 von Prag aus fünf Jahre lang mit allen ihr zur Verfügung stehenden Mitteln. Sie errichtete Grenzsekretariate und koordinierte über diese den Widerstand in Deutschland, den man mit illegal in das Land transportierten Zeitungen, Broschüren und Flugblättern Informationen und Anweisungen zukommen ließ.

Diese breit angelegte Aufklärungsarbeit unterstützten auch die beiden in den 1930er-Jahren in der Tschechoslowakei amtierenden Staatspräsidenten Tomáš Masaryck und Edvard Beneš. Sie halfen zudem deutschen Emigranten persönlich mit Geldmitteln und versorgten sie auch mit Pässen, um sie vor Verfolgungen zu schützen.[275] Dies war allerdings nur möglich, bis die Sudetenkrise 1938 die CŠR in ihren Grundfesten erschütterte. Nun waren die im Mai 1933 von Saarbrücken nach Prag geflüchteten Spitzenpolitiker der Sozialdemokraten erneut zur Flucht gezwungen. Der SOPADE-Vorstand verlegte deshalb sein Zentrum nach Paris. Da eine Durchreise durch das nationalsozialistische Deutschland für die sozialdemokratischen Emigranten zu dieser Zeit lebensgefährlich gewesen wäre, wählte man auch eine Fluchtroute aus der Tschechoslowakei, um auf dem Landweg Polen und dann über den Seeweg westeuropäische Länder zu erreichen. [276]

Als grenznahes und ihnen auch sprachlich zugängliches Land kam für die sozialdemokratischen Reichstagsabgeordneten eigentlich auch Österreich infrage, zu dessen Sozialdemokraten man von Bayern aus stets enge parteipolitische Verbindungen unterhalten hatte. Doch für alle sechs SPD-Abgeordneten, die seit Februar 1933 die Grenze zu diesem Nachbarstaat überschritten, war Österreich nur eine erste Etappe im Exil, die sie nach kurzer Zeit wieder ver-

275 Philipp Scheidemann wurde nach seiner Flucht in die CŠR als mittelloser ehemaliger Oberbürgermeister von Kassel von Staatspräsident Masaryck persönlich mit 20.000 Kronen unterstützt. Vgl. Kap. II. Vgl. zur Bedeutung der CŠR als Emigrationsland Peter Becher/Peter Heumos (Hg.), Drehscheibe Prag. Zur deutschen Emigration in der Tschechoslowakei 1933–1939, München 1992.

276 Diesen Fluchtweg wählte auch Otto Wels, der bereits schwer erkrankt war, als er über Polen und Dänemark nach Frankreich emigrierte. Dort starb Wels am 16.9.1939 in Paris.

ließen: Für Scheidemann und Felder wurde die Tschechoslowakei zum zweiten Fluchtziel, während Crispien, Dittmann und Kunert von Österreich aus sofort in die Schweiz übersiedelten. Lediglich Hoegner arbeitete nach seiner Flucht über das Wettersteingebirge im Juli 1933 zunächst als Sekretär der österreichischen Sozialdemokratie in diesem ihm besonders vertrauten Land. Da sich jedoch Österreich seit März 1933 unter der Führung von Engelbert Dollfuß Schritt für Schritt in einen austrofaschistischen Ständestaat umformte, wurde im Februar 1934 auch für Hoegner die Schweiz zu seiner neuen Heimat im Exil. Hier lebte er bis zu seiner Rückkehr im Juni 1945 nach Bayern, wo ihn die amerikanische Militärregierung im September 1945 als Ministerpräsident einsetzte.[277]

In der Schweiz lebten zeitweise zwölf ehemalige Mitglieder der SPD-Fraktion von 1933. Nachdem die Schweizer Regierung eine politische Betätigung von Ausländern auf ihrem Terrain strikt verboten hatte und regionale Behörden in jedem Einzelfall in diesem föderal verfassten Bundesstaat über die »Asylwürdigkeit« von Flüchtlingen entscheiden mussten, war das Klima für Asylanten in der Alpenrepublik alles andere als freundlich. Für einen dauerhaften Aufenthalt wollte man ihnen keine Wege ebnen, weil die Schweiz sich allenfalls als ein Transitland sah, das die Emigranten möglichst schnell wieder verlassen sollten. Deshalb wurden hier auch nur selten Arbeitsbewilligungen erteilt. So hielt sich Wilhelm Hoegner zunächst mit literarischen Arbeiten über Wasser, bis er schließlich dank der Unterstützung durch einflussreiche Freunde in der Schweiz eine Arbeitsbewilligung als Journalist erhielt, um seinen Lebensunterhalt und den seiner ebenfalls emigrierten Familie finanzieren zu können.

Den Alltag der meisten anderen in die Schweiz geflohenen SPD-Abgeordneten prägten sehr oft Armut und Not. Vor allem Hilfsorganisationen wie das Schweizerische Arbeiterhilfswerk versuchten

277 Vgl. zu seinem weiteren Lebensweg und seiner Rolle als Schöpfer der Nachkriegsverfassung des Freistaates Bayern Peter Kritzer, Wilhelm Hoegner. Politische Biographie eines bayerischen Sozialdemokraten, München 1979.

die vielfältigen Probleme der deutschen Parteifreunde zu lindern. Auf dessen Unterstützung waren beispielsweise die mittelosen Abgeordneten Marie Kunert, Arthur Crispien und Wilhelm Dittmann wiederholt angewiesen.[278] Während man Crispien 1937 und 1940 zweimal die Beschäftigung als Bühnenmaler verweigerte, fragte die Schweizer Fremdenpolizei im August 1940 in einem Schreiben an die Bundesanwaltschaft des Landes sogar nach, was Dittmann eigentlich noch zu befürchten hätte, wenn er nach Deutschland zurückkehre. Die Fremdenpolizei war sich darüber im Zweifel, ob dort »SPD-Mitglieder immer noch verfolgt« würden. Die Schweizer Bundesanwaltschaft lehnte diesen gezielten Vorstoß zu einer Ausweisung Dittmanns mit der Begründung ab, eine Rückkehr nach Deutschland sei dem 66-Jährigen aus Altersgründen nicht zuzumuten und wohl auch politisch nicht zu verantworten.[279] Mit fremdenfeindlichen Argumenten der Schweizer Polizeibehörden wurde auch der Abgeordnete Heinrich Ritzel konfrontiert, der im März 1935 vom Saarland aus über das französische Forbach in die Schweiz emigriert war. Ihn duldete die Fremdenpolizei als einen ehemaligen Beamten des Völkerbundes, verwehrte ihm aber das Bürgerrecht, weil er wegen seines Alters – zu diesem Zeitpunkt war Ritzel erst 42 Jahre alt – »den wünschbaren Grad der Assimilation nicht mehr erreichen würde«. Außerdem könnten seine Söhne »später in unerwünschter Weise den Arbeitsmarkt« belasten.[280]

Für die anderen in der Schweiz zunächst untergekommenen prominenten Sozialdemokraten wurde das Land aus vielen Gründen nur zu einer Durchgangsstation, weil sie hier weder willkommen waren noch heimisch werden sollten. Dies machte man ihnen immer

278 Vgl. zu ihren Verfolgungsbiografien Kap. II.

279 Zit. n. Schumacher, MdR, S. 96. Vgl. zum Verfolgungsschicksal von Crispien und Dittmann Kap. II.

280 Zit. n. Schumacher, MdR, S. 397 ff. Vgl. zu seiner Biografie Axel Ulrich, Heinrich Georg Ritzel. Vom antifaschistischen Abwehrkampf im Volksstaat Hessen zu der dauerhaften Neuordnungsdiskussion im Schweizer Exil, in: Renate Knigge-Tesche (Hg.), in: Verfolgung und Widerstand in Hessen 1933–1945, Frankfurt a. M. 1996, S. 358-73. Vgl. zur Exilpolitik der Schweiz: Schneider, In der Kriegsgesellschaft, S. 975 ff.

wieder deutlich.[281] Zu diesen Abgeordneten gehörte auch Rudolf Breitscheid, der bereits bei seiner Einreise Ende März 1933 an der Schweizer Grenze festgehalten worden war. Er durfte dann in Romanshorn vier Monate leben, bevor er das Land im August 1933 in Richtung Frankreich verließ. Seinem Beispiel folgte 1938 Rudolf Hilferding, der ab 1933 in Zürich gewohnt hatte. Dort war er aber in diesen fünf Jahren von der ständigen Sorge um das Aufenthaltsrecht für seine Frau und sich sowie um die Finanzierung ihres bescheidenen Lebensunterhaltes belastet gewesen. Ein Freund, der Hilferding 1935 besuchte, charakterisierte ihn als »niedergedrückt, hoffnungslos und lebensmüde«, als »gereizt und unzugänglich«.[282] Anfang 1938 ging Hilferding mit seiner Familie nach Paris, wo noch im selben Jahr auch der Vorstand der SOPADE seine nächste Zuflucht finden sollte.

Nach der Schweiz war Frankreich auch für Friedrich Wilhelm Wagner die zweite Exilstation, bevor er dann über Spanien und Portugal in die USA flüchten konnte.[283] Dieser Weg aus Europa heraus blieb Arthur Crispien und Wilhelm Dittmann, die Deutschland gemeinsam im Februar 1933 auf Weisung des Parteivorstandes verlassen hatten und über Österreich in die Schweiz gekommen waren, allerdings versperrt: Beide Gründungspolitiker der Weimarer Republik scheiterten nach Kriegsbeginn mit ihren Anträgen auf eine Einreiseerlaubnis in die USA. Crispien starb 1946 in Bern; Dittmann kehrte 1951 nach Deutschland zurück, wo er anschließend noch zwei Jahre lang im Parteiarchiv der SPD in Bonn arbeitete.[284]

281 Zur Exilpolitik der Schweiz, die unter dem Motto »Das Boot ist voll« gerechtfertigt wurde, und zur Lage der geflohenen Sozialdemokraten bei den Eidgenossen vgl. Hermann Wichers, Im Kampf gegen Hitler. Deutsche Sozialisten im Schweizer Exil 1933–1940, Zürich 1994.

282 Zit. b. Smaldone, Hilferding, S. 246. Zu den zeitweise in der Schweiz lebenden SPD-Abgeordneten gehörte auch Arthur Arzt, der sich Anfang 1933 zu einer Kur in Davos aufhielt,

283 Vgl. zu seiner Verfolgungsbiografie Kap. II.

284 Sein Leben hat er einer dreibändigen Autobiografie nachgezeichnet: Wilhelm Dittmann, Erinnerungen. 3 Bde. Bearb. u. eingel. v. Jürgen Rojahn, Frankfurt a. M. 1995.

Eine Einreiseerlaubnis in die USA erhielt im März 1939 aber Georg Dietrich, der von 1924 bis 1933 den Wahlkreis Thüringen im Reichstag vertreten hatte und im Juli 1933 in die Schweiz geflohen war, um einen Schutzhaftbefehl in Deutschland zu entgehen. In der Schweiz wurde er als politischer Flüchtling anerkannt und engagierte sich dann jahrelang selbst in der Flüchtlingshilfe. Eine Arbeitserlaubnis erhielt er allerdings nicht, weil er nach der Einschätzung der zuständigen Behörden in seinem erlernten Beruf als Buchdrucker »einer einheimischen Kraft den Platz wegnehmen« würde. Im März 1939 konnte er in die USA ausreisen, nachdem die Schweizer Fremdenpolizei ihn zu diesem Schritt gedrängt hatte und ihm eine finanzielle Beihilfe für diese Entscheidung zukommen ließ.[285] Ebenfalls in die Vereinigten Staaten emigrierte 1939 Hans Unterleitner, der im Dezember 1935 illegal in die Schweiz eingereist war. Mathilde Wurm, die im bereits im Mai 1933 in die Schweiz geflohen war, lebte monatelang von Gelegenheitsarbeiten als Stenotypistin, bevor sie im Februar 1934 kurz vor ihrem Selbstmord nach London übersiedelte.[286]

Außer in diesen hier vorgestellten Exilländern fanden sozialdemokratische Abgeordnete ab 1933 innerhalb Europas noch Schutz in Dänemark, den Niederlanden, Großbritannien, Norwegen und Schweden. Dänemark war Ende März 1933 das erste Fluchtziel für Rudolf Hilferding, der aber von dort dann bald über das Saarland in die Schweiz weiterreiste.[287] Seine Fraktionskollegen Otto Buchwitz, Kurt Heinig und Karl Raloff emigrierten im Sommer 1933 ebenfalls nach Dänemark, das in den nächsten sieben Jahren zu ihrer Exilheimat wurde. Alle drei Abgeordneten hatten Deutschland im Sommer 1933 nach massiven Nachstellungen und einer ihnen drohenden Verhaftung durch das NS-Regime ohne lange Vorbereitungen verlassen müssen. Nach dem Überfall der Wehrmacht auf das

285 Vgl. dazu Schumacher, MdR, S. 90 f.

286 Vgl. zu den Verfolgungsbiografien von Unterleitner und Wurm die in diesem Kapitel bereits gemachten Angaben.

287 Vgl. dazu Smaldone, Hilferding, S. 218 ff. sowie die biografischen Angaben in Kap. II und in diesem Kapitel.

Nachbarland konnten Raloff und Heinig einer Verhaftungsaktion noch durch ihre Weiterflucht nach Schweden entkommen, während Buchwitz in Kopenhagen im April 1940 vorläufig festgenommen und im Juli 1933 mit weiteren Emigranten an das NS-Regime ausgeliefert wurde. Dazu waren die dänischen Behörden von den deutschen Besatzern genötigt worden.[288] Der Volksgerichtshof in Berlin verurteilte ihn im März 1941 wegen Landesverrates zu acht Jahren Haft, die er bis zu seiner Befreiung durch die Rote Armee im April 1945 zunächst im Zuchthaus Brandenburg-Görden und dann im KZ Sonnenburg verbringen musste.[289] Für Philipp Scheidemann wurde Dänemark nach Österreich und der Tschechoslowakei zu seinem letzten Zufluchtsland, in dem der Gründer der Weimarer Republik Ende November 1939, vier Monate vor dem deutschen Einmarsch, verarmt verstarb.[290]

Heinig und Raloff waren im Exil nach ihrer beruflichen Kaltstellung und der Beschlagnahme ihres Vermögens durch das NS-Regime auf die finanzielle Unterstützung zunächst durch dänische und dann durch schwedische Parteifreunde angewiesen, bevor sie auch im Exil finanziell wieder einigermaßen auf eigenen Füßen stehen konnten, aus dem sie nach dem Kriegsende nicht mehr nach Deutschland zurückkehrten.[291] Ähnliche Exilerfahrungen machte auch Anna Zammert, die nach ihrer Emigration aus Deutschland

---

288 Vgl. den Beitrag von Einhart Lorenz zu Dänemark im Handbuch der deutschsprachigen Emigration, S. 204-208.

289 Vgl. Schumacher, MdR, S. 73 f. Zur Nachkriegskarriere von Buchwitz als einer der Wiedergründer der SPD in der Ostzone und als Spitzenfunktionär der SED s. Solveig Simowitz, Von Sozialdemokraten zu SED-Funktionären, in: Deutschland-Archiv, Jg. 39, 2006, S. 429-438.

290 Vgl. zu seiner Verfolgungsbiografie auch das Kap. II.

291 Vgl. zu ihren Verfolgungsbiografien Schumacher, MdR, S. 182 f.(Heinig) und S. 380 f. (Raloff). Nach seiner Flucht nach Schweden wurde Raloff zunächst fast drei Monate lang interniert. Über seine Rolle, die er im dänischen Exil als Archivar bei der Sichtung und Ordnung der nach Kopenhagen gelangten Teilnachlässe von Karl Marx und Friedrich Engels gespielt hat, s. Gerd Callesen, Karl Raloff (1899–1976), in: Günter Benser/ Michael Schneider (Hg.), Bewahren – Verbreiten – Aufklären: Archivare, Bibliothekare und Sammler der Quellen der deutschsprachigen Arbeiterbewegung, Bonn/Bad Godesberg 2009, S. 254-257. Eine gekürzte Fassung auf Schwedisch geschriebenen

zeitweise ebenfalls in Dänemark lebte, bevor sie über Norwegen nach Schweden weiterfliehen musste, nachdem auch Norwegen am 9. April 1940 von deutschen Truppen besetzt worden war.[292] Zu den Transitemigranten, die sich nach dem Einmarsch der Wehrmacht in Norwegen in Schweden in Sicherheit bringen konnten, gehörte auch Willy Brandt. Ihn prägten seine skandinavischen Erfahrungen nach seiner Rückkehr nach Deutschland lebenslang.[293]

In den Niederlanden lebten in den Jahren der NS-Herrschaft in Deutschland zeitweise fünf ehemalige Reichstagsabgeordnete der SPD. Dies waren Karl Höltermann, Otto Landsberg, Anton Reißner, Fritz Tarnow[294] und Hermann Tempel. Höltermann gehörte als einer der Mitbegründer des Reichsbanners Schwarz-Rot-Gold, dessen Vorsitz er ab 1932 übernahm, und als Organisator der »Eisernen Front« gegen den Nationalsozialismus zu den von der SA besonders intensiv gesuchten Gegnern des NS-Regimes. Seine letzte große Rede als Reichstagsabgeordneter hielt er im Februar 1933 auf dem Platz vor dem Berliner Schloss unter dem ebenso kämpferischen wie optimistischen Titel »Nach Hitler kommen wir«. Um einer Verhaftung zu entgehen, musste Höltermann jedoch bald darauf in der Reichshauptstadt untertauchen, bevor er Anfang Mai 1933 in die Niederlande emigrieren konnte. Da er fortan für seine Verfolger in Deutschland »nicht auffindbar war«, wie die Gestapo feststellte, nahmen diese seine Frau und sein Kind zeitweise in Geiselhaft. Ein gegen ihn erlassener Haftbefehl, den das NS-Regime bis 1945 aufrechterhielt, konnte nie vollstreckt werden. Höltermann hatte sich diesem Zugriff 1934 durch seine Flucht nach Großbritannien entzogen, wohin er über das Saarland und Belgien gelangt war.[295]

---

Memoiren von Karl Raloff haben Herbert und Sybille Obenaus herausgegeben: Ein bewegtes Leben. Vom Kaiserreich zur Bundesrepublik, Hannover 1995.

292 Vgl. die weiteren Angaben zu ihr im Kap. II u. VI.

293 Vgl. dazu Willy Brandt, Zwei Vaterländer. Deutsch-Norweger im schwedischen Exil – Rückkehr nach Deutschland 1940–1947. Bearb. v. Einhart Lorenz, Bonn 2000.

294 Zu seiner Verfolgungsbiografie s. Kap. III.

295 Vgl. Schumacher, MdR, S. 209.

Nach dem Zweiten Weltkrieg kehrte er nicht mehr nach Deutschland zurück.

Otto Landsberg, der 1933 über die Schweiz und Belgien in die Niederlande gekommen war, überlebte die deutsche Besatzungszeit dort in einem Versteck, das jüdische Freunde für ihn eingerichtet hatten.[296] Damit entkam er einer Abschiebung nach Deutschland, die ihm als politischen Flüchtling in den Niederlanden drohte, wo die Furcht vor dem mächtigen Nachbarn groß war und die Wahrung der nationalen Sicherheit einen besonders hohen Stellenwert besaß. Nachdem das Land nach dem Kriegsbeginn im September 1939 die weitere Aufnahme von Flüchtlingen definitiv gestoppt hatte und ein zentrales Internierungslager für die bereits in den Niederlanden lebenden Emigranten einrichtete, hatte für den mittlerweile 71 Jahre alten Landsberg das »Überwintern« in einem Versteck eine lebensrettende Bedeutung. Nach Kriegsende kehrte der Mitgründer der Weimarer Republik nicht mehr nach Deutschland zurück. Im »Vorwärts«, der sozialdemokratischen Parteizeitung, meldete er sich aber hin und wieder zu Wort.

Hermann Tempel fand in Amsterdam für sich kein lebensrettendes Versteck. Er stellte sich dort im Dezember 1940 der Gestapo, nachdem man seinen Vermieter als Geisel genommen hatte. Anschließend erlitt er vier Jahre lang ein seine Gesundheit zerrüttendes Haftschicksal in Deutschland, das seinen Tod im November 1944 herbeiführte.[297] Anton Reißner, der von 1930 bis 1933 den Wahlkreis Frankfurt/Oder für die SPD im Reichstag vertreten hatte, musste ab April 1933 als einer der führenden Funktionäre des ADGB mehrere Monate in Haft verbringen. Nach seiner Entlassung aus dem Gefängnis emigrierte er in die Niederlande. Hier nahm er sich einen Monat nach dem Einmarsch deutscher Truppen gemeinsam mit seiner Frau und seinem Sohn am 15. Mai 1940 das Leben.[298]

296 Vgl. zu seiner Biografie Kap. II.
297 Vgl. dazu ausführlicher Kap. V.
298 Vgl. Schumacher, MdR, S. 385; Gedenkbuch, S. 266.

Zu den sozialdemokratischen Reichstagsabgeordneten, die sich im Exil ebenfalls nicht vor dem Zugriff ihrer nationalsozialistischen Verfolger zu retten vermochten, gehörten auch Rudolf Breitscheid und Rudolf Hilferding. Ihr tragisches Schicksal, das sie nach der Flucht aus Paris in Südfrankreich ereilte, ist in der Forschung bereits breit behandelt worden.[299] Sie wurden im September 1940 kurz vor ihrer geplanten Ausreise in Marseille verhaftet, obwohl sie bereits amerikanische Visen besaßen. Anschließend kämpften beide während eines über sie in Arles verhängten Zwangsaufenthalts bis Februar 1941 vergeblich um ein französisches Ausreisevisum, welches ihnen das legale Verlassen des Landes noch möglich gemacht hätte. Einen illegalen Grenzübergang über die Pyrenäen hielten der 66 Jahre alte Breitscheid und der 63 Jahre alte Hilferding für zu gefährlich. Als sie schließlich nach vergeblichen weiteren Rettungsversuchen Anfang Februar 1941 an der Demarkationslinie von den französischen Behörden an die deutschen Besatzer ausgeliefert wurden, wussten beide, dass diese Entscheidung für sie einem Todesurteil gleichkam. Hilferding kam nach ihrer Überführung nach Paris am 12. Februar 1941 im Gefängniskrankenhaus von Le Santé ums Leben, nachdem er einen Selbstmordversuch unternommen hatte.[300] Breitscheid brachte man von Paris in das Hausgefängnis der Gestapo in Berlin, um gegen ihn ein Verfahren wegen Hochverrat einzuleiten. Im Januar 1942 wurde der ehemalige Fraktionsvorsitzende der SPD im Reichstag in das KZ Sachsenhausen überstellt. Hier hielt man ihn als einen prominenten Häftling mit seiner Frau bis September 1943 in Isolationshaft gefangen. Ihre letzten gemeinsamen Lebensmonate verbrachten beide in den folgenden Monaten bis August 1944 in einer Sonderbaracke im Konzentrationslager Buchenwald. Dort kam Breitscheid bei einem alliierten Bombenangriff am 24. August

299 Vgl. dazu neben Smaldone, Hilferding, S. 253 ff. auch Regina M. Delacor, »Auslieferung auf Verlangen?« Der deutsch-französische Waffenstillstandsvertrag 1940 und das Schicksal der sozialdemokratischen Exilpolitiker Rudolf Breitscheid und Rudolf Hilferding, in: Vierteljahrshefte für Zeitgeschichte, Bd. 47, 1999, S. 217-241; Schumacher MdR, S. 61-65.

300 Vgl. zu weiteren Einzelheiten Smaldone, S. 261 f.

1944 ums Leben; seine Frau überlebte diesen Angriff, bei dem rund 400 Häftlinge starben, schwer verletzt.

Großbritannien und die USA gehörten nicht zu den ersten Zufluchtsländern der emigrierten SPD-Abgeordneten, sondern waren meistens die letzte Station auf ihren Wegen im Exil. Wer die Schiffsreise nach Großbritannien erfolgreich absolviert hatte oder über den Atlantik – manchmal mit Zwischenstationen in Südamerika – die USA zu erreichen vermochte, befand sich im Zweiten Weltkrieg nicht mehr in der lebensbedrohenden Gefahr, an deutsche Besatzungsbehörden ausgeliefert zu werden. Vor ihrer Aufnahme in diesen beiden Ländern mussten jedoch alle Emigranten hohe Immigrationshürden überwinden, die sich in restriktiven Einwanderungsgesetzen und unflexiblen Quotenregelungen, im Wirtschaftsnationalismus während der Zeit der Großen Depression sowie im traditionellem Isolationismus widerspiegelten, wie er vor allem in den Vereinigten Staaten bis zu ihrem Kriegseintritt beheimatet war. In Großbritannien kam nach Kriegsbeginn unter dem Druck der Invasionsfurcht die zeitweise Internierung aller politischen Flüchtlinge hinzu.[301] Dennoch wurden beide Staaten im Verlauf des Krieges zu Zentren des sozialdemokratischen Exils. In London etablierte sich nach der Flucht der SOPADE aus Frankreich 1941 mit der Gründung der Union deutscher sozialistischer Organisationen ein Kartell aller dort lebenden sozialdemokratischen oder sozialistischen Emigrantengruppen. Diese Union stellte eine Art Wiedervereinigung der im Ersten Weltkrieg gespaltenen Sozialdemokratie – allerdings ohne Kommunisten – dar.[302] Und in den USA erhielten die parteipolitischen Kontrahenten in den verschiedenen miteinander konkurrierenden linken Flüchtlingsgruppen mit der 1944 erfolgten Gründung eines Council for a Democratic Germany,

301 Vgl. dazu Schneider, In der Kriegsgesellschaft, S. 934 ff.

302 Vgl. dazu Werner Röder, Die deutschen sozialistischen Exilgruppen in Großbritannien 1940–1945. 2. Aufl., Bonn-Bad Godesberg 1973; Ludwig Eiber, Die Sozialdemokratie in der Emigration. Die Union deutscher sozialistischer Organisationen in Großbritannien 1941–1946 und ihre Mitglieder. Protokolle, Erklärungen, Materialien, Bonn 1973.

an der auch prominente Emigranten aus Wissenschaft und Literatur mitwirkten, eine gemeinsame Plattform für die Ausarbeitung ihrer politischen Zukunftspläne in einem vom Nationalsozialismus befreiten demokratischen Deutschland.[303]

Der Exodus vom europäischen Kontinent nach Großbritannien oder in die USA gelang insgesamt 17 sozialdemokratischen Reichstagsabgeordneten auf unterschiedlichen Fluchtrouten. Für vier von ihnen wurde die britische Insel die letzte Etappe ihrer Emigration[304]; Ernst Reuter und Hans Dill wählten nach einem Zwischenaufenthalt in Großbritannien die Türkei bzw. Kanada als ihr Ziel im Exil.[305] Für die anderen 11 Emigranten wurden die Vereinigten Staaten schließlich zu dem Land, das ihnen und ihren Familien »Freiheit und Sicherheit« garantierte[306], auch wenn ihre finanzielle Lage dort alles andere als rosig war und sie sehr oft auf die Hilfsbereitschaft von Freunden oder Unterstützungsorganisationen angewiesen blieben. Keiner dieser Abgeordneten kam auf dem direkten Weg von Deutschland aus in die Vereinigten Staaten. Ihre Fluchtrouten verliefen oft kreuz und quer durch Europa, bevor sie sich auf die Überfahrt zu diesem rettenden Ufer jenseits des Atlantiks einschiffen

---

303 Vgl. dazu Rainer Behring, »Freiheit ist ein Wert für sich – und Demokratie bedeutet mehr als alles andere«. Deutsche Sozialdemokraten im US-amerikanischen Exil. Aspekte ihres politischen Denkens vor und nach 1945, in: Werner Kremp/Michael Schneider (Hg.), Am Sternenbanner das Geschick der Arbeiterklasse. 150 Jahre Beziehungen zwischen deutscher Sozialdemokratie und den USA, Trier 2013, S. 125-145; Schneider, In der Kriegsgesellschaft, S. 1001 ff.

304 Dies waren Arthur Arzt, Karl Höltermann, Johann Vogel und Mathilde Wurm, die sich 1934 in London das Leben nahm. Johann Vogel starb am 6. Oktober 1945 in der britischen Hauptstadt.

305 Zu Reuter vgl. Kap. IV. Dill gehörte von 1930 bis 1933 dem Reichstag für den Wahlkreis Franken an, wo er als hauptamtlicher Funktionär der SPD 1933 sofort zu einem Verfolgungsopfer der Nationalsozialisten wurde. Er emigrierte im Juni 1933 zunächst in die CŠR, dann 1938 nach Großbritannien und von dort ein Jahr später nach Kanada. Hier lebte er als Farmer bis zu seiner Rückkehr nach Deutschland 1966 im Alter von 79 Jahren. Vgl. Schumacher, MdR, S. 93 f.

306 So Stampfer, Erinnerungen, S. 280. Von Großbritannien aus emigrierte Ernst Reuter in die Türkei, Hans Dill ging von Großbritannien nach Kanada und wurde Farmer.

konnten. Auch diese Reise über den Atlantik führte manchmal nur über südamerikanische Umwege in die USA.[307]

Für Siegfried Aufhäuser waren die USA die fünfte und letzte Etappe im Exil.[308] Auch für Gerhart Seger, der im Dezember 1933 nach seiner aufsehenerregenden Flucht aus einem Außenlager des Konzentrationslagers Oranienburg zunächst in der Tschechoslowakei, Frankreich und Großbritannien lebte, wo er in vielen Veranstaltungen über seine Verfolgungserlebnisse berichtete, wurden die USA schließlich sein letztes Exilland nach der Flucht aus dem KZ.[309] Und Friedrich Stampfer, der in den 1930er-Jahren schon zweimal im Auftrag des SOPADE-Vorstandes Reisen in die USA unternommen hatte, um dort für die moralische und finanzielle Unterstützung des sozialdemokratischen Exils zu werben, erreichte nach seiner Odyssee durch Frankreich, Spanien und Portugal schließlich mit seiner Familie nach einer achttägigen Überfahrt im Oktober 1940 New York. Diese Stadt wurde für ihn, zählt man das Saarland und die Tschechoslowakei als seine ersten Fluchtetappen hinzu, ebenfalls seine fünfte Exiletappe nach seiner Emigration aus Deutschland.[310]

Wenn man bedenkt, durch wie viele Staaten die emigrierten Reichstagsabgeordneten der SPD fliehen mussten, bevor sie sich im Exil einigermaßen sicher fühlen konnten, dann wird man ihre oft verzweifelten Versuche, eine dauerhafte Zufluchtsstätte zu finden, nicht an dem Maßstab messen können, ob sie zur Anpassung an ihre Gastländer bereit waren und wie erfolgreich ihnen dann dort die politische und persönliche Integration glückte. Auf ihren ver-

307 Vgl. zu ihrer politischen Prägung im amerikanischen Exil: Rainer Behring »Freiheit ist ein Wert für sich – und Demokratie bedeutet mehr als alles andere«. Deutsche Sozialdemokraten im US-amerikanischen Exil. Aspekte ihres politischen Denkens vor und nach 1945, in: Werner Kremp/Michael Schneider (Hg.), Am Sternenbanner das Geschick der Arbeiterklasse. 150 Jahre Beziehungen zwischen deutscher Sozialdemokratie und den USA, Trier 2013, S. 125-145.

308 Vgl. zu seiner Biografie Kap. III.

309 Vgl. zu seiner Biografie Kap. II.

310 Vgl. dazu die in diesem Kapitel bereits geschilderte Flucht Stampfers durch Frankreich.

schlungenen Wegen durch verschiedene Staaten wurden sie immer wieder mit unkalkulierbaren Gefahren in einer für sie oft buchstäblichen Fremde konfrontiert. In ihr standen sie vor einer Vielzahl von schwer lösbaren Problemen und existenziellen Herausforderungen, die sie in Deutschland so nicht gekannt hatten. Hinzu kam, dass die verschiedenen Exilländer verfassungsrechtlich, sozial, wirtschaftlich und politisch-kulturell alles andere als deckungsgleich waren. An jedem Zufluchtsort mussten sich die geflohenen Abgeordneten der SPD mit nationalen Entscheidungen und internationalen Entwicklungen auseinandersetzen, auf die sie keinen Einfluss hatten, obwohl sie davon direkt betroffen waren. Dies alles ließ sie die Folgen ihrer Entwurzelung aus Deutschland immer wieder aufs Neue spüren.

Die Frage, ob sie nach der militärischen Niederwerfung des Nationalsozialismus wieder in ihr Heimatland zurückkehren sollten, begleitete sie überall hin. Dabei bestimmte die Last der Erinnerung an den Zusammenbruch der Weimarer Republik und an die anschließend im nationalsozialistischen Deutschland von ihnen gemachten Verfolgungserfahrungen, die sie zur Flucht ins Exil gezwungen hatten, ihre Entscheidung ebenso stark wie die Hoffnung als Remigrant den demokratischen Neuanfang in ihrem Heimatland mitgestalten zu können.[311] Aber nicht alle Emigranten saßen im Exil auf gepackten Koffern, mussten sie doch damit rechnen, in ein fremdes Land heimzukehren, in dem sie nicht willkommen waren. Dies belegt die nach dem Zweiten Weltkrieg in der Bundesrepublik bis in die 1960er-Jahre hinein immer wieder aufflackernde Emigrantenhetze, in der man die Emigranten nach wie vor als Vaterlandsverräter aus der »Volksgemeinschaft« ausgrenzte. Deren ideologische Konturen waren auch nach der NS-Zeit immer noch in den Köpfen vieler Menschen verankert.[312]

Für eine Rückkehr in ihr Heimatland entschieden sich nach dem Zweiten Weltkrieg 19 der 42 SPD-Abgeordneten, die während der

311 Vgl. dazu Schneider, In der Kriegsgesellschaft, S. 1035 ff.

312 Vgl. dazu Marita Kraus, Heimkehr in ein fremdes Land. Geschichte der Remigration nach 1945, München 2001; Schneider, In der Kriegsgesellschaft, S. 1257 ff.

NS-Diktatur das Deutsche Reich verlassen hatten und die Exiljahre oft als eine Zeitphase des persönlichen und politischen Überwinterns in der Fremde durchlebt hatten. 13 Abgeordnete, die in der Herrschaftszeit des Nationalsozialismus ebenfalls ins Exil geflohen waren und anschließend aus ihren Zufluchtsländern nicht mehr nach Deutschland zurückkehrten, wurden in ihren neuen Heimatländern zu Einwanderern. Für jeden von ihnen hatte sich der Weg in das Exil zu einer Auswanderung auf Dauer entwickelt, wobei die Motive ihrer individuellen Entscheidung durchaus unterschiedlich waren. Vier Abgeordnete hatte man in ihren europäischen Zufluchtsländern verhaftet und an das NS-Regime ausgeliefert. Drei von ihnen überlebten diese Auslieferung an ihre Feinde nicht. Zwei Abgeordnete nahmen sich im Exil das Leben. Während ihres Lebens im Exil verstarben die Abgeordneten Löwenstein, Scheidemann, Wels und Vogel.

AUSBLICK

# Sozialdemokratische Erinnerungspolitik nach der Epochenzäsur von 1945

Vor der Katastrophe, die 1933 ihren Anfang nahm, hatte sich die SPD als eine demokratische und soziale Fortschrittspartei profiliert, die ihre reformerischen Ziele Schritt für Schritt auf den verfassungsrechtlichen Fundamenten der Weimarer Republik verwirklichen wollte. Doch ihre programmatisch fest verankerte Orientierung an den universellen Menschenrechten, an den Prinzipien der Freiheit und Gleichheit, der Gerechtigkeit und Solidarität, wurde während der zwölfjährigen Herrschaft der nationalsozialistischen Diktatur bis in die Grundfesten hinein erschüttert. Am Ende dieser Katastrophe, in deren Verlauf dreizehn Millionen Menschen zu Opfern der nationalsozialistischen Massenverbrechen wurden und man in den Kriegsstatistiken der betroffenen Staaten mehr als 60 Millionen Tote zählte, war die Zukunftsgewissheit der Sozialdemokratie tief erschüttert, hatte ihr Fortschrittsglauben seine Überzeugungskraft eingebüßt. Die Partei musste nun den Optimismus ihres Evolutionsdenkens grundsätzlich überdenken, das ein Jahrhundert lang auf ein demokratisch-sozialistisches Endziel ausgerichtet gewesen war. Die Ursachen und die Folgen des Zivilisationsbruches, den der Nationalsozialismus herbeigeführt hatte, konnten von der Sozialdemokratie bei ihrer Suche nach einem neuen tragfähigen programmatischen Konzept in den Jahren nach 1945 nicht ausgeklammert werden.

Zu diesen fundamentalen Herausforderungen kamen auf die SPD nach dem Ende der NS-Diktatur aber auch geschichts- und erinnerungspolitische Probleme hinzu. Denn die Partei hatte zu klären, wie intensiv und wie kritisch sie sich im kriegsverwüsteten Nachkriegsdeutschland, im dem Not und Elend das alltägliche Leben vieler Menschen prägten, mit der nationalsozialistischen Verbrechensherrschaft auseinandersetzen sollte. Deren Untaten lasteten nach dem Untergang des NS-Regimes nämlich nicht nur auf seinen Tätern und Mitläufern, sondern auf allen Deutschen, die dessen »totalen Krieg« an der Front oder in der Heimat überlebt hatten. Zu ihnen gehörten auch die Gegner des Nationalsozialismus, die dessen Diktatur in Widerstand und Exil bekämpft hatten. Sie standen nun vor der Frage, wie ausführlich sie als Verfolgte und Verjagte über ihre individuellen Erlebnisse und Erfahrungen während der Herrschaftszeit des Nationalsozialismus berichten konnten und wollten. Nach all dem, was sie persönlich durchgemacht und erlitten hatten, mussten sie sich zunächst selbst darüber Gewissheit verschaffen, ob sie überhaupt dazu fähig waren, über ihre Verfolgungsschicksale zu sprechen. Zudem vermochten sie nicht einzuschätzen, bei wem und wo sie in der deutschen Zusammenbruchsgesellschaft überhaupt Gehör finden würden, in der die jahrelang große Zustimmung zum Nationalsozialismus sich mittlerweile vielerorts in Schweigen verwandelt hatte. Ein während der NS-Zeit als Regimegegner verhafteter Sozialdemokrat fasste auf einer Tagung der Arbeitsgemeinschaft der vom Nationalsozialismus verfolgten Sozialdemokraten seine Nachkriegserfahrungen als Zeitzeuge folgendermaßen zusammen:

> »Wir wollten unsere furchtbaren Erlebnisse in Zuchthäusern und Konzentrationslagern, die uns nachts in Albträumen verfolgten, am Tage vergessen und redeten nicht über sie. Aber es wollte auch keiner über sie hören.«[313]

313 Zit. n. Susanne Miller, Widerstand und Exil. Bedeutung und Stellung des Arbeiterwiderstands nach 1945, in: Gerd R. Überschär (Hg.), der 20. Juli 1944. Bewertung und Rezeption des deutschen Widerstandes gegen das NS-Regime, Köln 1994, S. 235-249, Zitat S. 238.

Alle sozialdemokratischen Politiker, die sich im Widerstand und im Exil vergeblich gegen den Nationalsozialismus engagiert hatten, standen nach 1945 vor dem Problem, wie offen und ehrlich sie ihre persönliche Bilanz über das Scheitern der SPD im Kampf gegen den nationalsozialistischen Rechtsradikalismus in den Jahren vor 1933 und nach 1933 formulieren sollten. Und sie hatten sich zugleich mit der Frage auseinandersetzen, auf welche Weise sie nach dem Untergang dieser deutschen Diktatur eine umfassende und schonungslose Aufklärung der Menschheitsverbrechen des Nationalsozialismus erreichen konnten. Einerseits waren sie entschlossen, an ihrem politischen Selbstverständnis als demokratischen Gegner des Nationalsozialismus keine Zweifel aufkommen zu lassen und sich dem Konsens des kollektiven Schweigens nicht zu beugen. Andererseits mussten sie aber auch erkennen, dass nach der militärischen Niederwerfung des Nationalsozialismus durch die alliierten Siegermächte das volksgemeinschaftliche Denken in Deutschland immer noch so weiterlebte, wie es der Nationalsozialismus zwölf Jahre lang unter dem Beifall großer Teile der Bevölkerung als seine Ideologie propagiert hatte. Eine eindeutige Antwort auf die Frage, mit welchen politischen Konzepten sich dieses Denken aufbrechen ließ, fand die SPD in den Nachkriegsjahrzehnten nicht.

In der Phase des demokratischen Neuanfangs in den drei Westzonen und auch noch in den Jahren nach der Gründung der Bundesrepublik befand sich die Sozialdemokratie in einer schwierigen Situation. Sie musste nach dem Verlust ihrer eigenen Zukunftsgewissheit das dadurch entstandene programmatische Vakuum überdenken und ihren emanzipatorischen Handlungsspielraum unter den nun gegebenen politischen Möglichkeiten neu abstecken. Doch gleichzeitig wollte sie ihre prinzipiellen Wertorientierungen nicht preisgeben, mit denen sie ihr Verhalten in Widerstand und im Exil als Gegner des Nationalsozialismus immer wieder legitimiert hatte. Dies war jedoch eine geschichtspolitische Position, mit der man in der Nachkriegszeit keine parlamentarischen Mehrheiten gewinnen konnte. Denn nach dem verlorenen Krieg sahen sich große Teile der deutschen Bevölkerung selbst in einer Opferrolle. Man verwies auf die Folgen der alliierten Bombenangriffe auf Deutschland, auf das Schicksal der Witwen und Waisen oder auf den Verbleib der noch nicht zurückgekehrten Kriegsgefangenen sowie auf das Flüchtlingselend der in Ostdeutschland heimatlos Gewordenen. Eine persönliche oder gar kollektive Haftung für die Verbrechen der NS-Zeit lehnte eine Mehrheit der Deutschen ab.

Hätte sich die SPD nach 1945 bei den im Vorfeld der westdeutschen Staatsbildung auf den verschiedenen lokalen, föderalen und zentralen Ebenen stattfindenden Wahlen ausschließlich als die Partei der demokratischen Märtyrer und der heimgekehrten Emigranten präsentiert, wären ihre Aussichten auf eine weichenstellende Führungsrolle in der Bonner Republik noch bescheidener geblieben als sie es dann ohnedies waren. Denn das von der Sozialdemokratie während der NS-Zeit im Widerstand und in der Emigration angesammelte moralische Kapital besaß im westdeutschen Staatsgründungsprozess auf dem sich nun wieder rekonstruierenden pluralistischen Massenmarkt mit seinen sehr unterschiedlichen Politikangeboten von ganz rechts bis ganz links parlamentarisch kein mehrheitsfähiges Gewicht. Dies dokumentierte die Bundestagswahl von 1949 eindeutig, als die SPD die 30-Prozent-Marke nicht zu überschreiten vermochte. In der von der CDU/CSU gebildeten Regierungskoalition waren dann mit der FDP und der Deutschen Partei nicht ganz zufällig zwei politische Richtungen vertreten, deren Abgeordnete keine besonderen Ambitionen entwickelten, die nationalsozialistische Vergangenheit aufzuklären. Dies sollte sich schon bald zeigen.

Die geschichtspolitische Auseinandersetzung mit der NS-Diktatur war für die Sozialdemokratie auch in den Jahrzehnten nach der Gründung der Bundesrepublik permanent mit Problemen im politischen Alltag belastet, die sich in folgenden Fragen bündeln lassen: Wie konnte man die eigene programmatische Identität als demokratische Fortschrittspartei bewahren und zugleich die Erinnerung an die Verbrechen des Nationalsozialismus wachhalten? Was hatte man zu unternehmen, um die Entnazifizierungspolitik nicht vollends zu einer Farce werden zu lassen? Mit welchen Argumenten konnte man sich dem Vorhaben entgegenstellen, die juristische Verfolgung der Täter in Verjährungsgesetzen einzufrieren? Und wie ließen sich parlamentarische Mehrheiten für eine finanzielle Entschädigung der Opfer des Holocaust finden, die über symbolische Gesten hinausreichten? Gleichzeitig stand die SPD aber auch immer wieder vor dem tagespolitischen Problem, wie sie als Oppositionspartei in der Bundesrepublik politisch handlungsfähig werden konnte, ohne zu große Zugeständnisse an die in der deutschen Mitläufergesellschaft tief verwurzelten und weitverbreiteten Entlastungsbedürfnisse zu machen.

Ihre unübersehbare Anpassung an das diskrete Schweigen, also an ein Verhalten, in dem sich ein breiter erinnerungspolitischer Gedächtnisverlust in der Bevölkerung der Bundesrepublik während der Ära Adenauer widerspiegelte, wurde während der 1950er- und 1960er-Jahren zu einem Charakteristikum der sozialdemokratischen Geschichtspolitik im Umgang mit der nationalsozialistischen Vergangenheit. Die immer wieder zu beobachtende Diskrepanz zwischen dem moralischen Anspruch der SPD, dem Vergessen und dem Verdrängen der nationalsozialistischen Verbrechen in der westdeutschen Nachkriegsgesellschaft entschlossen entgegenzutreten, und ihrer auffallenden Zurückhaltung im politischen Alltag der Bundesrepublik, wenn es um die konkrete Aufklärung der NS-Vergangenheit ging, hat eine auf die Geschichtspolitik der SPD zentrierte zeithistorische Studie jüngst ebenso ausführlich wie kritisch beleuchtet.[314]

Dieser Befund trifft sowohl für den Vorstand der SPD zu, obwohl unter dessen Mitglieder in der Nachkriegszeit mehr als die Hälfte

314 Vgl. dazu die Ergebnisse der umfangreichen Untersuchung von Kristina Meyer: Die SPD und die NS-Vergangenheit 1945–1990, Göttingen 2015. In ihr zeichnet die Autorin die sozialdemokratischen Auseinandersetzungen mit der Diktatur des Nationalsozialismus auf breiter Quellenbasis nach und beleuchtet die Ambivalenzen der SPD-Politik im Verlauf der Jahrzehnte zwischen Kriegsende und der deutschen Wiedervereinigung mit vielen Einblicken in die innerparteilichen Diskussionen in den Gremien der Partei und insbesondere in der Arbeitsgemeinschaft der verfolgten Sozialdemokraten.

Remigranten waren, als auch für die 1933 gewählten SPD-Reichstagsabgeordneten, die nach dem Zweiten Weltkrieg nochmals auf die politische Bühne zurückkehrten. Ihre Zahl war erstaunlich groß, wenn man die individuellen Verfolgungsschicksale der einzelnen Abgeordneten bedenkt und dabei berücksichtigt, was sie persönlich während der zwölfjährigen NS-Zeit hatten durchmachen müssen. Viele von ihnen standen 1945 an der Grenze zum Rentenalter oder hatten diese Grenze bereits überschritten. Dennoch engagierten sich fast alle 70 ehemaligen Reichstagsabgeordneten der SPD, die das Jahr 1945 überlebt hatten, sowohl in den drei Westzonen wie auch in der Ostzone in unterschiedlichen politischen, gewerkschaftlichen oder öffentlichen Funktionen beim Wiederaufbau des geteilten Landes. Im Westen waren Kurt Schumacher, Ernst Reuter, Paul Löbe und Wilhelm Hoegner besonders bekannte Repräsentanten dieser bereits in der Weimarer Republik aktiv gewesenen Führungsgruppe der Sozialdemokratie. Im Osten gehörten Otto Buchwitz, Friedrich Ebert und Otto Grotewohl zu den aus der SPD-Reichstagsfraktion von 1933 stammenden Wiedergründern der Sozialdemokratie. Alle drei engagierten sich jedoch auch bei der 1946 in Ostberlin vollzogenen Vereinigung von SPD und KPD zur SED. Anschließend ließen sie sich in der Sowjetischen Besatzungszone und in der DDR dann erinnerungspolitisch auf der Basis des kommunistischen Antifaschismus in Dienst nehmen.

Die Gruppe der parlamentarischen Zeitzeugen in den Reihen der SPD, die nach der Gründung der Bundesrepublik beim Gedenken an die Verabschiedung des Ermächtigungsgesetzes noch persönlich über die Ereignisse im März 1933 berichten konnten, war im ersten Bundestag unter den 136 gewählten Abgeordneten der Sozialdemokratie noch mit zehn ehemaligen Mitgliedern der Reichstagsfraktion vertreten.[315] Ihr Repräsentant wurde Paul Löbe, der von 1920 bis

315 Dies waren Fritz Baade, Fritz Henßler, Paul Löbe, Arthur Mertins, Friedrich Nowack, Heinrich Ritzel, Kurt Pohle, Ernst Roth, Kurt Schumacher und Friedrich Wilhelm Wagner. Lore Ansorge rückte im November 1951 für einen verstorbenen Abgeordneten nach. Sieben von ihnen gehörten der nach 1890 geborenen »Generation Schumacher« an.

1932 als Reichstagspräsident amtiert hatte und ab 1949 als Westberliner Abgeordnete dem Bundestag angehörte. Er eröffnete als 73-Jähriger dessen konstituierende Sitzung am 7. September 1949 in Bonn traditionsgemäß als Alterspräsident.[316]

Löbe blickte in seiner Rede zunächst auf das Jahr 1933 zurück, an das sich die »Älteren«, wie er mit Blick auf alle anderen ebenfalls 1949 erneut gewählten Abgeordneten des letzten Reichstags betonte, noch erinnern könnten. Ihre Gedanken würden sicherlich auch auf die Sitzung vom 23. März 1933 »zurückschweifen«, in der »durch das Hitlersche Ermächtigungsgesetz die staatsbürgerlichen Freiheiten für lange Jahre begraben« worden seien. Dem fügte Löbe hinzu: »Das war ein illegaler Akt, durchgeführt von einer illegalen Regierung. Der Widerstand dagegen war eine patriotische Tat.« Diese Aussage provozierte im Plenum lebhafte Reaktionen. Der KPD-Abgeordnete Reimann fragte in einem Zwischenruf: »Wie viele Abgeordnete sitzen hier, die dafür gestimmt haben?« Als Löbe in seiner Rede daraufhin feststellte, dass 24 der 94 sozialdemokratischen Abgeordneten, die 1933 gegen das Ermächtigungsgesetz gestimmt hatten, ihr Nein anschließend im Widerstand mit ihrem Leben hätten bezahlen müssen, kam Unruhe im Bundestag auf. Ein Teil der Abgeordneten des Bundestages erhob sich zum Gedenken an diese Opfer aus der Reichstagsfraktion der SPD von ihren Sitzen. Gleichzeitig erschallte von rechts der Zwischenruf, auch von anderen Parteien seien Opfer gebracht worden. Deshalb solle man »keine Rechnungen aufmachen«. Daraufhin betonte Löbe, »große Opfer« seien auch von der kommunistischen Fraktion erbracht worden, aber auch »von Mitgliedern des früheren Zentrums und von Abgeordneten bis in die Rechtsparteien hinein«.[317] Die von ihm mit seinen erinnerungspolitischen Bemerkungen ausgelösten Reaktionen am rechten Rand des Bundestages waren in der Folgezeit immer wieder Gegenstand von parlamentarischen und juristischen

316 Vgl. zur Verfolgungsbiografie von Löbe Kap. IV.

317 Vgl. Verhandlungen des Deutschen Bundestages. 1. Wahlperiode. Sitzung v. 7. September 1949, S. 1-3.

Auseinandersetzungen, in denen sich die auf vergangenheitspolitische Entlastung orientierte Grundströmung in der Bundesrepublik widerspiegelte.[318]

Eine vergleichbare Auseinandersetzung, in der die Verabschiedung des Ermächtigungsgesetzes im Zentrum einer parlamentarischen Debatte stand, erlebte die Bundesrepublik in den folgenden Jahrzehnten nicht mehr. Sofern das Thema Widerstand und Verfolgung überhaupt Gegenstand von offiziellen Veranstaltungen war, konzentrierte sich das Gedenken fast ausschließlich auf das am 20. Juli 1944 gescheiterte Hitler-Attentat. Dieser Tag bot sich für einen parteiübergreifenden Erinnerungskonsens an die militärischen und politischen Gegner des Nationalsozialismus geradezu an. Denn auch die Sozialdemokratie war mit Theodor Haubach, Julius Leber, Wilhelm Leuschner, Carlo Mierendorff und Adolf Reichwein im Kreis der Verschwörer vertreten gewesen.

Als Willy Brandt 1955 in der Hinrichtungsstätte Berlin-Plötzensee die offizielle Gedenkrede über den am 20. Juli 1944 gescheiterten Widerstand hielt, durchbrach er jedoch den in derartigen Veranstaltungen üblichen rhetorischen Rahmen, indem er provozierend fragte, ob es nunmehr nicht an der Zeit sei, die erinnerungspolitischen Gegensätze im eigenen Volk »endlich und endgültig« zu vergessen. Seine Antwort darauf war ein klares Nein: Mit großem Nachdruck sprach er sich gegen das Vergessen aus, denn »auf einem bequemen Verdrängen des Unangenehmen« könne man nicht aufbauen. Er wandte sich gegen die »Therapie des Graswachsenlassens«, forderte den »Mut zur Wahrheit« ein und erwähnte ausdrücklich den Widerstand vor dem 20. Juli 1944.[319]

318 Vgl. dazu beispielsweise den Fall des für die Deutsche Partei in den Bundestag gewählten Abgeordneten Wolfgang Hedler, der zu Beginn der 1950er-Jahre Justiz und Öffentlichkeit intensiv beschäftigte: Meier, S. 149 ff.

319 Diese Rede mit dem Titel »Euer Opfer hat doch einen Sinn gemacht«, die Brandt am 19. Juli 1955 hielt, ist abgedr. in: Willy Brandt, »Im Zweifel für die Freiheit«. Reden zur sozialdemokratischen und deutschen Geschichte. Hg. u. eingel. v. Klaus Schönhoven, Bonn 2012, S. 337 ff.

Dennoch blieb die offizielle sozialdemokratische Erinnerungspolitik auch weiterhin vor allem auf der symbolischen Ebene angesiedelt, auf der man dann häufig konkrete Aussagen über den eigenen Anteil am Widerstand und über die Verfolgungsschicksale von Sozialdemokraten ausklammerte. Dies war auch im Godesberger Grundsatzprogramm von 1959 der Fall, das für die nächsten Jahrzehnte die prinzipiellen Leitvorstellungen der SPD definieren wollte. Ausführlich ging dieses Programm auf die Grundwerte des Demokratischen Sozialismus und seine politischen Erfolge ein, die abschließend als »Meilensteine auf dem opferreichen Weg der Arbeiterbewegung« charakterisiert wurden. Aber auf eine genaue Verortung und prägnante Beschreibung dieses »opferreichen« Weges verzichtete man. Ein konkreter Hinweis auf die Überzeugungstreue vieler Sozialdemokraten, die sich im Widerstand und im Exil dem Nationalsozialismus entschlossen entgegengestellt hatten, fehlte in diesem Grundsatzprogramm.

Erst im Laufe des generationellen Wandels seit den 1960er-Jahren, der zunächst in der Studentenbewegung seinen spektakulärsten Ausdruck fand, setzte in der Geschichtswissenschaft, den Medien und auch in der Politik eine breite Vergegenwärtigung der nationalsozialistischen Verbrechen und des Widerstandes gegen das NS-Regime ein.[320] In diesem erinnerungspolitischen Prozess gewann auch die Geschichtspolitik der SPD nach und nach neue Konturen. Am Beginn der 1980er-Jahre rückte schließlich das selbst in der SPD schon weitgehend in Vergessenheit geratene Ermächtigungsgesetz in das Zentrum der innerparteilichen Aufmerksamkeit. Damit bahnte sich ein Perspektivenwandel in der sozialdemokratischen Geschichtspolitik an, der wegführte vom allgemein akzeptierten Datum des 20. Juli 1944 und hinführte zum Datum des 23. März 1933, dessen verfassungsrechtliche Schlüsselbedeutung bei der Etablierung der NS-Diktatur man nun gezielt in den Vordergrund rückte. Doch dieses Datum fügte sich nicht in die bis dahin auf das gescheiterte

320 Vgl. dazu Edgar Wolfrum, Geschichtspolitik in der Bundesrepublik Deutschland. Der Weg zur bundesrepublikanischen Erinnerung 1948–1990, Darmstadt 1999.

Hitler-Attentat am 20. Juli 1944 konzentrierte parteiübergreifende Erinnerungskultur der Bundesrepublik ein. Denn der 23. März 1933 dokumentierte zweierlei: nämlich das Nein der Sozialdemokratie zur Kapitulation des Reichstages vor den Nationalsozialisten, aber auch das Ja aller bürgerlichen Parteien zu ihrer parlamentarischen Selbstentmachtung durch ein Ermächtigungsgesetz, mit dem sie die Weimarer Republik preisgaben und ihre eigene Weiterexistenz überflüssig machten.

Diese Akzentverlagerung der sozialdemokratischen Erinnerungspolitik hatte Willy Brandt bereits in einer Grundsatzrede im Juli 1979 angemahnt, als er vor der Arbeitsgemeinschaft der verfolgten Sozialdemokraten auch sich selbstkritisch fragte, warum es die SPD über Jahre hinweg zugelassen habe, dass der 20. Juli 1944 »in einem so einseitig konservativen Licht« als Schlüsseldatum des Widerstandes dargestellt worden sei. Fortan könne es die SPD nicht mehr zulassen, dass »die Namen unserer Märtyrer« in Vergessenheit geraten. Seine Feststellung, die »große geschichtliche Würdigung des deutschen Widerstandes« ließe »immer noch auf sich warten«, verband Brandt gezielt mit der Erinnerung an die Rede, die Otto Wels am 23. März 1933 im Reichstag gehalten hatte.[321] Fortan plädierte Brandt als Parteivorsitzender der SPD, aber auch als Emigrant, der Deutschland 1933 verlassen hatte und deswegen als sozialdemokratischer Kanzlerkandidat in den 1960er-Jahren immer wieder attackiert worden war, für einen deutlichen Wandel im geschichtspolitischen Denken der SPD. Drei Jahre später sprach Brandt dieses Thema im September 1982 auf einem geschichtspolitischen Symposium der Friedrich-Ebert-Stiftung erneut an, als er nochmals ausführlich auf die Wels-Rede gegen das Ermächtigungsgesetz einging und auch über seine persönlichen Aktivitäten im Exil und Widerstand detailliert berichtete.[322]

---

321 Vgl. seine am 15. Juli 1979 unter dem Titel »Deutsche Sozialdemokraten und ihr Widerstand gegen den Nationalsozialismus« gehaltene Rede, abgedr. in: Brandt, Im Zweifel für die Freiheit, S. 300-316.

322 Seine unter dem Titel »Demokratische Sozialisten gegen Hitler« gehaltene Rede ist ebenfalls abgedr. in: Brandt, Im Zweifel für die Freiheit, S, 317-335. In diese Edition

Diese Rede hielt Brandt am 9. September 1982, wenige Tage vor der Aufkündigung der sozialliberalen Koalition durch die FDP, die ihr 13-jähriges Regierungsbündnis mit der SPD beendete und nach dem Sturz des SPD-Kanzlers Helmut Schmidt durch ein konstruktives Misstrauensvotum mit der CDU/CSU eine christlich-liberale Koalition bildete. Schmidts Nachfolger, der gelernte Historiker Helmut Kohl, plädierte für eine »geistig-moralische Wende« in der Bundesrepublik. Dabei orientierte er sich am Konzept einer nationalen Identitätsstiftung und wollte vor allem auf positive Traditionsbestände der deutschen Geschichte jenseits der NS-Vergangenheit zurückgreifen. Auf diesen vom neuen Kanzler angestrebten Gezeitenwechsel hin zu einem geschichtspolitisch weniger belasteten Gedenkkalender reagierte die SPD noch im Herbst 1982 und dann im Januar und März 1983 mit einer historiografischen Offensive. In ihr rückte die Zustimmung zum Ermächtigungsgesetz durch alle bürgerlichen Parteien mehr und mehr in den Vordergrund der sozialdemokratischen Erinnerungspolitik. Hierfür setzte Hans-Jochen Vogel im November 1982 einen eindeutigen Akzent, als er forderte, die SPD müsse nach dem Regierungswechsel mit den »moralischen Pfunden der Partei stärker wuchern«.[323]

Diese Devise spielte dann auch im Bundestagswahlkampf Anfang 1983 eine Rolle, in dem die SPD 50 Jahre nach der Machtübertragung an die Nationalsozialisten die SPD gezielt geschichtspolitische Argumente einsetzte. Sie gestaltete ihren Wahlkampf auch als ein Lehrstück gegen das Vergessen. Dies demonstrierte sie zunächst

---

wurden acht weitere Reden aufgenommen, die Brandt allein zwischen 1980 und 1991 zu Themen aus dem Bereich von Widerstand und Exil bei verschiedenen Anlässen hielt. Sie werden in den Analysen von Meier (SPD und NS-Vergangenheit) nicht hinreichend berücksichtigt.

323 So in einer Rede auf der SPD-Bundeskonferenz im November 1982, in der er auch ausführlich auf die Wels-Rede von 1933 einging; vgl. dazu Meier, SPD und NS-Vergangenheit, S. 436 ff. Hans-Jochen Vogel, der ab 1987 der Nachfolger Brandts an der Parteispitze der SPD wurde, gründete im April 1991 mit der Vereinigung »Gegen Vergessen – Für Demokratie« eine geschichtspolitische Initiative, die mittlerweile in vielen lokalen Gruppen in ganz Deutschland vernetzt ist und sich intensiv für die Aufklärung der deutschen Diktaturgeschichte im 20. Jahrhundert engagiert.

mit einer Gedenkveranstaltung in der Frankfurter Paulskirche am 30. Januar 1983, die sich mit den Ursachen und Folgen dieses deutschen »Schicksalstages« grundsätzlich beschäftigte. Die Schlüsselfunktion des Ermächtigungsgesetzes bei der Machtübertragung an die NSDAP stand dann im Mittelpunkt einer zweiten großen Gedenkveranstaltung der SPD im Berliner Reichstagsgebäude am 19. März 1983. In ihr setzte sich Brandt einmal mehr mit dem Nein der SPD und der Zustimmung aller anderen Parteien zu diesem Gesetz auseinander. Er betonte, man werde der Rede von Wels nur dann gerecht, wenn man zugleich erkenne, »wie großartig sie war und wie begrenzt sie bleiben musste«. Sie habe sich abgehoben »von den finsteren Niederungen, in die Deutschland zunehmend abglitt«. Die SPD sei am 23. März 1933 »wehrlos, aber nicht ehrlos gegenüber einer erdrückenden, teils fanatischen, teils unterwürfigen, teils übertaktierenden Mehrheit« geblieben.[324]

Als der am 6. März 1983 neu gewählte Bundestag am 29. März 1983 zu seiner ersten Sitzung zusammentrat, nutzte Brandt die Gelegenheit erneut, um nun in seiner offiziellen Eröffnungsrede als Alterspräsident die politischen Entscheidungen im März 1933 nochmals zu beleuchten.[325] Er kritisierte gezielt die Selbstentmachtung des Reichstags, weil er »in der Form der sogenannten Ermächtigung nahezu jeden Verfassungsbruch« sanktioniert habe. Und er wies darauf hin, viele, die mit ihrem Ja zu diesem Gesetz im März 1933 »guten Gewissens glaubten, noch Schlimmeres abwenden« zu können, hätten anschließend ihren »opportunistischen Irrtum« bitter bereuen müssen. Als der Vorsitzende der SPD nach dieser Charakterisierung des Verhaltens der bürgerlichen Parteien am 23. März 1933 betonte, er gedenke in diesem geschichtlichen Zusammenhang »in dankbarer Ehrerbietung« an Otto Wels und an dessen Fraktionskollegen, weil sie »dem Verlangen Hitlers allen

324 Die Rede trug den Titel »Anpassung oder Widerstand«. Sie ist abgedr. in: Brandt, Im Zweifel für die Freiheit, S. 252-264.

325 Vgl. Verhandlungen des Deutschen Bundestages. 10. Wahlperiode. 1. Sitzung vom 29. März 19839, S. 1-4.

Drohungen zum Trotz ihr Nein« entgegengesetzt hätten, erhoben sich lediglich die Abgeordneten der SPD und die der erstmals in den Bundestag eingezogenen Partei der Grünen von ihren Plätzen.

Daraufhin erinnerte Brandt an diejenigen Abgeordneten, die zur Reichstagssitzung am 23. März 1933 schon nicht mehr kommen konnten, »weil sie verfolgt und gequält wurden«. Dieser Satz bezog bewusst auch die Reichstagsabgeordneten der KPD in den Kreis der Opfer ein, denen das NS-Regime ihre Mandate und damit auch ihre Immunität als Parlamentarier unmittelbar nach der Reichstagswahl vom 5. März 1933 rechtswidrig entzogen hatte. Dem fügte Brandt folgende Ermahnung an:

> »Ich wäre dankbar, wenn wir alle angesichts des bedrückenden fünfzigsten Jahrestages der Hitlerschen Machterschleichung und dessen, was dem folgte, der Frauen und Männer gedenken möchten, die auf deutschem Boden und dann vielerorts in Europa Opfer von Gewaltherrschaft, Krieg und Zerstörung geworden sind.«

Nach diesem Appell des Alterspräsidenten erhoben sich nun auch die Abgeordneten aus der Regierungskoalition von CDU/CSU und FDP zum gemeinsamen Erinnern. Zwischenrufe, wie sie sich Paul Löbe 1949 in der ersten Sitzung des Bundestages im September 1949 noch hatte anhören müssen, sind im Parlamentsprotokoll vom 29. März 1983 nicht verzeichnet.

Mittlerweile hat der 23. März 1933 einen festen Platz im historischen Gedächtnis der Sozialdemokratie. Der Sitzungssaal der sozialdemokratischen Bundestagsfraktion im Berliner Reichstag, der seit 1999 wieder das deutsche Nationalparlament ist, trägt deshalb auch den Namen von Otto Wels. Auf dem Weg zu diesem Saal kommen die Bundestagsabgeordneten der SPD an einer Wand vorbei, auf der die Namen aller Mitglieder der sozialdemokratischen Reichstagsfraktion verzeichnet sind, die am 23. März 1933 geschlossen gegen das Ermächtigungsgesetz stimmte.

ANHANG

# Hinweise auf Quellen und Literatur


Appelius, Stefan, »Der Teufel hole Hitler«. Briefe der sozialdemokratischen Emigration, Essen 2003

Bauerkämper, Arnd, Das umstrittene Gedächtnis. Die Erinnerung an Nationalsozialismus, Faschismus und Krieg in Europa seit 1945, Paderborn 2012

Becher, Peter/ Heumos, Peter (Hg.), Drehscheibe Prag. Zur deutschen Emigration in der Tschechoslowakei 1933–1939, München 1992

Behnken, Klaus (Hg.), Deutschland-Berichte der Sozialdemokratischen Partei Deutschlands (Sopade) 1934–1940, 7 Bde., Salzhausen/Frankfurt a. M. 1980

Benz, Wolfgang/Distel, Barbara (Hg.), Der Ort des Terrors. 9 Bde., München 2005–2009

Berger, Stefan (Hg.), Gewerkschaftsgeschichte als Erinnerungsgeschichte. Der 2. Mai in der gewerkschaftlichen Erinnerung und Positionierung nach 1945, Essen 2015

Blasius, Dirk, Weimars Ende. Bürgerkrieg und Politik 1930–1933, Göttingen 2005

Boberach, Heinz (Hg.), Meldungen aus dem Reich 1938–1945. Die geheimen Lageberichte des Sicherheitsdienstes der SS. 18 Bde., Herrsching 1984

Brandt, Willy, »Im Zweifel für die Freiheit«. Reden zur sozialdemokratischen und deutschen Geschichte. Hg. u. eingel. v. Klaus Schönhoven, Bonn 2012

Dowe, Dieter/Klotzbach, Kurt (Hg.), Programmatische Dokumente der deutschen Sozialdemokratie. 4. überarb. u. aktual. Ausg., Bonn 2004

Drucksachen und Plenarprotokolle des Deutschen Bundestages 1949 ff. (pdok.bundestag.de)

Dubiel, Helmut, Niemand ist frei von Geschichte. Die nationalsozialistische Herrschaft in den Debatten des Deutschen Bundestags, München/Wien 1999

Edinger, Lewis J., Sozialdemokratie und Nationalsozialismus. Der Parteivorstand der SPD im Exil von 1933–1945, Hannover/Frankfurt a. M. 1955

Eiber, Ludwig, Die Sozialdemokratie in der Emigration. Die Union deutscher sozialistischer Organisationen in Großbritannien 1941–1946 und ihre Mitglieder. Protokolle, Erklärungen, Materialien, Bonn 1973

Frei, Norbert, 1945 und wir. Das Dritte Reich im Bewusstsein der Deutschen, München 2005

Frei, Norbert, Vergangenheitspolitik. Die Anfänge der Bundesrepublik und die NS-Vergangenheit, München 1999

Frei, Norbert (Hg.), Die Praxis der Wiedergutmachung, Göttingen 2009

Der Freiheit verpflichtet. Gedenkbuch der deutschen Sozialdemokratie im 20. Jahrhundert. Hg. v. Vorstand der Sozialdemokratischen Partei Deutschlands. Mit einem Vorwort von Sigmar Gabriel. Mit einem Geleitwort von Hans-Jochen Vogel. 2. Aufl., Berlin 2013

Frühwald, Wolfgang/Schieder, Wolfgang (Hg.), Leben im Exil. Probleme der Integration deutscher Flüchtlinge im Ausland 1933–1945, Hamburg 1981

Hammer, Walter, Hohes Haus in Henkers Hand. Rückschau auf die Hitlerzeit, auf Leidensweg und Opfergang Deutscher Parlamentarier. 2. durchgearb. u. erw. Aufl., Frankfurt a. M. 1956

Hepp, Michael (Hg.), Die Ausbürgerung deutscher Staatsangehöriger nach den im Reichsanzeiger veröffentlichten Listen. 3 Bde., München 1985 ff.

Herf, Jeffrey, Zweierlei Erinnerung. Die NS-Vergangenheit im geteilten Deutschland, Berlin 1998

Kettenacker, Lothar, Das »andere Deutschland« im Zweiten Weltkrieg. Emigration und Widerstand in internationaler Perspektive, Stuttgart 1977

Klein, Anne, Flüchtlingspolitik und Flüchtlingshilfe 1940–1942. Varian Fry und die Komitees zur Rettung politisch Verfolgter in New York und Marseille, Berlin 2007

Kogon, Eugen, Der SS-Staat. Das System der deutschen Konzentrationslager, Frankfurt a. M. 1946

Kolb, Eberhard, Die Maschinerie des Terrors. Zum Funktionieren des Unterdrückungs- und Verfolgungsapparates im NS-System, in: Karl Dietrich Bracher/Manfred Funke/Hans-Adolf Jacobsen (Hg.), Nationalsozialistische Diktatur 1933–1945. Eine Bilanz, Bonn 1983, S. 270-284

Kolb, Eberhard/Schuman, Dirk, Die Weimarer Republik. 8. überarb. u. erw. Aufl., München 2013

Krohn, Claus-Dieter/von zur Mühlen, Patrik/Paul, Gerhard/Winckler, Lutz (Hg.), Handbuch der deutschsprachigen Emigration 1933–1945, Darmstadt 1998 (Sonderausg. 2008)

Lösche, Peter/Scholing, Michael/Walter, Franz (Hg.), Vor dem Vergessen bewahren. Lebenswege Weimarer Sozialdemokraten, Berlin 1988

Löwenthal, Richard/von zur Mühlen, Patrik (Hg.), Widerstand und Verweigerung in Deutschland 1933 bis 1945, Bonn 1982

Matthias, Erich (Hg.), Link, Werner (Bearb.) Mit dem Gesicht nach Deutschland. Eine Dokumentation über die sozialdemokratische Emigration, Düsseldorf 1968

Meyer, Kristina, Die SPD und die NS-Vergangenheit 1945–1990, Göttingen 2015

Meyer, Kristina, Sozialdemokratische NS-Verfolgte und die Vergangenheitspolitik, in: Stempel, Katharina (Hg.), Opfer als Akteure. Interventionen ehemaliger NS-Verfolgter in der Nachkriegszeit, Frankfurt a. M. 2008, S. 48-66

Meyer, Kristina, Verfolgung, Verdrängung, Vermittlung. Die SPD und ihre NS-Verfolgten, in: Frei, Norbert/Brunner, Jóse/Goschler, Constantin (Hg.), Die Praxis der Wiedergutmachung. Geschichte, Erfahrung und Wirkung in Deutschland und Israel, Göttingen 2009, S. 159-202

Mielke, Siegfried (Hg.) in Verbindung mit Günter Morsch, Gewerkschafter in den Konzentrationslagern Oranienburg und Sachsenhausen. Biographisches Handbuch. 3 Bde., Berlin 2002–2005

Mielke, Siegfried, Heinz, Stefan (Hg.), Gewerkschafter in den Konzentrationslagern Oranienburg und Sachsenhausen, Bd. 4, Berlin 2013

Miller, Susanne, Die Behandlung des Widerstands gegen den Nationalsozialismus in der SPD nach 1945, in: Bernd Faulenbach (Hg.), Sozialdemokratie als Lebenssinn. Aufsätze zur Geschichte und Gegenwart der SPD, Bonn 1995, S. 282-296

Miller, Susanne, Widerstand und Exil. Bedeutung und Stellung des Arbeiterwiderstands nach 1945, in: Überschär, Gerd R. (Hg.), Der 20. Juli 1944. Bewertung und Rezeption des deutschen Widerstandes gegen das NS-Regime, Köln 1994, S. 235-249

Mehringer, Hartmut, Widerstand und Emigration. Das NS-Regime und seine Gegner, München 1997

Morsey, Rudolf, Das »Ermächtigungsgesetz« vom 24. März 1933, Göttingen 1968

Münkel, Daniela/ Steinmeier, Frank-Walter (Hg.), Das Ermächtigungsgesetz 1933. Eine Dokumentation, Berlin 2013

Pyta, Wolfram, Gegen Hitler und für die Republik. Die Auseinandersetzung der deutschen Sozialdemokratie mit der NSDAP in der Weimarer Republik, Düsseldorf 1989

Reichel, Peter, Vergangenheitsbewältigung in Deutschland. Die Auseinandersetzung mit der NS-Diktatur von 1945 bis heute, München 2001

Röder, Werner, Die deutschen sozialistischen Exilgruppen in Großbritannien 1940–1945, 2. Aufl., Bonn-Bad Godesberg 1973

Roll, Wolfgang, Sozialdemokraten im Konzentrationslager Buchenwald 1937–1945. Unter Einbeziehung biographischer Skizzen. Hg. v. der Stiftung Gedenkstätten Buchenwald und Mittelbau Dora, Göttingen 2000

Rürup, Reinhard, Der lange Schatten des Nationalsozialismus. Geschichte, Geschichtspolitik und Erinnerungskultur, Göttingen 2014

Sabrow, Martin/Jarausch, Konrad H. (Hg.), Verletztes Gedächtnis. Erinnerungskultur und Zeitgeschichte im Konflikt, Frankfurt a. M. 2002

Scheidemann, Philipp, Das historische Versagen der SPD. Schriften aus dem Exil. Hg. v. Frank R. Reitzle, Lüneburg 2002

Schneider, Michael, Unterm Hakenkreuz. Arbeiter- und Arbeiterbewegung 1933 bis 1939, Bonn 1999

Schneider, Michael, In der Kriegsgesellschaft. Arbeiter und Arbeiterbewegung 1939 bis 1945, Bonn 2014

Schönhoven, Klaus, Reformismus und Radikalismus. Gespaltene Arbeiterbewegung im Weimarer Sozialstaat, München 1989

Schönhoven, Klaus/Braun, Bernd (Hg.), Generationen in der Arbeiterbewegung, München 2005

Schönhoven, Klaus/Vogel, Hans-Jochen (Hg.), Frühe Warnungen vor dem Nationalsozialismus. Ein historisches Lesebuch, München 1998

Schröder, Wilhelm Heinz, Sozialdemokratische Parlamentarier in den deutschen Reichs- und Landtagen 1867–1933. Biographien, Chronik, Wahldokumentation. Ein Handbuch, Düsseldorf 1995

Schröder, Wilhelm Heinz/Hachtmann, Rüdiger, Die Reichstagsabgeordneten der Weimarer Republik als Opfer des Nationalsozialismus. Vorläufige Bestandsaufnahme und biographische Dokumentation, in: Historical Social Research/Historische Sozialforschung, Bd. 10, 1985, S. 55-88

Schumacher, Martin (Hg.), M. d. R. Die Reichstagsabgeordneten der Weimarer Republik in der Zeit des Nationalsozialismus. Politische Verfolgung, Emigration und Ausbürgerung 1933–1945. Eine biographische Dokumentation. Mit einem Forschungsbericht zur Verfolgung deutscher und ausländischer Parlamentarier im nationalsozialistischen Herrschaftsbereich. 3. erhebl. erw. u. überarb. Aufl., Düsseldorf 1994

Steinbach, Peter, Widerstand im Widerstreit. Der Widerstand gegen den Nationalsozialismus in der Erinnerung der Deutschen, Paderborn u. a. 2001

Strenge, Irene, Machtübernahme 1933 – Alles auf legalem Weg? Berlin 2002

Thamer, Hans-Ulrich, Verführung und Gewalt. Deutschland 1933–1945, Berlin 1986

Tuchel, Johannes (Hg.), Der vergessene Widerstand. Zu Realgeschichte und Wahrnehmung des Kampfes gegen die NS-Diktatur, Göttingen 2005

Tuchel, Johannes/Schattenfroh, Reinhold, Zentrale des Terrors. Prinz-Albrecht-Str. 8: Das Hauptquartier der Gestapo, Berlin 1987

Tutas, Herbert E., NS-Propaganda und deutsches Exil 1933–1939, Meisenheim a. Gl. 1973

Verhandlungen des Deutschen Reichstags und seiner Vorläufer. Protokolle 1918–1942 (www.reichstagsprotokolle. de)

Wachsmann, Nikolaus, KL. Die Geschichte der nationalsozialistischen Konzentrationslager, München 2015

Wachsmann, Nikolaus/Steinbacher, Sybille (Hg.), Die Linke im Visier. Zur Errichtung der Konzentrationslager 1933, Göttingen 2014

Wildt, Michael (Hg.), Nachrichtendienst, politische Elite und Mordeinheit. Der Sicherheitsdienst des Reichsführers SS, Hamburg 2003

Winkler, Heinrich August, Der Weg in die Katastrophe. Arbeiter und Arbeiterbewegung in der Weimarer Republik 1930 bis 1933, Berlin/Bonn 1987

Wolfrum, Edgar, Geschichtspolitik in der Bundesrepublik Deutschland. Der Weg zur bundesrepublikanischen Erinnerung 1948–1990, Darmstadt 1999

Zur Mühlen, Patrik von, Fluchtweg Spanien-Portugal. Die deutsche Emigration und der Exodus aus Europa, Bonn 1992

Zur Mühlen, Patrik von, »Schlagt Hitler an der Saar«. Abstimmungskampf, Emigration und Widerstand im Saargebiet 1933–1935, Bonn/Berlin 1979

# Namensverzeichnis

## Z

# Über den Autor

**Klaus Schönhoven,** geb. 1942, von 1984–2007 Professor für Politische Wissenschaft und Zeitgeschichte an der Universität Mannheim, zahlreiche Veröffentlichungen zur Geschichte der Arbeiterbewegung im 19. und 20. Jahrhundert, zur Parteien- und Sozialgeschichte in der Weimarer Republik und der Bundesrepublik, zur Vergangenheits- und Erinnerungspolitik in Deutschland und Europa.